해국도지【一】

海國圖志 一

해국도지海國圖志【一】

초판 1쇄 인쇄 2021년 8월 16일
초판 1쇄 발행 2021년 8월 25일

—

저 자 | 위원魏源
역주자 | 정지호·이민숙·고숙희·정민경
발행인 | 이방원
발행처 | 세창출판사

신고번호·제1990-000013호
주소·03736 서울특별시 서대문구 경기대로 58 경기빌딩 602호
전화·02-723-8660 팩스·02-720-4579
홈페이지·http://www.sechangpub.co.kr 이메일·edit@sechangpub.co.kr

—

ISBN 979-11-6684-041-8 94900
ISBN 979-11-6684-040-1 (세트)

—

이 역주서는 2017년 대한민국 교육부와 한국연구재단의 지원을 받아 수행된 연구임.
(NRF-2017S1A5A7020082)

—

이 책은 한국연구재단의 지원으로 세창출판사가 출판, 유통합니다.
잘못 만들어진 책은 구입하신 서점에서 바꾸어 드립니다.

해국도지
海國圖志

【一】
(권1~권2)

위원魏源 저
정지호 · 이민숙 · 고숙희 · 정민경 역주

세창출판사

옮긴이의 말

『해국도지』 출판 배경

1839년 호광총독湖廣總督 임칙서林則徐(1785~1850)는 도광제道光帝(재위 1820~1850)의 특명을 받고 아편 무역을 단속하기 위해 흠차대신欽差大臣(특정한 사항에 대해 황제의 전권을 위임받아 처리하는 대신)으로 광주廣州에 파견되었다. 그의 목적은 아편 수입의 급증에 따른 경제적 혼란과, 관료와 군인들의 아편 흡입으로 제국의 기강이 무너지는 것을 방지하기 위한 것이었다. 광주에 도착한 임칙서는 외국 상인에게서 약 2만여 상자의 아편을 몰수한 후 석회를 섞어 소각해서 바다로 흘려보냈다. 아편 1상자가 약 1백 명이 1년간 상용할 수 있는 양이라고 하니 당시 소각한 아편은 엄청난 양이었음을 알 수 있다.

임칙서는 아편을 단속하는 한편, 서양 정세에도 깊은 관심을 기울였다. 그러나 당시 서양의 실상을 알기 위한 중국 서적이 거의 없는 상황에서 그는 서양 사정에 관한 다양한 자료를 수집하여 번역하는 작업에 착수했다. 번역 팀은 양진덕梁進德, 원덕휘袁德輝, 아맹亞孟, 임아적林亞適 등으로 구성되었다. 이 중 양진덕은 중국 최초의 기독교 선교사로서 『권세양언勸世良言』을 저술한 양발梁發의 아들이다. 독

실한 기독교 가정에서 자란 그는 미국인 선교사 엘리자 콜먼 브리지먼Elijah Coleman Bridgman으로부터 영어를 배웠다고 한다.

임칙서는 수집한 자료 중에서 영국인 휴 머레이Hugh Murray(중국명 모단慕端)가 저술한 『세계지리대전*The Encyclopaedia of Geography*』(London, 1834)을 번역하게 한 후 이를 윤색하여 『사주지四洲志』를 편찬했다. 『사주지』는 원저의 요점을 간추려서 20분의 1 분량으로 요약했다고 하는데, 임칙서가 윤색에 어느 정도 관여했는지는 명확하지 않다. 임칙서는 1841년 6월에 아편전쟁의 책임을 지고 이리伊犁로 좌천되었는데, 도중 양주揚州 근처 경구京口(강소성 진강鎮江)에서 위원을 만나 『사주지』를 비롯해 그동안 수집한 다양한 자료 등을 전해 주었다.

공양학자公羊學者이면서 일찍부터 해방海防에 관심이 높았던 위원은 임칙서가 전해 준 『사주지』 등의 자료를 토대로 1년 만인 1842년 『해국도지海國圖志』 50권본을 출간했다. 그 후 1847년에는 60권본으로 증보 개정했고, 1852년에는 방대한 분량의 100권 완간본을 출간했다. 『해국도지』는 그 서명에서도 알 수 있듯이 대륙 중심의 중국이 처음으로 해양을 통한 세계 여러 나라에 관심을 기울이게 된 기념비적인 서적이라고 할 수 있다.

위원은 『해국도지』 서문에서 이 서적의 특징에 대해 "이전 사람들의 책이 모두 중국인의 입장에서 서양을 언급한 것이라면, 이 책은 서양인의 관점에서 서양을 언급한 것이다"라고 밝히고 있다. 나아가 "서양의 힘을 빌려 서양을 공격하고(以夷攻夷), 서양의 힘을 빌려 서양과 화친하며(以夷款夷), 서양의 뛰어난 기술을 배워(爲師夷長技) 서양을 제압하기 위해서 저술한 것이다(以制夷而作)"라고 언급하고 있다. 당시 중화사상에 입각해 외국에 배운다고 하는 것에 저항감이 있었던 중국의 현실에서 위원은 서양을 제압하기 위해서는 서양의 뛰어난 기술을 배울 필요가 있다고 호소한 것이다. 근대 계몽사상가인 량치차오梁啓超는 『중국근삼백년학술사中國近三百年學術史』에서 『해국도지』에 대해 "근래 백 년 동안 중국의 민심을 지배했고, 오늘날까지 그 영향력이 적지 않을 뿐만 아니라 … 중국 사대부의 시리에 관한 지식은 모두 이 책에서 비롯되었다"라고 높게 평가하고 있다.

위원의 생애

위원魏源(1794~1857)은 청대 정치가이며 계몽사상가이다. 호남성湖南省 소양邵陽 사람으로, 자는 묵심默深, 묵생墨生, 한사漢士이며, 호는 양도良圖이다. 그의 아버지 위방로魏邦魯(1768~1831)는 강소성 가정현嘉定縣 등에서 지방관을 역임했다. 위원은 주로 강소성 지역에서 활동하면서 해방에 대해 관심이 높았는데, 이러한 해방 의식의 형성 배경에는 이 지역이 해상으로부터 피해를 입기 쉬운 곳이라는 지역적 특성이 작용한 듯하다.

위원은 유봉록劉逢祿으로부터 공양학公羊學을 전수받았다. 공양학은 『춘추공양전春秋公羊傳』에 입각하여 성인의 미언대의微言大義(간결한 언어로 심오한 대의를 논하는 것)를 연구하는 학문이다. 그는 특히 동중서董仲舒 『춘추번로春秋繁露』의 미언대의 중에서 '도道'와 '세勢'의 관계에 주목했다. 도뿐만 아니라 세를 중시하는 그의 사상은 세상을 일대 변국으로 보고 다양한 정치 개혁을 착수하는 데 밑거름이 되었던 것이다.

위원은 도광 2년(1822) 향시鄕試에 합격해 거인擧人이 되었으나 이후 거듭되는 과거 시험의 낙방으로 결국은 연납捐納을 통해 관직에 진출했다. 이후 내각중서內閣中書로 일하면서 황실 도서를 이용할 수 있게 되어 이를 바탕으로 『성무기聖武記』를 저술했다. 이 책은 위원이 10여 년의 시간을 들여 청조의 흥기에서 아편전쟁에 이르기까지 국내의 여러 반란이나 주변 민족의 평정 등에 대해 서술한 것으로 청조의 전법戰法, 군사, 재정에 대해 종합적으로 논한 것으로 평가되고 있다. 위원은 37세가 되던 1830년 임칙서 등과 함께 선남시사宣南詩社를 결성했다. 이는 문인들의 모임이지만, 아편 엄금론을 주장한 황작자黃爵滋, 고증학자로 유봉록에게서 공양학을 전수받은 공자진龔自珍 등 당시로서는 개혁적 성향을 지닌 인사들의 교류 공간이었다. 위원은 1840년 아편전쟁이 발발하자 임칙서의 추천으로 양절총독 유겸裕謙의 막료로 들어갔다. 영국 장교 앤스트러더Anstruther를 만난 것은 바로 이 시기이다. 위원은 앤스트러더에게서 영국의 제반 상황을 전해 듣고 1841년 『영길리소기英吉利小記』라는 소책자를 출간하면서 서양에 대해 본격적인 관심을 기울였다. 마침 같은 해 아편전쟁 패배의 책임을 지고 이리로 좌천되어 가던 임칙서에게서

『사주지』를 비롯해 서양 관련 자료를 전해 받았다. 위원은 "서양 오랑캐를 물리치려면 먼저 서양 오랑캐의 실정을 자세하게 파악하는 데서 시작해야 한다(欲制外夷者, 必先悉夷情始)"(『해국도지海國圖志』 권1 「주해편籌海篇」)라는 인식하에 이듬해인 1842년 마침내 『해국도지』 50권본을 편찬하게 되었다.

위원은 도광 25년(1845)에 비로소 진사가 되어 고우현高郵縣 지주知州를 지냈으나 만년에는 벼슬을 버리고 불교에 심취했다. 주요 저작으로는 『공양고미公羊古微』, 『동자춘추발미董子春秋發微』, 『춘추번로주春秋繁露注』, 『시고미詩古微』, 『서고미書古微』, 『원사신편元史新篇』, 『고미당시문집古微堂詩文集』, 『성무기』 등이 있는데, 경학經學, 사학史學, 지리학, 문학, 정치, 경제 및 군사 등 다방면의 내용을 다루고 있다.

『해국도지』의 판본

『해국도지』는 모두 3종의 판본이 있다. 50권본(1842), 60권본(1847), 100권본(1852)이 그것이다. 그 외, 후에 영 존 앨런Young John Allen에 의하여 20권본이 증보된 120권본이 있는데, 여기에서는 전자인 3종의 판본에 대해 설명한다.

1. 50권본

『해국도지』 50권본은 이 책의 「서敍」에 따르면, "도광 22년(1842), 임인년 가평월(음력 12월) 양주에서 내각중서 소양 사람 위원이 쓰다(道光二十有二載, 歲在壬寅嘉平月, 內閣中書魏源邵陽敍于揚州)"라고 되어 있다. 즉 1842년 12월 57만 자에 이르는 『해국도지』 50권본이 처음으로 세상에 모습을 드러낸 것이다. 이 책에는 23폭의 지도와 8쪽에 이르는 서양 화포 도면이 수록되어 있다. 「서」에 따르면, 임칙서의 『사주지』를 토대로 더 많은 내용을 첨가해서 "동남양·서남양은 원서(『사주지』)에 비해 10분의 8이 늘어났고, 대소서양·북양·외대양은 원서(『사주지』)보다 10분의 6이 더 늘어났다(大都東南洋·西南洋, 增于原書者十之八, 大小西洋·北洋·外大洋增于原書者十之六)"라고 기록하고 있다.

2. 60권본

『해국도지』 60권본은 이 책의 「원서原敍」에 따르면 "도광 27년(1847)에 양주에서 판각되었다(原刻六十卷, 道光二十七載刻于揚州)"라고 기록하고 있다. 위원은 50권본을 출간한 이후 5년간의 노력 끝에 60여만 자로 확충해 『해국도지』 60권본을 편찬한 것이다. 이 책은 50권본에 비해 해외 각 나라의 당시 상황과 서양의 기예技藝 부분 1권을 8권으로 확충했는데, 위원에 따르면 임칙서가 번역한 서양인의 『사주지』와 중국 역대의 사지史志, 명明 이래의 도지島志 그리고 최근의 외국 지도와 외국 저술에 의거하여 편찬했다고 한다.

3. 100권본

『해국도지』 100권본은 "함풍 2년(1852)에 책 내용을 더 보태 100권본으로 만들어서 고우주에서 판각했다(咸豊二年重補成一百卷, 刊于高郵州)"고 한다. 『해국도지』 「후서後敍」에 따르면 함풍 2년 88만 자로 확충해서 100권본을 출간했다고 언급하고 있는데, 이 책에서는 지도 75폭, 서양 기예 도면도가 57쪽, 지구천문합론도식地球天文合論圖式 7폭이 보충되었다. 이후 이를 정본으로 하여 위원의 사후에도 중국 각지에서 100권본에 대한 재간행이 이루어졌다. 그중에서 위원의 후손인 위광도魏光燾가 광서光緖 2년(1876)에 『해국도지』를 재간행했는데, 이 책에는 좌종당左宗棠의 서문이 실려 있다. 최근에는 지난대학暨南大學의 천화陳華 등이 주석을 단 악록서사본岳麓書社本(1988)이 간행되어 『해국도지』를 읽어 나가는 데 유익함을 주고 있다. 본 역주 작업은 광서 2년본 『해국도지』를 저본으로 삼아 악록서사본 및 그 외 판본 등을 참조하여 진행했음을 미리 밝혀 둔다.

『해국도지』의 구성 및 내용

『해국도지』의 구성은 다음과 같다.

권수	구성
권1~2	주해편籌海篇
권3~4	해국연혁각도海國沿革各圖
권5~70	동남양東南洋(동남아시아, 일본), 서남양西南洋(인도, 서·중앙아시아), 소서양小西洋(아프리카), 대서양大西洋(유럽), 북양北洋(러시아와 발틱 국가들), 외대서양外大西洋(남북아메리카)의 인문지리
권71~73	동서양 종교, 역법曆法, 기년법紀年法 비교표
권74~76	세계 자연지리 총론: 오대주와 곤륜崑崙에 대한 서양의 지도 소개
권77~80	주해총론籌海總論 - 중국 저명인사의 해방론에 대한 상주문과 해방 관련 글
권81~83	청대 신문 잡지에 실린 대외 관련 기사
권84~93	해방을 위한 대포, 포탄 등 무기 12종에 관한 논의와 도설圖說
권94~95	망원경 제작 방법 등 서양의 과학 기술에 대한 소개, 아편의 중국 수입 통계 등.
권96~100	지구천문합론地球天文合論, 칠정七政과 일월식日月蝕 등 14종의 지구과학적 자연 현상에 대한 해설

각 권의 요지는 다음과 같다.

권1~2 주해편은 『해국도지』를 편찬하는 목적이라고 할 수 있는 해방론을 다룬 부분이다. 여기에서 위원은 아편전쟁에서 패한 교훈을 근거로 방어와 화친에 대해 논한다. 먼저 '방어란 무엇인가? 어떻게 방어할 것인가?'라는 문제에 대해 "바다를 지키는 것은 해구海口를 지키는 것만 못하고, 해구를 지키는 것은 내륙의 하천을 지키는 것만 못하다"라는 원칙하에 해안보다는 내지 하천의 방비를 강화할 것을 주장한다. 특히 안남국과 미얀마가 영국을 무찌른 사례를 들어 중국의 지세를 활용한 방어책의 중요성을 강조하며, 나아가 군사 모집의 방법과 용병술에 대해 서술하고 있다. 내부의 방어를 견고히 한 후 외국의 공격을 막기 위해서는 적을 이용해 적을 공격하는 이른바 '이이공이以夷攻夷'를 제기한다. 당시 적국인 영국과 사이가 좋지 않은 러시아와 프랑스를 끌어들여 영국을 견제하게 하는 방안이다. 이와 함께 해상전을 위해 광동과 복건 등지에 조선소를 건설해서 군함을 비롯한 선박을 제조하고 적합한 인재를 양성해 해군력을 강화할 것을 주장한다. 화친에 대해서는 단지 열강과의 충돌이 두려워 그들의 요구를 수용(예를 들면 아편 무역을 허용)하기보다는 대체 무역을 통해 그들의 이익을 보장해 주어 화친할 것을 논하고 있다.

권3~4에서는 동남아시아와 서남아시아·아프리카·대서양 유럽 및 남북아메리카의 연혁과 함께 지도를 수록하고 있다. 역사적으로는 지도를 통해 한대부터 위진 남북조, 당대, 원대까지 역대 사서에 기록된 서역 각 나라의 연혁을 서술하여 세계 각 나라의 지리를 한눈에 볼 수 있게 했다.

권5~18의 동남양에서는 역사적으로 중국과 관계가 깊은 베트남을 필두로 해서 태국, 미얀마[이상을 연안국(海岸諸國)으로 분류], 루손, 보르네오, 자와, 수마트라, 일본[이상을 섬나라(海島諸國)로 분류] 등 각 나라의 지리, 역사, 문화 특색 및 중국을 비롯한 서양 국가들과의 대외관계를 서술하고 있다. 동남아시아의 주요 국가를 기술하면서 일본을 포함시킨 이유에 대해 바다로부터 침입을 막은 해방의 경험이 있기 때문이라고 하며, 조선과 류큐는 해방과는 거리가 멀어 언급하지 않는다고 밝히고 있다. 그리고 베트남을 제일 먼저 서술하고 있는 것에 대해 베트남이 역사상 중요한 조공국인 것도 있지만, 그보다도 지리적 여건을 이용해 여러 차례 네덜란드를 비롯한 서양 선박을 물리친 사실에서 중국이 해방을 하는 데 유의할 만한 사례라고 언급하고 있다. 나아가 베트남에서 아편을 금지한 것도 일본에서 기독교를 금지한 것과 함께 높게 평가하고 있다. 이 동남양에서는 중국에서 동남아시아 제 지역으로 가는 항로에 대해서도 상세하게 소개하고 있어 마치 독자로 하여금 직접 여행하는 기분을 느끼게 해 준다.

권19~32에서는 서남양의 인도 및 서아시아에 대해 서술하고 있다. 먼저 인도를 동인도·서인도·남인도·북인도·중인도로 나누어 이들 지역에 존재했던 왕국의 지리, 역사, 문화 등에 대해 언급하고 아울러 중국을 비롯한 서양 국가들과의 대외관계에 대해 서술하고 있다. 그리고 영국 동인도 회사의 설립과 해산 과정, 영국 속지의 지리, 역사, 문화, 종교, 인구, 풍속 등을 기술하고 있다. 또한 페르시아, 유다 왕국, 터키의 지리, 역사, 문화 및 서양과의 대외관계에 대해 기술하고 있는데, 여기에서는 특히 천주교가 중국에 어떠한 경로를 통해 전래되었는지를 보여 주는 『대진경교유행중국비大秦景教流行中國碑』 전문을 소개하고 있다. 위원은 천주교의 교리에 대해서도 많은 지면을 할애해서 소개하면서 그 교리의 문제점에 대해 비판적인 자세를 보이고 있다.

권33~36의 소서양에서는 아프리카대륙에 대한 전반적인 소개를 비롯해서 이집트, 에티오피아 등 아프리카대륙 국가들의 역사, 지리, 문화, 대외관계 등에 대해서 기술하고 있다. 특히 로마와 카르타고의 전쟁에 대해 상세하게 서술하고 있어 흥미롭다.

권37~53의 대서양에서는 유럽대륙에 대한 전반적인 소개를 하고 포르투갈을 필두로 해서 유럽 각 나라의 역사, 지리, 문화, 대외관계 등에 대해 기술하고 있다. 포르투갈 편에서는 옹정제 시기 포르투갈 국왕에 대한 하사품으로 일반적인 은상 외에 인삼, 비단, 자기 등 수십여 가지 품목을 구체적으로 기록하고 있어 서양과의 조공무역 일단을 살피는 데 유익하다. 위원은 영국에 대해 특히 많은 관심을 보여 다른 국가에 비해 많은 지면을 할애하여 영국의 역사, 지리, 문화, 정치, 경제, 사회, 대외관계 등에 대해 상세하게 소개하고 있다. 영국과의 아편전쟁이 『해국도지』 편찬에 중요한 계기가 되었음을 보여 주는 좋은 사례라 하겠다.

권54~58 북양·대서양에서는 러시아와 북유럽 국가의 역사, 지리, 민족, 언어, 정치 제도, 종교, 문화 등에 대해 상세하게 소개하고 있다. 특히 러시아 지역을 백해 부근, 백러시아, 발트해 연안, 신러시아, 시베리아 등 여러 지역으로 구분해서 각 지역의 복잡다단한 역사와 지리, 지역적 특성에 대해 고찰하고 있어 러시아에 대한 전반적인 이해를 돕는 데 유익하다. 위원이 러시아에 대해 영국과 마찬가지로 많은 지면을 할애하고 있는 것은 영국과 대립하고 있는 러시아를 이용해 영국을 견제하고자 하는 의도가 담겨 있는 것이라고 하겠다.

권59~70 외대서양에서는 콜럼버스의 아메리카대륙 발견 과정과 남북아메리카대륙의 위치와 기후, 물산의 특징에 대해 서술하고 있다. 특히 미국의 역사와 정치, 종교, 교육, 복지, 경제 및 미국인들의 인격 등에 대해서 상세하게 설명하고 있다. 보스턴 차 사건을 계기로 미국이 영국으로부터 독립을 쟁취하기까지의 과정을 상세히 살펴보면서 미국의 독립을 높게 평가하고 있다. 위원이 영국을 '영이英夷(영국 오랑캐)'라고 표기하면서도 미국을 '미이美夷'라고 표기하지 않은 것 역시 영국에 대한 적대적 감정과 함께 미국을 통해 영국을 견제하고자 하는 의도가 담겨 있는 것이라 하겠다.

권71~73 표에서는 동서양의 종교, 역법, 기년법의 차이에 대해 상세하게 서술하고 있다.

권74~76 지구총설에서는 불교 경전과 서양의 도설에 의거해 오대주와 세계의 지붕이라고 불리는 곤륜(파미르고원)의 자연지리 및 설화 등에 대해 상세한 소개를 하고 있다.

권77~80 주해총론은 당대 관료와 학자들의 변방과 해안 방어에 관한 각종 대책과 상주문을 모은 것으로 19세기 당시 중국 엘리트 지식인들의 영국, 프랑스 등 서양 각 나라에 대한 인식을 비롯해 영국을 제압하기 위한 방도 및 급변하는 시국에 적절한 인재 양성 등을 논하는 내용을 다루고 있다.

권81~83 이정비채夷情備采에서는 『오문월보澳門月報』를 비롯한 서양 신문 잡지에 실린 내용을 통해 외국의 눈에 비친 중국의 모습을 소개하고 있으며, 서양의 중국에 대한 관심 및 아편 문제, 중국 해군의 취약점 등을 상세하게 서술하고 있다.

권84~93에서는 해방을 위한 서양의 전함과 대포 및 포탄 등 병기 제조, 전술, 측량술 등을 도면과 함께 상세하게 소개하고 있다.

권94~95에서는 망원경 제작 방법 등 서양의 다양한 과학 기술을 소개하고 있으며, 아편의 중국 수입량에 대한 통계를 다루고 있다.

권96~100에서는 포르투갈 출신의 예수회 선교사 호세 마르티노 마르케스José Martinho Marques의 저술에 의거하여 칠정七政, 즉 일日·월月·화성火星·수성水星·금성金星·목성木星·토성土星을 소개하고, 이외 일월식日月蝕, 공기, 바람, 천둥과 번개, 조수 및 조류, 지진, 화산 등 다양한 자연 현상의 발생 원인과 양상에 대해 구체적으로 설명하고 있다. 나아가 일월과 조수의 관계, 절기에 따른 태양의 적위, 서양 역법의 기원에 대해서도 다루고 있다.

『해국도지』의 조선 및 일본에의 전래

전근대 중국의 세계관은 고도의 문명을 자랑하는 중국(華)을 중심으로 해서 그 주변에 아직 문명이 미치지 않은 오랑캐(夷)가 존재한다고 하는 일원적인 세계관을 전제로 했다. 화이관에 입각한 중국의 지배 질서는 황제의 덕이 미치는 정도에 따라 중앙과 지방의 이원적 구조를 뛰어넘어 표면상으로는 전 세계에 걸쳐 있었다. 이른바 '천하일통天下一統'의 관념이 존재했던 것이다. 이러한 화이사상에 근거한 중화 세계 질서는 아편전쟁 이후 서구 열강의 침략을 받게 되면서 서서히 무너져 가기 시작한다. 중국이 서구 열강을 중심으로 하는 국제 질서에 편입하게 됨에 따라 '중국'은 더 이상 세계의 중심이 아니라 많은 나라 중의 하나에 불과하며, 세계는 서로 다른 문화를 가진 각 나라가 서로 경합하는 다원적인 공간이라고 하는 인식의 변화가 일어난 것이다. 이러한 인식의 변화는 당시 중국의 엘리트 지식인들에게는 일찍이 경험해 보지 못한 미증유의 세계였다. 위원이 편찬한 『해국도지』는 중국의 지식인들이 새로운 세계에 눈을 돌릴 수 있는 계기를 제공한 것으로, 그것은 단순히 지리적 세계뿐만 아니라 정신적 세계로의 길잡이 역할을 한 것이다. 이리하여 『해국도지』는 당시 중국 지식인들이 '천하'에서 '세계'로 세계상을 전환하면서 중화사상이라는 자기중심적 세계상에서 탈출하는 힘들고 어려운 여행길에 나설 수 있게 해 주었다.

『해국도지』 50권본은 출간되자마자 조선에 전래되었다. 남경조약이 체결되고 나서 1년여가 지난 1844년 10월 26일 조선은 겸사은동지사兼謝恩冬至使를 북경에 파견했는데, 이듬해인 1845년 3월 28일 겸사은동지사의 일행 중에서 정사正使 홍완군興完君 이정응李最應, 부사 예조판서 권대긍權大肯이 『해국도지』 50권본을 가지고 귀국한 것이다. 이 50권본은 일본에는 전해지지 않았다. 이후 많은 학자들이 북경에 다녀올 때마다 『해국도지』를 구입해 들여와서 개인 소장할 정도로 인기가 높았다고 한다. 가령 김정희金正喜(1786~1856)는 『완당선생전집阮堂先生全集』에서 "『해국도지』는 반드시 필요한 책이다(海國圖志是必需之書)"라고 했으며, 또한 허전許傳(1792~1886)의 『성재집性齋集』에 실린 「해국도지발海國圖志跋」에는 "그 대강을 초록해 놓음으로써 사세히 살피고 검토하는 데 보탬이 된다(故略抄其槩, 以資考閱云爾)"라고 언급하고 있는 것으로 보아 당시에 이미 요약본도 있었음을 알 수 있다. 나아가 최한기崔漢綺(1803~1877)는 『해국도지』 등을 참고하여 『지구전요地球典要』를 썼고, 1871년 신미양요 중에 김병학金炳學은 『해국도지』를 인용하여 국왕에게 미국의 정세를 보고했으며, 1872년 박규수는 중국에 다녀온 뒤로 당시 청년 지식인들에게 해외에 관한 관심과 이해를 강조하며 『해국도지』를 권장했다고 할 정도로 『해국도지』는 조선의 지식인들에게 외국에 대한 이해를 넓히고 새로운 세계 문명지리에 대한 지식을 갖게 해 주었다. 특히 신헌申憲(1810~1884)은 『해국도지』에 제시된 무기도武器圖에 근거하여 새로운 무기를 만들었다고 할 정도이니 그 영향이 매우 컸음을 알 수 있다.

이러한 상황은 일본의 경우도 마찬가지이다. 『해국도지』는 1851년 처음 일본에 전해졌지만, 1854년 미일통상수교조약이 체결된 뒤에 정식으로 수입이 허가되었다. 그 뒤로 막부 말기에 가와지 도시아키라川路聖謨가 사재를 들여 스하라야 이하치須原屋伊八에게 번각翻刻 출간하게 함으로써 일반인에게도 알려졌다. 그 뒤로 메이지 원년(1868)까지 간행된 『해국도지』는 23종에 이를 정도로 널리 보급되었으며, 일본 근대화에 큰 영향을 미친 사쿠마 쇼잔佐久間象山, 요시다 쇼인吉田松陰, 사이고 다카모리西郷隆盛 등은 이 책의 열렬한 독자였다고 전해진다.

『해국도지』 역주 작업의 경과 및 의의

『해국도지』 역주 작업은 한국연구재단 명저번역 사업의 일환으로 진행되었다. 번역진은 필자를 포함해 모두 4인으로 총 3년에 걸쳐 초벌 번역을 진행했으며, 이후 지속적이고 꼼꼼한 윤독 과정을 거치며 번역문에 대한 수정 작업에 전념했다. 위원이 『해국도지』의 서문에서 100권이라는 분량의 방대함에 너무 질리지 않았으면 좋겠다고 한 것에서 알 수 있듯이 방대한 분량으로 인해 당초 3년이라는 시간 내에 역주 작업을 마칠 수 있을까 하는 염려가 없지 않았으나, 번역진의 부단한 노력 끝에 무사히 번역 작업을 완수할 수 있게 되었다.

본 역주 작업은 광서 2년에 간행된 『해국도지』 100권을 저본으로 삼아 기존에 간행된 판본과의 비교 검토를 진행하면서 글자의 출입을 정리하는 것에서부터 시작했다. 이 작업에는 악록서사 교점본에 많은 도움을 받았다.

번역 작업은 그 자체로 험난한 여정이었다. 『해국도지』는 세계 문명지리서인만큼 외국의 수많은 국명과 지명, 인명이 한자어로 표기되어 있는데, 독자들의 가독성을 위해 가급적 원어 명칭을 찾으려고 노력했다. 유럽과 아메리카의 경우 다른 대륙에 비해 명칭 확인이 비교적 용이했지만, 지금은 사라진 국명이나 전혀 알려지지 않은 지명 등의 원어 명칭을 찾는 일은 그 자체로 수고로운 일이었다. 끊임없는 노력을 기울였음에도 원어 명칭을 찾지 못해 한자어 명칭을 그대로 표기한 것도 있는데, 이에 대해서는 독자들의 양해를 구하는 바이다.

또한 이미 언급했듯이 100권이라는 방대한 분량에 각 권의 내용도 상당히 난해하여 해석하고 주석을 다는 일 역시 쉬운 작업은 아니었다. 지금까지 『해국도지』의 중요성을 모두 인식하고 있음에도 불구하고 아직 완역본이 나오지 않은 것 역시 역주 작업의 어려움을 간접적으로 말해 주는 것이다. 이에 본서는 『해국도지』에 대한 세계 최초의 역주서라는 점에서 그 의의를 높게 살 만하지 않을까 생각한다. 게다가 본 번역진의 완역 작업을 통해 그동안 일부 전문 연구자의 전유물이었던 『해국도지』를 일반 독자에게도 제공할 수 있게 되었다는 점에 의미를 부여하고자 한다. 그럼에도 불구하고 본 역주 작업에는 번역진이 미처 인지하지 못한 번역상의 문제가 있을 수 있으니, 독자 여러분의 아낌없는 질정을 바라는 바이다.

마지막으로 어려운 출판 여건 속에서도 좋은 책을 만들기 위해 항상 애쓰시는 세창출판사 관계자 여러분께 깊은 감사를 드린다. 특히 김명희 이사님과 정조연 편집자님의 끝없는 관심과 세세한 교정 덕분에 본서의 완성도를 한층 더 높일 수 있게 되었다고 생각한다.

고황산 연구실에서 역주자를 대표해 정지호 씀

차례

해국도지
海國圖志

【一】
(권1~권2)

해국도지 전체 차례

해국도지 권5

해국도지 권6

해국도지 권7

해국도지 권14

해국도지 권15

해국도지 권16

해국도지 권17

해국도지 권18

해국도지 권19

해국도지 권20

해국도지 권21

해국도지 권22

해국도지 권43

대서양 大西洋

이탈리아 총설 意大里亞國總記

이탈리아 연혁 意大里國沿革

해국도지 권44

대서양 大西洋

독일 상 耶馬尼上

독일 분국 1 耶馬尼分國一

독일 분국 2 耶馬尼分國二

독일 분국 3 耶馬尼分國三

독일 분국 4 耶馬尼分國四

독일 분국 5 耶馬尼分國五

독일 분국 6 耶馬尼分國六

독일 분국 7 耶馬尼分國七

독일 분국 8 耶馬尼分國八

독일 분국 9 耶馬尼分國九

독일 분국 10 耶馬尼分國十

독일 분국 11 耶馬尼分國十一

독일 분국 12 耶馬尼分國十二

독일 분국 13 耶馬尼分國十三

독일 분국 14 耶馬尼分國十四

독일 분국 15 耶馬尼分國十五

독일 분국 16 耶馬尼分國十六

독일 분국 17 耶馬尼分國十七

독일 분국 18 耶馬尼分國十八

독일 분국 19 耶馬尼分國十九

독일 분국 20 耶馬尼分國二十

독일 분국 21 耶馬尼分國二十一

독일 분국 22 耶馬尼分國二十二

해국도지 권45

해국도지 권46

해국도지 권47

해국도지 권48

해국도지 권49

해국도지 권56

해국도지 권57

해국도지 권58

해국도지 권59

해국도지 권60

해국도지 권61

해국도지 권62

해국도지 권63

해국도지 권64

해국도지 권65

외대서양 外大西洋

북아메리카 내 영국·러시아 식민지 北墨利加洲內英俄各國屬地

해국도지 권66

외대서양 外大西洋

북아메리카 남부 텍사스·과테말라 北亞墨利加南境德沙國危地馬拉國

해국도지 권67

외대서양 外大西洋

남아메리카 남부 파타고니아 南墨利加洲南智加國

남아메리카 카스티야 델 오로 南墨利加洲內金加西蠟國

남아메리카 페루 南墨利加洲內孛魯國

해국도지 권68

외대서양 外大西洋

남아메리카 아르헨티나 南墨利加洲內巴拉大河國

남아메리카 브라질 南墨利加洲內伯西爾國

해국도지 권69

외대서양 外大西洋

남아메리카 칠레 南墨利加洲內智利國

남아메리카 각 나라 식민지 南墨利加洲內各國兼攝地

아메리카 최남단 원주민 부락 墨利加洲極南方土番部落

해국도지 권70

외대서양 外大西洋

남아메리카제도 南墨利加諸島

서해제도 西海諸島

부록 남극 미개척지 南極未開新地附錄

해국도지 권71

표 1 表一

남양·서양 각 나라 종교 표 南洋西洋各國教門表

해국도지 권72

표 2 表二

중국·서양 역법 대조표 中國西洋曆法異同表

부록 인도 『회회력법』 고찰 附天竺『回回曆法』考

해국도지 권73

표 3 表三

중국·서양 연표 中國西洋紀年通表

부록 이슬람교 교주 사망 시기 고찰 附回國教主辭世年月考

부록 부처 생멸 시기 고찰 附佛生滅年歲

해국도지 권74

지구총설 상 國地總論上

오대륙 해석 釋五大洲

곤륜 해석 상 釋崑崙上

곤륜 해석 하 釋崑崙下

해국도지 권75

지구총설 중 國地總論中

마테오 리치 지도설 利瑪竇地圖說

알레니 오대륙 지도 총설 艾儒略五大洲總圖略度解

알레니 사해 총설 艾儒略四海總說

해국도지 권76

지구총설 하 國地總論下

페르비스트 『곤여도설』 南懷仁『坤輿圖說』

해국도지 권81

해국도지 권82

해국도지 권83

해국도지 권84

해국도지 권89

해국도지 권90

해국도지 권91

해국도지 권100

일러두기

1. 본 번역은 『해국도지海國圖志』 광서光緖 2년본(平慶涇固道署重刊), 『해국도지』 도광본道光本과 천화陳華 등이 교점한 『해국도지』(岳麓書社, 1998)(이하 '악록서사본'으로 약칭) 등 『해국도지』 관련 여러 판본을 참고, 교감하여 진행했다.

2. 『해국도지』는 다음 원칙에 준해 번역한다.

① 본 번역은 광서 2년본에 의거하되, 글자의 출입이나 내용상의 오류가 발견될 경우 악록서사본 등을 참고하여 글자를 고쳐 번역하고 주석으로 밝혀 둔다.

예) 태국은 미얀마의 동남東南[1]쪽에서 위태롭게 버텨 오다가 건륭 36년(1771)에 미얀마에게 멸망되었다.

暹羅國踦長, 居緬東南, 緬于乾隆三十六年滅之.

1) 동남쪽: 원문은 '동남東南'이다. 광서 2년본에는 '서남西南'으로 되어 있으나, 악록서사본에 따라 고쳐 번역한다.

② 본 번역은 가능한 한 직역을 위주로 하고 직역으로 문맥이 통하지 않을 경우에는 본뜻에 벗어나지 않는 범위 내에서 의역하며, 문맥의 이해를 돕기 위해 필요시 [ ]부분을 삽입해 번역한다.

③ 본 번역에서 언급되는 중국의 국명, 지명, 인명, 서명의 경우, 한국식 독음으로 표기하며, 조목마다 처음에만 한자어를 병기한다. 다만 홍콩, 마카오와 같이 한국인에게 널리 알려진 지명의 경우는 그대로 사용하며, 지금의 지명으로 설명이 필요한 경우는 중국 현대어 발음으로 표기한다.

④ 중국을 제외한 외국의 국명, 지명, 인명, 서명의 경우, 외래어 표기법에 의거하여 해당 국가의 현대식 표기법을 따르고, 조목마다 처음에만 해당 지역의 영문 표기를 병기한다. 나머지 필요한 상황은 주석으로 처리한다. 외국의 국명, 지명, 인명 등에 대한 음역의 경우, 이해를 돕기 위해 두음법칙을 적용하지 않았다.

예) 캘리컷Calicut[1)]

1) 캘리컷Calicut: 원문은 '고리古里'로, 인도 서남부의 캘리컷을 가리킨다. 지금의 명칭은 코지코드Kozhikode이다.

⑤ 외국 지명은 현대식 표기법을 따를 때 역사적 사건과 사실이 잘 드러나지 않는 경우가 있다. 안남安南의 경우, 오늘날의 베트남을 지칭하지만, 역사적으로 보면 베트남의 한 왕국 이름이다. 따라서 이 경우에는 부득이하게 한자음을 그대로 따르고 처음 나올 때 이를 주석에 명기한다.

예) 안남安南[1)]

1) 안남安南: 지금의 베트남을 가리키는 말로, 당대에 이곳에 설치된 안남도호부安南都護府에서 유래되었다. 청대에는 베트남을 안남국, 교지국 등으로 구분하여 불렀다. 또한 안남국은 꽝남국을 가리키기도 한다.

⑥ '안案', '안按', '원안源案' 및 부가 설명은 번역문과 원문에 그대로 노출시킨다. 본문 안의 안과 부가 설명은 본문보다 작게 표기하고 안은 본문보다 연하게 다른 서체로 표기한다. 다만 본문 가장 뒤에 나오는 '안'과 '원안'의 경우는 번역문과 원문 모두 진하게 표기하고 본문 안의 안과 같은 서체로 표기해 구분한다.

예1) 이에 스페인 사람들은 소가죽을 찢어 몇천 길의 길이로 고리처럼 엮어 필리핀의 땅을 두르고는 약속대로 해 달라고 했다. 살펴보건대 마닐라 땅을 [소가죽 끈으로] 두르고 약속대로 해 달라고 했다고 해야 한다.

其人乃裂牛皮, 聯屬至數千丈, 圍呂宋地, 乞如約. 案: 當云圍蠻里喇地, 乞如約.

예2) **영국·네덜란드령 아체와 스리비자야**

단, 3국은 같은 섬으로, 당唐나라 이전에는 파리주婆利洲 땅이었다.

수마트라의 현재 이름이 아체이다. 스리비자야의 현재 이름이 팔렘방Palembang이다.

英荷二夷所屬亞齊及三佛齊島

三國同島, 卽唐以前婆利洲地. 蘇門答剌, 今名亞齊. 三佛齊, 今名舊港.

예3) 위원이 살펴보건대 베트남의 서도는 후에에 있으니 곧 참파의 옛 땅이다. 여기에서 별도로 본저국을 가리켜 참파라고 하는데, 옳지 않다. 본저국은 캄보디아, 즉 옛 첸라국이다. 『해록』이 상인과 수군의 입에서 나온 책이기 때문에 보고 들은 것은 비록 진실에 속할지 모르지만, 고대의 역사사실을 고찰함에 있어 오류가 많다. 이에 특별히 부록을 달아 바로잡는다. 참파의 동남쪽 바다에 있는 빈동룽국은 바로 『송사』에서 말하는 빈다라賓陀羅로, 빈다라는 참파와 서로 이어져 있고 지금도 나란히 꽝남 경내에 속해 있는 것으로 보아 아마도 용내의 땅인 것 같다. 명나라 왕기王圻가 편찬한 『속통고續通考』에는 『불경』의 사위성舍衛城이라고 잘못 가리키고 있는데, 이에 대해서는 말루쿠제도Maluku 뒤에서 바로잡는다.

源案: 越南之西都, 在順化港, 卽占城舊地也. 此別指本底爲占城, 非是. 本底爲柬埔寨, 卽古眞臘國. 『海錄』出於賈客舟師之口, 故見聞雖眞, 而考古多謬. 特附錄而辯之. 至占城東南瀕海, 尙有賓童龍國, 卽『宋史』所謂賓陀羅者, 與占城相連, 今竝入廣南境內, 疑卽龍柰之地. 明王圻『續通考』謬指爲『佛經』之舍衛城, 辯見美洛居島國後.

⑦ 주석 번호는 편별로 시작한다.

⑧ 본서에서 언급하고 있는 '원본'은 임칙서林則徐의 『사주지四洲志』이다.

예) 원본에는 없으나, 지금 보충한다.

해국도지 원서[1]

『해국도지』 60권은 무엇에 의거했는가? 첫째로 전 양광총독兩廣總督이자 병부상서兵部尚書였던 임칙서林則徐[2]가 서양인[3]의 저서를 번역한 『사주지四洲志』[4]에 의거했다. 둘째로 역대 사지史志[5] 및 명대明代 이래의 도지島志,[6] 그리고 최근의 외국 지도[7]·외국어 저술[8]에 의거했다. 철저하게 조사·고찰하고 일목요연하게 정리하여 새로운 길을 열고자 한다. 대체로 동남양東南洋,[9] 서남양西南洋[10]은 원본에 비해 10분의 8 정도를 증보했고, 대서양大西洋·소서양小西洋,[11] 북양北洋,[12] 외대서양外大西洋[13] 역시 10분의 6 정도를 증보했다. 또한 지도와 표를 날줄과 씨줄로 하고 다양한 사람들의 논점을 폭넓게 참고하여 논의를 진행했다.

[이 책이] 이전 사람들의 해도海圖에 관한 서적과 다른 점은 무엇인가? 이전 사람들의 책이 모두 중국인의 입장에서 서양[14]을 언급한 것이라면, 이 책은 서양인의 관점에서 서양을 언급했다는 것이다.[15]

이 책을 저술한 이유는 무엇인가? 서양의 힘을 빌려 서양을 공격하고

(以夷攻夷), 서양의 힘을 빌려 서양과 화친하며(以夷款夷), 서양의 뛰어난 기술을 배워(爲師夷長技) 서양을 제압하기 위해서 저술한 것이다(以制夷而作).

『주역周易』에 다음과 같은 기록이 있다.

"사랑과 증오가 서로 충돌함에 따라 길흉吉凶을 낳고, 장래의 이익과 눈앞의 이익을 취함에 따라 회린悔吝을 낳으며, 진실과 거짓이 서로 감응함에 따라 이해利害를 낳는다."[16] 그러므로 똑같이 적을 방어한다고 해도 그 상황을 아는 것과 모르는 것은 손익 면에서 아주 큰 차이가 난다. 마찬가지로 적과 화친한다고 해도 그 사정을 아는 것과 모르는 것은 손익 면에서 커다란 차이가 있다. 과거 주변 오랑캐[17]를 제압한 경우에, 적의 상황을 물어보면 자기 집 가구를 대하듯이 잘 알고 있었으며, 적의 사정을 물어보면 일상다반사와 같이 잘 알고 있었다.

그렇다면 이 서적만 있으면 서양을 제압할 수 있다는 것인가? 그렇다고 할 수도 있지만, 아닐 수도 있다. 이것은 군사적 전략은 될 수 있지만, 근본적인 대책은 아니다. 유형의 전략이지 무형의 전략은 아니다. 명대 관료는 말하길 "해상의 왜환倭患을 평정하고자 한다면 우선 사람들의 마음속에 쌓인 우환을 다스려야 한다"라고 했다. 사람들의 마음속에 쌓인 우환이란 무엇인가? [이것은] 물도 아니고 불도 아니며 칼도 아니고 돈도 아니다. 연해의 간민奸民도 아니고 아편을 흡입하거나 판매하는 악인도 아니다. 그러므로 군자는 [무공을 칭송한] 「상무常武」와 「강한江漢」[18]의 시를 읽기 전에 [인정을 칭송한] 「운한雲漢」과 「거공車攻」[19]을 읽으면서 『시경詩經』의 「대아大雅」와 「소아小雅」 시인들이 발분한 원인을 깨달았다. 그리고 『주역』 괘사卦辭와 효사爻辭[20]의 내괘內卦(하괘), 외괘外卦(상괘), 소식괘消息卦[21]를 음미하면서 『주역』을 지은 자가 근심한[22] 원인을 알았다. 이 발분과 우환이야말로 하늘의 도(天道)가 부否를 다해서 태泰로 움직이게 하는 것[23]이고 사람들의 마음(人心)이 몽매함을 벗어나 각성하게 하는 것이며 사람들의 재주(人才)가 허虛를 고쳐서 실實로 옮겨 가게 하는 것이다.

예전 강희康熙·옹정雍正 시기에 세력을 떨쳤던 준가르도 건륭乾隆 중기 순식간에 일소되어 버렸다.[24] 오랑캐의 아편[25]이 끼친 해로움은 그 해악이 준가르보다 더 크다. 지금 폐하[26]의 어짊과 근면함은 위로는 열조列祖[27]에 부합하고 있다. 하늘의 운행과 사람의 일에 길흉화복[28]은 언제나 번갈아 가며 변하는 것이니 어찌 [서양을] 무찔러 버릴 기회가 없음을 근심하는가? 어찌 무위武威를 떨칠 시기가 없음을 근심하는가? 지금이야말로 혈기 있는 자는 마땅히 분발해야 할 때이며, 식견을 가진 자는 마땅히 원대한 계획을 세워야 할 때이다.

첫째로, 허위虛僞와 허식을 버리고 재난에 대한 두려움을 버리며, 중병을 키우지 말고 자신의 안위만을 추구하지 않는다면 사람들의 우매한 병폐는 제거될 것이다.

둘째로, 실제의 일을 가지고 실제의 성과를 평가하고, 실제의 성과를 가지고 실제의 일을 평가해야 한다. 쑥은 삼 년간 묵혀서 쌓아 두고[29] 그물은 연못에 가서 엮고,[30] 맨몸으로 황하를 건너지 말며,[31] 그림의 떡을 바라지 않는다면,[32] 인재가 부족하다는 근심은 사라질 것이다.

우매함이 제거되면 태양이 밝게 빛나고, 인재가 부족하다는 근심이 사라지면 우레가 칠 것이다. 『전』에 이르기를 "누가 집안을 어지럽게 하고서 나라를 다스릴 수 있겠는가? 천하가 안정되니 월상越裳[33]도 신하 되기를 청하네"라고 한다.[34]

『해국도지』의 내용은 다음과 같다.

첫 번째, 「주해편籌海篇」[35]에서는 방어를 통해 공격하고 방어를 통해 화친하며, 오랑캐를 이용해서 오랑캐를 제압하는 열쇠를 쥐고 있는 것은 누구인가에 대해 서술한다.

두 번째, 「각 나라 연혁도各國沿革圖」에서는 3천 년의 시간과 9만 리의 공간을 씨실과 날실로 삼으면서, 지도와 역사적 사실을 아울러 서술한다.

세 번째, 「동남양 연안 각 나라東南洋海岸各國」에서는 기독교[36]와 아편을 영내에 들어오지 못하게 하면 우리의 속국[37]도 또한 적개심을 불태울 수 있다는 것에 대해 서술한다.

네 번째, 「동남양 각 섬東南洋各島」에서는 필리핀[38]과 자와는 일본과 같은 섬나라이지만, 한쪽(필리핀과 자와)은 병합되고 한쪽(일본)은 강성함을 자랑하는 것은 교훈으로 삼을 만하다[39]는 것에 대해 서술한다.

다섯 번째, 「서남양 오인도西南洋五印度」에서는 종교가 세 차례나 변하고,[40] 국토는 오인도[41]로 분할되어 까치집(인도)에 비둘기(영국)가 거주하는 것과 같은 형국이니, 이는 중국[42]에게도 재앙이 되고 있는 것에 대해 서술한다.

여섯 번째, 「소서양 아프리카小西洋利未亞」에서는 백인[43]과 흑인[44]은 거주하는 영역이 멀리 떨어져 있는데도 불구하고 흑인이 부림을 당하고 내몰리고 있는데, 이에 대해서는 해외에서 온 외국인[45]에게 자문한 것을 서술한다.

일곱 번째, 「대서양 유럽 각 나라大西洋歐羅巴各國」에서는 대진大秦[46]과 해서海西[47]에는 다양한 오랑캐[48]가 살고 있는데, 이익과 권위로 반림泮林의 올빼미[49]와 같이 감화시킬 수 있다는 것에 대해 서술한다.

여덟 번째, 「북양 러시아北洋俄羅斯國」에서는 동서양에 걸쳐 있고 북쪽은 북극해에 접해 있으니, 근교원공近交遠攻 정책을 취할 시에 육상전에 도움이 되는 우리 이웃 국가에 대해 서술한다.

아홉 번째, 「외대양 미국外大洋彌利堅」에서는 영국의 침략에 대해서는 맹렬히 저항했지만, 중국에 대해서는 예의를 다하니 원교근공遠郊近攻 정책을 취할 시에 해상전에 도움이 되는 나라에 대해 서술한다.

열 번째, 「서양 각 나라 종교 표西洋各國教門表」에서는 사람은 모두 하늘을 근본으로 하고 가르침은 성인에 의해 세워져 있으니, 이합집산을 되풀이하면서도 조리를 가지고 문란하지 않은 것에 대해 서술한다.

열한 번째, 「중국·서양 연표中國西洋紀年表」에서는 1만 리 영토의 기년紀年이 하나로 통일되어 있는 점에서 중화에는 미치지 못하지만, 단절되면서도 연속되어 있는 아랍[50]과 유럽[51]의 기년에 대해 서술한다.

열두 번째, 「중국·서양 역법 대조표中國西曆異同表」에서는 중국력은 서양력의 바탕이 되지만, 서양력은 중국력과 차이가 있으며, 사람들에게 농사짓는 시기를 알려 주는 것에 있어서는 중국력이 근간을 이루고 있다는 것에 대해 서술한다.

열세 번째, 「지구총설國地總論」에서는 전쟁은 지세의 이점을 우선하는데, 어찌 먼 변방이라고 해서 경시하겠는가! 쌀이나 모래로 지형을 구축해서 지세를 파악한다면[52] 조정은 전쟁에서 승리할 수 있다는 것에 대해 서술한다.

열네 번째, 「주이장조籌夷章條」에서는 지세의 이점도 사람들의 화합에는 미치지 못하며, 기공법奇攻法과 정공법正攻法을 병용한다면 작은 노력으로도 커다란 성과를 거둘 수 있다는 것에 대해 서술한다.

열다섯 번째, 「이정비채夷情備采」에서는 적을 알고 나를 알면 화친할 수도 있고 싸울 수도 있으니, 병의 증상을 알지 못하면 어찌 처방할 것이며, 누가 어지럽고 눈앞이 캄캄한 증상을 치료할 수 있겠는가에 대해 서술한다.

열여섯 번째, 「전함조의戰艦條議」에서는 해양국이 선박에 의지하는 것은 내륙국이 성벽에 의지하는 것과 같으니, 뛰어난 기술을 배우지는 않고 풍파를 두려워하는 것은 누구인가에 대해 서술한다.

열일곱 번째, 「화기화공조의火器火攻條議」에서는 오행이 상극하여 금金과 화火[53]가 가장 맹렬하니, 우레가 지축을 흔들듯이 공격과 수비도 같은 이치라는 것에 대해 서술한다.

열여덟 번째, 「기예화폐器藝貨幣」에서는 차궤와 문자[54]는 다르지만, 화폐의 기능은 같으니, 이 신기한 것을 유용하게 활용하기 위해서 어찌 지혜를 다하지 않겠는가에 대해 서술한다.

도광 22년(1842) 임인년 12월, 내각중서 소양 사람 위원이 양주에서 쓴다.

海國圖志原敍

『海國圖志』六十卷何所據? 一據前兩廣總督林尙書所譯西夷之『四洲志』. 再據歷代史志及明以來島志, 及近日夷圖·夷語. 鉤稽貫串, 創榛闢莽, 前驅先路. 大都東南洋·西南洋, 增於原書者十之八, 大·小西洋·北洋·外大西洋增於原書者十之六. 又圖以經之, 表以緯之, 博參群議以發揮之.

何以異於昔人海圖之書? 曰彼皆以中土人譚西洋, 此則以西洋人譚西洋也.

是書何以作? 曰爲以夷攻夷而作, 爲以夷款夷而作, 爲師夷長技以制夷而作.

『易』曰: "愛惡相攻而吉凶生, 遠近相取而悔吝生, 情僞相感而利害生." 故同一禦敵, 而知其形與不知其形, 利害相百焉. 同一款敵, 而知其情與不知其情, 利害相百焉. 古之馭外夷者, 諏以敵形, 形同几席, 諏以敵情, 情同寢饋.

然則執此書卽可馭外夷乎? 曰: 唯唯, 否否. 此兵機也, 非兵本也. 有形之兵也, 非無形之兵也. 明臣有言: "欲平海上之倭患, 先平人心之積患." 人心之積患如之何? 非水, 非火, 非刃, 非金. 非沿海之奸民, 非吸煙販煙之莠民. 故君子讀「雲漢」·「車攻」, 先於「常武」·「江漢」, 而知二雅詩人之所發憤. 玩卦爻內外消息, 而知大『易』作者之所憂患. 憤與憂, 天道所以傾否而之泰也, 人心所以違寐而之覺也, 人才所以革虛而之實也.

昔準噶爾跳踉於康熙·雍正之兩朝, 而電埽於乾隆之中葉. 夷煙流毒, 罪萬準夷. 吾皇仁勤, 上符列祖. 天時人事, 倚伏相乘, 何患攘剔之無期? 何患奮武之無會? 此凡有血氣者所宜憤悱, 凡有耳目心知者所宜講畫也.

去僞, 去飾, 去畏難, 去養癰, 去營窟, 則人心之寐患袪, 其一. 以實事程實功, 以實功程實事. 艾三年而蓄之, 網臨淵而結之, 毋馮河, 毋畫餠, 則人材之虛患袪, 其二. 寐患去而天日昌, 虛患去而風雷行. 『傳』曰: “孰荒於門, 孰治於田? 四海旣均, 越裳是臣.” 敍『海國圖志』.

以守爲攻, 以守爲款, 用夷制夷, 疇司厥楗, 述「籌海篇」第一.

縱三千年, 圜九萬里, 經之緯之, 左圖右史, 述「各國沿革圖」第二.

夷敎夷煙, 毋能入界, 嗟我屬藩, 尙堪敵愾, 志「東南洋海岸各國」第三.

呂宋·爪哇, 嶼埒日本, 或噬或駾, 前車不遠, 志「東南洋各島」第四.

敎閱三更, 地割五竺, 鵲巢鳩居, 爲震旦毒, 述「西南洋五印度」第五.

維晳與黔, 地遼疆閡, 役使前驅, 疇諏海客, 述「小西洋利未亞」第六.

大秦海西, 諸戎所巢, 維利維威, 實懷泮鴞, 述「大西洋歐羅巴各國」第七.

尾東首西, 北盡冰溟, 近交遠攻, 陸戰之鄰, 述「北洋俄羅斯國」第八.

勁悍英寇, 恪拱中原, 遠交近攻, 水戰之援, 述「外大洋彌利堅」第九.

人各本天, 敎綱於聖, 離合紛紜, 有條不紊, 述「西洋各國敎門表」第十.

萬里一朔, 莫如中華, 不聯之聯, 大食·歐巴, 述「中國西洋紀年表」第十一.

中曆資西, 西曆異中, 民時所授, 我握其宗, 述「中國西曆異同表」第十二.

兵先地利, 豈間遐荒! 聚米畫沙, 戰勝廟堂, 述「國地總論」第十三.

雖有地利, 不如人和, 奇正正奇, 力少謀多, 述「籌夷章條」第十四.

知己知彼, 可款可戰, 匪證奚方, 孰醫瞑眩, 述「夷情備采」第十五.

水國恃舟, 猶陸恃堞, 長技不師, 風濤誰讐, 述「戰艦條議」第十六.

五行相克, 金火斯烈, 雷奮地中, 攻守一轍, 述「火器火攻條議」第十七.

軌文匪同, 貨幣斯同, 神奇利用, 盍殫明聰, 述「器藝貨幣」第十八.

道光二十有二載, 歲在壬寅嘉平月, 內閣中書邵陽魏源敍於揚州.

주석

1 원서: 이 서문은 원래 『해국도지』 50권본의 서문이다. 악록서사본에 따르면 이는 도광 22년 12월(1843년 1월)에 서술되어 도광 27년(1847) 『해국도지』 60권본을 출판할 때, 단지 50권본의 '5' 자를 '6' 자로 바꾸고 '서敍'를 '원서原敍'로 수정했다. 나머지 내용은 전부 50권본 그대로이다.

2 임칙서林則徐: 임칙서(1785~1850)는 청말의 정치가로 복건성 복주 출신이다. 자는 소목少穆, 호는 문충文忠이다. 1837년 호광총독湖廣總督으로 재임 중 황작자黃爵滋의 금연 정책에 호응해서 아편 엄금 정책을 주장했다. 호북湖北·호남湖南에서 금연 정책의 성공을 인정받아 흠차대신으로 등용되어 광동에서의 아편 무역을 단속하게 된다. 1839년 광동에 부임하여 국내의 아편 판매 및 흡연을 엄중히 단속하고 외국 상인이 소유하던 아편을 몰수했으며, 아편 상인을 추방하여 아편 무역을 근절하고자 했다. 그러나 이에 항의한 영국이 함대를 파견하자 이에 대한 책임을 지고 면직되어 신강성新疆省에 유배되었다.

3 서양인: 원문은 '서이西夷'이다.

4 『사주지四洲志』: 임칙서가 휴 머레이Hugh Murray 『세계지리대전*The Encyclopaedia of Geography*』의 일부를 양진덕梁進德 등에게 번역시킨 후, 직접 원고의 일부분을 수정해서 펴낸 책이다. 이하 본서에서 언급하고 있는 원본은 바로 『사주지』를 가리킨다.

5 사지史志: 『해국도지』에 인용되어 있는 24사를 비롯해 『통전通典』, 『문헌통고文獻通考』, 『속문헌통고續文獻通考』, 『황조문헌통고皇朝文獻通考』, 『통지通志』, 『수경주水經注』, 『책부원귀冊府元龜』, 『대청일통지大淸一統志』, 『광동통지廣東通志』, 『무역통지貿易通志』 등의 서적을 가리킨다.

6 도지島志: 『해국도지』에 인용되어 있는 주달관周達觀의 『진랍풍토기眞臘風土記』, 왕대연汪大淵의 『도이지략島夷志略』, 사청고謝淸高의 『해록海

錄』, 장섭張燮의 『동서양고東西洋考』, 황충黃衷의 『해어海語』, 황가수黃可垂의 『여송기략呂宋紀略』, 왕대해汪大海의 『해도일지海島逸志』, 장여림張汝霖의 『오문기략澳門紀略』, 진륜형陳倫炯의 『해국문견록海國聞見錄』, 줄리오 알레니Giulio Aleni의 『직방외기職方外紀』, 페르디난트 페르비스트Ferdinand Verbiest의 『곤여도설坤輿圖說』 등의 서적을 가리킨다.

7 외국 지도: 원문은 '이도夷圖'이다. 서양에서 제작된 지도를 가리킨다.

8 외국어 저술: 원문은 '이어夷語'이다. 서양인이 저술한 서적을 가리킨다.

9 동남양東南洋: 위원이 말하는 동남양은 동남아시아Southeast Asia 해역, 한국Korea·일본Japan 해역 및 오세아니아Oceania 해역 등을 가리킨다.

10 서남양西南洋: 위원이 말하는 서남양은 아라비아해Arabian Sea 동부에 있는 남아시아South Asia 해역 및 서남아시아 동쪽의 아라비아해 서부 등의 해역을 포괄해서 가리킨다.

11 대서양大西洋·소서양小西洋: 위원이 말하는 대서양은 서유럽West Europe 및 스페인Spain·포르투갈Portugal의 서쪽 해역, 즉 대서양Atlantic Ocean에 인접해 있는 여러 국가 및 북해North Sea의 남부와 서부를 가리킨다. 위원이 말하는 소서양은 인도양Indian Ocean과 대서양에 인접해 있는 아프리카Africa 지역을 가리킨다.

12 북양北洋: 위원이 말하는 북양은 북극해Arctic Ocean 및 그 남쪽의 각 바다에 인접해 있는 유럽Europe과 아시아Asia 두 대륙 일부, 일부 발트해 연안 국가의 해역, 덴마크Denmark 서쪽의 북해 동부 및 북아메리카North America의 그린란드Greenland 주위 해역, 즉 노르웨이Norway·러시아·스웨덴Sweden·덴마크·프로이센Preussen 5개국의 해역 및 크림반도 주변 해역을 가리킨다.

13 외대서양外大西洋: 위원이 말하는 외대서양은 대서양에 인접해 있는 남북아메리카 일대를 가리킨다.

14 서양: 대서양 양안의 구미 각 나라를 가리킨다.

15 이 책은 … 언급했다는 것이다: 도광 27년(1847)의 60권본의 5, 7, 13, 14, 16, 20~23, 25~33, 36~38, 40~43권은 유럽인 원찬(歐羅巴人原撰), 후관 임

칙서 역侯官林則徐譯, 소양 위원 중집邵陽魏源重輯이라고 기록하고 있는데, 이 부분은 『사주지』를 원본으로 하고 다른 서적을 참고해서 증보한 것이다.

16 사랑과 증오가 … 낳는다: 『주역』 제12장 「계사전繫辭傳」 하에 보인다. 길吉은 좋은 것, 흉凶은 나쁜 것이다. 회悔는 후회하는 것이고, 린吝은 개선하려고 하지 않는 것이다. 흉과 길이 이미 벌어진 일이라면 회와 린은 일종의 전조와 같은 것으로 회는 길할 전조, 린은 흉할 전조가 된다.

17 주변 오랑캐: 원문은 '외이外夷'이다.

18 「상무常武」와 「강한江漢」: 모두 『시경』 「대아」의 편명이다. 주나라 선왕宣王이 회북淮北의 오랑캐를 정벌하여 무공을 떨친 것을 기리기 위해 지은 것이다.

19 「운한雲漢」과 「거공車攻」: 「운한」은 『시경』 「대아」의 편명이고 「거공」은 「소아」의 편명이다. 주나라 선왕이 재해를 다스리고 제도를 정비한 것 등 내정을 충실히 한 것을 기리기 위해 지은 것이다.

20 괘사卦辭와 효사爻辭: 『주역』은 본래 양(–)과 음(--)의 결합에 의해 64괘로 이루어져 있다. 이 64괘에 대한 설명을 괘사라고 한다. 그리고 괘를 구성하고 있는 (–)과 (--)을 효라고 하는데, 이에 대한 의미를 설명한 것을 효사라고 한다. 1괘당 6개의 효가 있어 효사는 모두 384개로 이루어져 있다.

21 내괘內卦(하괘), 외괘外卦(상괘), 소식괘消息卦: 원문은 '내외소식內外消息'이다. 모두 『주역』의 용어로서 끊임없는 변화를 의미한다.

22 『주역』을 지은 자가 근심한: 『주역』 「계사전」 하에 의하면 "『주역』이 흥기한 것은 중고 시대일 것이다. 『주역』을 지은 자는 근심을 품고 있을 것이다(『易』之興也, 其於中古乎. 作『易』者其有憂患乎)"라고 언급하고 있다.

23 부否를 다해서 태泰로 움직이게 하는 것: '부'와 '태'는 모두 『주역』 64괘의 하나이다. '부'는 막혀 있는 상태, '태'는 형통하고 있는 상태로서 양자는 정반대의 위치에 있다. '부'가 지극해지면 '태'로 변화하는데, 이는 분노와 우환이 막혀 있는 상태에서 형통하는 상태로 변화하는 것을 의

미한다.

24 준가르도 … 일소되어 버렸다: 준가르는 17세기 초에서 18세기 중엽에 걸쳐 세력을 떨친 서북 몽골의 오이라트계 몽골족이다. 17세기 말경 종종 중국의 서북 변경에 침입했으나 1755년 청나라군의 공격을 받아 준가르가 붕괴되고 나아가 1758년 완전히 멸망되었다.

25 오랑캐의 아편: 원문은 '이연夷烟'이다.

26 폐하: 도광제道光帝(재위 1820~1850)를 가리킨다.

27 열조列祖: 청조의 역대 제왕을 가리킨다.

28 길흉화복: 원문은 '의복倚伏'이다. 노자老子 『도덕경道德經』의 "화란 것은 복이 의지하는 곳이고, 복은 화가 숨어 있는 곳이다(禍兮福之所倚, 福兮禍之所伏)"라는 말에서 유래한다.

29 쑥은 삼 년간 묵혀서 쌓아 두고: 원문은 '애삼년이축지艾三年而蓄之'이다. 『맹자孟子』「이루離婁」 하편에 "7년의 병을 치료하기 위해서는 삼 년간 숙성된 쑥이 필요하다(七年之病救三年之艾)"는 말이 있다.

30 그물은 연못에 가서 엮고: 원문은 '망임연이결지網臨淵而結之'이다. 『한서漢書』「동중서전董仲舒傳」에 "연못에 임해서 고기를 탐하는 것은 물러나 그물을 만드는 것보다 못하다(臨淵羨魚, 不如退而結網)"라는 말이 있다.

31 맨몸으로 황하를 건너지 말며: 원문은 '무풍하毋馮河'이다. 『논어論語』「술이述而」편에 "맨손으로 호랑이를 잡고 맨몸으로 황하를 건너다가 죽어도 후회가 없다는 사람과는 나는 함께하지 않을 것이다(暴虎馮河, 死而無悔者, 吾不與也)"라는 말이 있다.

32 그림의 떡을 바라지 않는다면: 원문은 '무화병毋畫餠'이다.

33 월상越裳: 서주 초기의 '월상'은 막연하게 중국 남쪽의 아주 먼 나라를 가리키기 때문에 정확한 지역은 알 수 없다. 삼국 시대 이후에 등장하는 '월상'은 대체로 베트남 중부의 월상현越裳縣을 가리키며, 지금의 하띤성Ha Tinh 일대에 해당한다. 또한 라오스Laos나 캄보디아Cambodia를 가리키기도 한다.

34 『전』 … 한다: 『후한서後漢書』「남만전南蠻傳」에 의하면 월상은 베트남

의 남쪽에 있던 나라로 주공周公 시기 여러 번이나 통역을 거쳐서 입조해서 흰 꿩을 바쳤다는 일화가 등장하는데, "누가 집안을 … 신하 되기를 청하네"는 한유韓愈의 시 「월상조越裳操」에서 인용한 것이다.

35 「주해편籌海篇」: '의수議守', '의전議戰', '의관議款' 세 항목으로 구성되어 있다.

36 기독교: 원문은 '이교夷敎'이다.

37 속국: 원문은 '속번屬藩'이다.

38 필리핀: 원문은 '여송呂宋'이다.

39 교훈으로 삼을 만하다: 원문은 '전거불원前車不遠'이다. 이 말은 앞 수레가 넘어지면 뒤 수레의 경계가 된다는 의미의 '전거복철前車覆轍'과 은나라가 망한 것을 거울로 삼아야 할 것은 멀리 있지 않다는 의미의 '은감불원殷鑑不遠'의 앞뒤 두 글자를 따온 것이다.

40 종교가 세 차례나 변하고: 원문은 '교열삼경敎閱三更'이다. '종교의 나라'로로 불리는 인도는 힌두교와 불교의 탄생지이며, 10세기경에는 이슬람군이 인도의 델리 지방을 점거하면서 이슬람교가 전파되기 시작했다.

41 오인도: 원문은 '오축五竺'으로, 동인도·남인도·서인도·북인도·중인도를 가리킨다. 악록서사본에 따르면 오인도는 다음과 같이 구분되고 있다. 동인도Pracys는 지금의 인도 아삼주Assam 서부, 서벵골주West Bengal의 중부와 남부, 오디샤Odisha의 북부와 중부 및 현 방글라데시Bangladesh의 중부와 남부이다. 북인도Udicya는 현 카슈미르주Kashmir, 인도의 펀자브주Punjab, 하리아나주Haryana, 파키스탄의 서북 변경, 펀자브주 및 아프가니스탄의 카불강Kabul River 남쪽 양측 강변 지역이다. 서인도Aparanta는 현 파키스탄 중부와 남부, 인도 구자라트주Gujarat의 북부와 동부, 마디아프라데시주Madhya Pradesh의 북부와 서부, 라자스탄주Rajasthan의 남부이다. 『대당서역기大唐西域記』에는 '인도국'이 아니라고 명확히 밝히고 있다. 중인도Madhyadesa는 현 방글라데시 북부, 인도의 서벵골주 북부, 라자스탄주 북부, 우타르프라데시주Uttar Pradesh이다. 네팔Nepal을 중인도에 넣고 있는데, 이는 옳지 않다. 선학들도 이미 논한 바 있다. 남인도

Daksinapatha는 인도차이나반도상의 오디샤주의 남부, 중앙주의 동남부, 마하라슈트라주Maharashtra와 위에서 서술한 세 곳 이남의 인도 각주 및 서북쪽으로 면한 카티아와르반도Kathiawar Peninsular이다. 『대당서역기』에는 '인도국'이 아니라고 명확히 밝히고 있다. 위원이 『해국도지』를 편찬할 때 무굴 제국Mughal Empire은 이미 멸망하여 잘 알지 못했기 때문에 『직방외기』에서 언급한 동·북·중·서인도가 무굴 제국에 병합되었다고 하는 설의 영향을 크게 받았다. 확실하게 영국의 동인도 회사가 직접 통치하는 벵골(현 방글라데시와 인도의 서벵골주 지역)을 동인도로 하고 카슈미르를 북인도라 한 것을 제외하고는 예전 중·서인도 및 동·북인도의 나머지 지역을 '중인도'라고 했다. 또한 지금 이란의 아라비아반도에 이르는 일대를 '서인도'라고도 했다.

42 중국: 원문은 '진단震旦'으로, 지나支那와 같이 중국을 달리 부르는 말이다.

43 백인: 원문은 '석皙'이다.

44 흑인: 원문은 '검黔'이다.

45 해외에서 온 외국인: 원문은 '해객海客'이다.

46 대진大秦: 고대 로마 제국Roman Empire, 또는 동로마 제국Byzantium Empire을 가리킨다.

47 해서海西: 고대 로마 제국, 또는 동로마 제국을 가리킨다.

48 오랑캐: 원문은 '융戎'이다. 고대 중국은 주변 민족을 동이東夷, 서융西戎, 남만南蠻, 북적北狄으로 불렀다. 여기에서 융은 중국의 서쪽에 있는 이민족을 가리킨다.

49 반림泮林의 올빼미: 원문은 '반효泮鴞'이다. 『시경』 「노송魯頌·반수泮水」편에 "훨훨 날아다니는 올빼미가 반궁 숲에 내려앉았네. 우리 뽕나무의 오디를 먹고서는 나에게 듣기 좋은 소리로 노래해 주네(翩彼飛鴞, 集于泮林, 食我桑黮, 懷我好音)"라고 하는데, 이는 훨훨 나는 올빼미가 오디를 먹고 감화되었다는 것을 의미한다.

50 아랍: 원문은 '대식大食'이다. 대식은 원래 이란의 한 부족명이었는데, 후에 페르시아인은 이를 아랍인의 국가로 보았다. 중국은 당조唐朝 이후

대식을 아랍 국가의 명칭으로 사용하고 있다.

51 유럽: 원문은 '구파歐巴'이다.

52 쌀이나 모래로 … 파악한다면: 원문은 '취미화사聚米畵沙'이다. 『후한서』 권24 「마원열전馬援列傳」에 의하면, 후한 광무제가 농서隴西의 외효隗囂를 치기 위하여 친정했을 때, 농서 출신 복파장군伏波將軍 마원馬援이 쌀을 모아서 산과 골짜기 등 지형을 그림처럼 만들어 보여 주자 광무제가 오랑캐가 내 눈앞에 들어왔다고 기뻐했다는 고사가 전해진다.

53 금金과 화火: 금과 화는 음양오행설의 목·화·토·금·수의 순서에 따라 상극(상승) 관계에 있다. 동시에 여기에서는 무기, 화기를 나타낸다. 『주역』에 "우레가 지축을 흔든다(雷奮地中)"라는 말이 있다.

54 차궤와 문자: 『예기禮記』 「중용中庸」 편에 "지금 천하의 수레는 차궤를 같이하고, 서적은 문자를 같이하며, 행실은 윤리를 같이한다(今天下車同軌, 書同文, 行同倫)"라고 한다. 여기에서 차궤, 문자, 행실은 넓은 의미에서 인류 사회의 문명을 의미한다.

해국도지 후서

서양의 지리에 대해 이야기할 경우에는 명대 만력萬曆[1] 중엽 서양[2]인 마테오 리치Matteo Ricci[3]의 『곤여도설坤輿圖說』[4]과 줄리오 알레니Giulio Aleni[5]의 『직방외기職方外紀』[6]에서부터 시작해야 한다. 이들 책이 처음 중국에 소개되었을 때, 중국인들은 대체로 추연鄒衍[7]이 천하를 논하는 것과 같다고 생각했다.[8] 청조[9] 시기에 이르러 광동에서 통상무역[10]이 활발해지면서 중국어와 산스크리트어가 두루 번역됨에 따라 지리에 관한 많은 서적이 중국어로 번역·간행되었다. 예를 들면, 북경 흠천감欽天監[11]에서 근무하던 페르디난트 페르비스트Ferdinand Verbiest[12]와 미셸 베누아Michel Benoist[13]의 『지구전도地球全圖』가 있다. 광동에서 번역 출간된 것으로서 초본鈔本[14]인 『사주지四洲志』·『외국사략外國史略』[15]이 있고, 간행본으로는 『만국지리전도집萬國地理全圖集』[16]·『평안통서平安通書』·『매월통기전每月統紀傳』이 있는데, 하늘의 별처럼 선명하고 손금을 보는 것처럼 명료했다. 이에 비로소 해도海圖와 해지海志를 펼쳐 보지 않았으면 우주의 창대함과 남북극의 상하가 둥글다는 것을 몰랐다는 사실조차 몰랐을 것이다. 다만, 이 발행물들은 대부분 서양 상인들이 발행한 것으로 섬 해안가 토산물의 다양함, 항구도시 화물 선박의 수, 더위와 추위 등 하늘의 운행에 따른 절기에 대해서는 상세하다. 그리고 각 나라 연혁의 전모나 행정 구역의 역사로 보아 각 나라 사서史書에 9만 리를 종횡하고 수천 년을 이어져 온 산천 지리를 기록할 수 있을 것 같은데, [이들 책에서는] 유감스럽게도 아직 들어 보지 못했다.

다만 최근에 나온 포르투갈[17]인 호세 마르티노 마르케스José Martinho Marques[18]의 『지리비고地理備考』,[19] 미국[20]인 엘리자 콜먼 브리지먼Elijah Coleman Bridgman[21]의 『미리가합성국지략美理哥合省國志略』[22]은 모두 그 나라의 문인들이 고대 전적典籍[23]을 세세하게 살펴 [집필하여] 문장의 조리가 매우 분명해 이해하기가 쉽다. 그리고 『지리비고』의 「구라파주총기歐羅巴洲總記」 상하 2편[24]은 더욱 걸작으로, 바로 오랫동안 막혀 있던 마음을 확 트이게 해 주었다. 북아메리카[25]에서는 부락이 군장을 대신하고[26] 그 정관이 대대로 이어지는데도 폐단이 없고, 남아메리카[27] 페루국[28]의 금은은 세계에서 제일 풍부하지만, 모두 역대로 들은 바가 없다. 이미 [『해국도지』는] 100권을 완성해 앞에 총론을 제시해서 독자들로 하여금 그 대강을 파악한 후에 그 조목을 상세하게 알게 해 두었으니 분량의 방대함에 질려 탄식하지 않기를 바란다.

또한 예전 지도는 단지 앞면과 뒷면 2개의 전도全圖만 있고, 또한 각 나라가 모두 실려 있지 않아 좌우에 지도와 역사서를 모두 갖추는 바람을 채우지 못했다. 그런데 지금 광동과 홍콩에서 간행된 화첩畵帖[29] 지도를 보면 각각 지도는 일국의 산수와 성읍의 위치를 구륵鉤勒, 즉 동그라미로 표시하고 색칠해 두었으며 경도[30]와 위도[31]를 계산하는 데 조금도 어긋나지 않았다. 이에 고대부터 중국과 교류가 없었던 지역임에도 산천을 펼쳐 보면 마치 『일통지一統志』의 지도를 보는 것 같았고 풍토를 살펴보면 마치 중국 17개 성省의 지방지를 읽는 것 같았다. 천지 기운의 운행이 서북쪽에서 동남쪽으로 해서 장차 중외가 일가를 이루려고 하는 것인가!

무릇 그 형세를 자세하게 알면 다스리는 방법이 틀림없이 「주해편」에 들어 있다는 것을 알게 될 것이다. 「주해편」은 작게 쓰면 작은 효용이, 크게 쓰면 큰 효용이 있을 것이니 이로써 중국의 명성과 위엄을 떨칠 수 있다면 이는 밤낮으로 매우 원하던 바이다.

마르케스의 『천문지구합론天文地球合論』과 최근 수전에서 사용되었던 화공과 선박, 기기의 도면을 함께 뒤쪽에 부록으로 실어 두었으니, 지식을 넓히는 데 보탬이 되고, 유익하게 활용하는 데 도움이 되기를 바란다.

함풍咸豐 2년(1852), 소양 사람 위원이 고우주高郵州에서 쓴다.

海國圖志後敍

譚西洋輿地者, 始於明萬曆中泰西人利馬竇之『坤輿圖說』, 艾儒略之『職方外紀』. 初入中國, 人多謂鄒衍之談天. 及國朝而粵東互市大開, 華梵通譯, 多以漢字刊成圖說. 其在京師欽天監供職者, 則有南懷仁·蔣友仁之『地球全圖』. 在粵東譯出者, 則有鈔本之『四洲志』·『外國史略』, 刊本之『萬國地理全圖集』·『平安通書』·『每月統紀傳』, 爛若星羅, 瞭如指掌. 始知不披海圖海志, 不知宇宙之大, 南北極上下之渾圓也. 惟是諸志多出洋商, 或詳於島岸土產之繁, 埠市貨船之數, 天時寒暑之節. 而各國沿革之始末·建置之永促, 能以各國史書誌富媪山川縱橫九萬里·上下數千年者, 惜乎未之聞焉.

近惟得布路國人瑪吉士之『地理備考』與美里哥國人高理文之『合省國志』, 皆以彼國文人留心丘索, 綱擧目張. 而『地理備考』之『歐羅巴洲總記』上下二篇尤爲雄偉, 直可擴萬古之心胸. 至墨利加北洲之以部落代君長, 其章程可垂奕世而無弊, 以及南洲孛露國之金銀富甲四海, 皆曠代所未聞. 旣彙成百卷, 故提其總要於前, 俾觀者得其綱而後詳其目, 庶不致以卷帙之繁, 望洋生歎焉.

又舊圖止有正面背面二總圖, 而未能各國皆有, 無以愜左圖右史之願. 今則用廣東香港冊頁之圖, 每圖一國, 山水城邑, 鉤勒位置, 開方里差, 距極度數, 不爽毫髮. 於是從古不通中國之地, 披其山川, 如閱『一統志』之圖, 覽其風土, 如讀中國十七省之志. 豈天地氣運, 自西北而東南, 將中外一家歟!

夫悉其形勢, 則知其控馭必有於「籌海」之篇. 小用小效, 大用大效, 以震疊中國之聲靈者焉, 斯則夙夜所厚幸也. 夫至瑪吉士之『天文地球合論』與夫近日水戰火攻船械之圖, 均附於後, 以資博識, 備利用.

咸豐二年, 邵陽魏源敍於高郵州.

주석

1 만력萬曆: 명나라 제13대 황제 신종神宗 주익균朱翊鈞(재위 1573~1620)의 연호이다.

2 서양: 원문은 '태서泰西'이다. 널리 서방 국가를 가리키는데, 일반적으로 서유럽과 미국을 의미한다.

3 마테오 리치Mateo Ricci: 원문은 '이마두利馬竇'이다. 마테오 리치(1552~1610)는 이탈리아 마체라타Macerata 출신으로 1583년에는 광동에 중국 최초의 천주교 성당을 건립해 그리스도교를 전파했다. 그는 유학에도 상당히 조예가 깊었으며, 철저한 중국화를 위해 스스로 유학자의 옷을 입었다. 그리고 조상 숭배도 인정하는 융통성을 보여 유학자들로부터 '서양의 유학자(泰西之儒士)'라고 불리었다. 대표적인 저작으로 자신과의 대화 형식을 빌려 천주교 교리를 설명한 『천주실의天主實義』가 있다.

4 『곤여도설坤輿圖說』: 청대 초기 흠천감을 맡고 있던 페르비스트(1623~1688)는 천문 역법뿐만 아니라 세계 지리와 지도, 천주교 등 다양한 유럽 문화를 소개했는데, 그중 세계 지리서로 간행한 것이 바로 『곤여도설』이다. 이 책은 상하 2권 1책으로 구성되어 있다. 여기에서 마테오 리치의 저술이라고 한 것은 오류이다. 마테오 리치는 1601년 『만국도지萬國圖志』를 그려서 만력제에게 선물했으며, 세계 지도 위에 지리학과 천문학적인 설명을 덧붙여 놓은 『곤여만국전도坤輿萬國全圖』를 번역하기도 했다. 본문에서 『곤여도설』은 『곤여만국전도』의 오류가 아닌가 생각한다.

5 줄리오 알레니Giulio Aleni: 원문은 '애유략艾儒略'이다. 알레니(1582~1649)는 이탈리아 출신의 예수회 소속 선교사이다. 중국의 복장과 예절을 받아들여 '서양의 공자'라고 일컬어졌다.

6 『직방외기職方外紀』: 알레니가 한문으로 저술한 세계지리도지世界地理圖

志이다. 마테오 리치의 『만국도지』를 바탕으로 증보했으며, 아시아, 유럽, 아프리카, 아메리카 및 해양에 관한 내용을 적고 있다. 『주례周禮』에 기록된 관제 중에 직방씨職方氏가 있는데, 천하의 땅을 관장하기 위해 지도를 맡아 관리했다. 이에 따르면 천하는 중국과 주위의 사이四夷, 팔만八蠻, 칠민七閩, 구맥九貊, 오융五戎, 육적六狄으로 구성되어 있다. 이에 알레니는 중국 사람들에게 천하에는 이들 이외에 중국에 조공하지 않는 많은 나라가 있음을 이 책을 통해 알려 주려고 한 것이다.

7 추연鄒衍: 추연(기원전 305~기원전 240)은 중국 전국 시대戰國時代 제齊나라 사람으로 제자백가 중 음양가陰陽家의 대표적 인물이다. 오행사상五行思想과 음양이원론陰陽二元論을 결합하여 음양오행사상을 구축했다.

8 천하를 논하는 것과 같다고 생각했다: 여기에서 천문은 추연의 대구주설大九州說을 말하는 것이다. 『사기史記』에 따르면, "중국을 이름 붙이기를 적현신주赤縣神州라고 했다. 적현신주의 안에 구주九州라는 것이 있는데, 우禹임금이 정한 구주가 바로 이것이나, 대구주는 아니다. 중국의 밖에는 적현신주 같은 것이 9개가 있는데, 이것이 구주인 것이다"라고 되어 있다. 즉 추연은 우공의 구주 전체를 적현신주라 하고 이와 똑같은 것이 8개가 더 합쳐져서 전 세계가 하나의 주를 구성하고 있다고 보았다. 추연의 대구주설은 처음에는 이단으로 받아들여졌으나, 서양의 세계 지도가 중국에 전래되면서 관심을 끌게 되었다고 한다.

9 청조: 원문은 '국조國朝'이다.

10 통상무역: 원문은 '호시互市'이다. 본래 중국의 역대 왕조가 국경 지대에 설치한 대외무역소를 가리키는데, 명청 시대에는 책봉 관계를 체결하지 않은 외국과의 대외무역 체제를 의미한다.

11 흠천감欽天監: 명청 시대 천문·역법 등에 관한 일을 담당하던 기관으로 서양 선교사들이 황실의 천문을 살펴 주고 그 사업을 주도했다.

12 페르디난드 페르비스트Ferdinand Verbiest: 원문은 '남회인南懷仁'이다. 벨기에 출신으로 1659년 중국에 와서 전도에 일생을 바쳤다. 당초 예수회 수사 아담 샬Adam Schall을 도와 흠천감(국립천문대)에서 근무했는데, 이

는 서양의 천문학과 수학에 통달했기 때문이었다. 강희 원년(1662) 양광선楊光先을 중심으로 하는 보수파의 반대 운동에 부딪혀 아담 샬과 함께 북경 감옥에 갇혔다. 이어 보수파가 실각하자 다시 흠천감의 일을 맡게 되었으며, 궁정의 분수 등을 만들어 강희제의 신임을 받아 공부시랑工部侍郎의 직위를 하사받았다. 또한 서양풍의 천문기기를 주조하고 그것을 해설한 『영대의상지靈臺儀像志』(1674) 16권을 출판했으며, 같은 해에 『곤여도설坤輿圖說』이라는 세계 지도를 펴냈다.

13 미셸 베누아Michel Benoist: 원문은 '장우인蔣友仁'이다. 미셸 베누아(1715~1774)는 프랑스 출신의 예수회 선교사, 천문학자이다.

14 초본鈔本: 인쇄 기술에 의존하지 않고 손으로 직접 글을 써서 제작한 도서나 출판물을 가리킨다. 필사본이라고도 한다.

15 『외국사략外國史略』: 영국인 선교사 로버트 모리슨Robert Morrison의 작품으로 『해국도지』에 커다란 영향을 미쳤다.

16 『만국지리전도집萬國地理全圖集』: 광서 2년본에는 '『만국도서집萬國圖書集』'으로 되어 있으나, 악록서사본에 따라 고쳐 번역한다.

17 포르투갈: 원문은 '포로국布路國'이다.

18 호세 마르티노 마르케스José Martinho Marques: 원문은 '마길사瑪吉士'이다. 마규사馬圭斯, 혹은 마귀사馬貴斯라고도 한다. 마르케스(1810~1867)는 어려서부터 마카오의 성요셉 수도원에서 한학을 배웠다. 1833년 23세 때 통역사 자격을 취득한 후 마카오 의사회에서 통번역 일을 했으며, 1848년부터는 프랑스 외교사절의 통역에 종사했다.

19 『지리비고地理備考』: 전 10권으로 구성되어 있다. 제1권은 지리학, 천문학과 기상학, 제2권은 지진, 화산 등 각종 자연 현상, 제3권은 포르투갈의 정치 무역을 비롯해 각 나라의 기원과 역사에 대해, 제4권에서 제10권은 지구총론, 유럽, 아시아, 아프리카, 아메리카, 오세아니아주의 정치, 지리, 경제 현상에 대해 서술하고 있다.

20 미국: 원문은 '미리가국美里哥國'이다.

21 엘리자 콜먼 브리지먼Elijah Coleman Bridgman: 원문은 '고리문高理文'이나, 비

치문裨治文으로 표기하는 것이 일반적이다. 브리지먼(1801~1861)은 중국에 파견된 최초의 미국 프로테스탄트 선교사이다. 성서 번역 외에 영어판 월간지 *Chinese Repository*를 창간했다. 또한 싱가포르에서 한문으로 미국을 소개한 『미리가합성국지략』을 간행했는데, 이 책은 위원의 『해국도지』에서 미국 부분을 서술하는 데 중요한 참고자료가 되었다.

22 『미리가합성국지략美理哥合省國志略』: 원문은 '『합성국지合省國志』'이다. 혹자는 이 말을 오해해서 『합성국지』가 『해국도지』 100권본에 이르러 비로소 인용되었다고 하지만, 악록서사본에 따르면 이미 『해국도지』 50권본에서 이 책을 인용하고 있다고 한다.

23 고대 전적典籍: 원문은 '구색索丘'이다. 『팔색八索』과 『구구九丘』를 아울러 칭한 것으로 일반적으로 고대의 모든 전적을 가리킨다.

24 『지리비고地理備考』의 「구라파주총기歐羅巴洲總記」 상하 2편: 위원은 『지리비고』의 「방국법도원유정치무역근본총론邦國法度原由政治貿易根本總論」의 전문을 각색해서 「구라파주총기」 상하 두 편으로 표제를 수정했다.

25 북아메리카: 원문은 '묵리가북주墨利加北洲'이다.

26 부락이 군장을 대신하고: 원문은'이부락대군장以部落代君長'으로, 미국의 연방제를 가리키는 것으로 보인다.

27 남아메리카: 원문은 '남주南州'이다.

28 페루국: 원문은 '패로국孛露國'이다.

29 화첩畵帖: 원문은 '책혈冊頁'이며, 화책畵冊이라고도 한다.

30 경도: 원문은 '개방이차開方里差'이다. 오늘날 시간대를 나타내는 이차의 원리는 원나라 이후 널리 알려져 절기와 시각, 일식과 월식을 예측하는 데 널리 적용됐다.

31 위도: 원문은 '거극도수距極度數'이다.

海國圖志
卷一

해국도지
권1

소양邵陽 **위원**魏源 **찬**

본권에서 위원은 아편전쟁 실패의 교훈을 근거로, 전쟁, 방어, 화친의 관계에 대해 이야기하면서 "서양 오랑캐를 이용해 서양 오랑캐를 공격(以夷攻夷)"할 것과 "서양 오랑캐를 이용해 서양 오랑캐와 화친을 맺는다(以夷款夷)"라는 큰 원칙 아래, 방어를 통해 서양을 공격하고, 방어를 통해 서양과 화친할 것을 주장한다.

방어란 무엇인가? 어떻게 방어할 것인가? 위원은 "바다를 지켜야 한다, 서양의 대포와 선박, 군사들이 우수하다"라고 주장하는 논자들의 근거 없는 이야기와 안일한 대책에 대해 일일이 반박하면서, 서양 선박의 장단점과 중국의 지세를 활용한 방어책, 내륙 하천의 중요성, 서양 대포의 장단점, 중국의 화공과 강포扛砲의 우수성, 안남국과 미얀마가 영국을 이길 수 있었던 전략, 군사 조달의 폐해와 군사 모집의 방법, 군량과 군비의 확충 방법, 군사 전략과 전술, 서양 비포飛砲의 위험성과 이에 대한 대비책, 지휘관의 중요성에 대해 강조하면서 이 「주해편」을 잘 활용하면 크게 효과를 볼 것이라는 자신감까지 함께 서술하고 있다.

주해편 1

방어에 대해 논함 상

아편전쟁[1] 이래로 정부[2]에서 내놓은 대책[3]이나 전장에서 운영했던 방안은 전쟁 아니면 화친, 화친 아니면 전쟁이었지, 전적으로 방어를 주장했던 사람이나 방어에 대해 진지하게 이야기한 사람은 없었다. 방어를 할 수 없는데, 어떻게 전쟁을 할 수 있겠는가? 방어를 할 수 없는데, 어떻게 화친할 수 있겠는가? 방어를 이용해 전쟁을 치르고, 이후에 서양 오랑캐가 우리의 군사 배치와 파견에 굴복하는 것, 이것을 일러 "서양 오랑캐를 이용해 서양 오랑캐를 공격한다(以夷攻夷)"라고 한다. 방어를 이용해 화친을 맺고 이후에 서양 오랑캐가 우리가 하는 대로 따르는 것,[4] 이것을 일러 "서양 오랑캐를 이용해 서양 오랑캐와 화친을 맺는다(以夷款夷)"라고 한다. 방어에는 두 가지 계책이 있다.

첫째, 바다를 지키는 것은 해구海口를 지키는 것만 못하고, 해구를 지키는 것은 내륙의 하천을 지키는 것만 못하다. 둘째, 다른 지역의 군사를 이동시키는 것은 현지의 군사를 훈련시키는 것만 못하고, 수군을 이동시키는 것은 수군 민병[5]을 훈련시키는 것만 못하다. 오랑캐를 치는 데도 두 가지 계책이 있다. 오랑캐의 적국을 움직여 오랑캐를 치고, 오랑캐의 장기를 배워 오랑캐를 물리치는 것이다. 오랑캐와의 화친에도 두 가지 계책이 있다. 통상무역하러 오는 각 나라를 이용해 오랑캐와 화친하고, 아편초약鴉片初約에 따라 통상무역을 하는 것이다. 지금 먼저 방어에 관해 이야기하고자 한다.

지금 방어를 논의하는 자들은 모두 "내륙의 하천을 지키는 것은 해구를 지키는 것만 못하고, 해구를 지키는 것은 바다를 지키는 것만 못하다"라고 하는데, 이것이 마땅히 그 반대가 되어야 함을 모르는 것이다. 적을 제압하려면 반드시 적의 장기를 발휘하지 못하게 해야 한다. 서양 선박이 유리한 것은 바다에서일까? 아니면 내륙의 하천에서일까? 우리가 적을 막을 수 있는 경우는 두 가지 방법뿐이다. 하나는 포격이고 하나는 화공이다.

서양의 병선 가운데 큰 것은 길이가 10길이고, 너비는 여러 길에 달하며, 단단한 나무를 연결하고 두꺼운 납을 덧대고, 배의 측면에 큰 대포를 두 개의 층으로 나란히 두었다. 우리가 대포를 쏘아 배의 측면을 명중시킨다고 하더라도 배는 바다에서 수력으로 움직이기 때문에 배가 뒤로 물러나거나 흔들리는 정도이지, 파손되거나 침몰하지는 않는다. 돛이나 뱃머리를 명중시켜 운행할 수 없게 되어도, 즉시 화륜선을 이용해 다른 항구로 견인해 가서 며칠 밤이면 다 수리한다. 그러니 오직 화약고를 명중시켜야만 비로소 굉음을 내고 폭발해 배가 뒤집혀 침몰하게 되지, 사람이 헤엄쳐 가서 배 밑바닥에 구멍을 내 배가 가라앉는다는 것은 결코 [있을 수] 없다. 이것이 첫 번째 어려움이다.

화주火舟[6]를 바다에 띄워 보내 병선을 불태우고자 해도 병선의 밑바닥이 견고하고 두꺼워 태우려야 태울 수가 없다. 그러니 반드시 불화살과 분통噴筒[7]을 이용해 용총줄[8]과 기름을 먹인 땔나무(油薪)를 태우고 화약으로 선미의 키rudder나 뱃머리를 폭발시켜야 한다. 그러나 서양 선박의 망대에는 군사들이 늘 망원경으로 멀리 내다보고 있어 우리(즉 중국)의 화주가 다가가기도 전에 이미 닻도 포기한 채 신속하게 피한다. 이것이 두 번째 어려움이다. 서양 선박이 닻을 올리려면 반드시 일정한 시간이 필요하기 때문에 급할 때는 닻줄을 잘라 닻을 버린 채 달아난다. 서양 선박은 삼삼오오 무리 지어 다니면서 사면에 바둑알을 펼쳐 놓은 듯 깊은 바다에 분산 정박해 있지, 돛대가 연이어서 결코 나란히 있지는 않는다. 우리의 화선火船[9]이 그중 한 배를 공격하면 다른 배들이 모두 우리의 화선을 둘러싸고 포격하면서 동시에 삼선杉船[10]이나 작은 배를 나누어 보내 구출한다. 설사 어두운 밤에 조류를 타고 가서 그 가운데 한두 척 정도를 순식간에 부술 수는 있다고 하더라도, 끝내 큰 타격을 입힐 수는 없다. 또한 우리의 해안은 길게 이어져 있어 도처에서 [적군의] 불시의 공격에 대비해야 하니, 적군은 편안한 데 반해 아군은 피곤하고, 적군은 모여 있는 데 반해 아군은 흩어져 있다. 이것이 세 번째 어려움이다. 해상전은 [누가] 순풍[11]을 타느냐에 달려 있는데, 만약 바람과 조수가 모두 순조로우면 복건성福建省과 광동성廣東省의 큰 사선梭船[12]이나 큰 미정米艇[13]을 빌려서 배 주위에 설탕 포대를 두른다 해도 승리할 수 있다. 정성공鄭成功[14]이 네덜란드를 격파하고, 명明의 왕횡汪鋐[15]이 포르투갈[16]을 물리친 것은 모두 우연이 바람과 조수를 탄 덕분으로, 뜻밖의 승리였다. 만약 오랫동안 교전하면, 바다는 드넓고 광활하며 서양 선박은 조정에 뛰어나 종종 역풍[17]을 순풍으로 바꾸니, 우리 배로는 대적할 수 없다. 수군 민병이나 수뢰水

雷[18]의 경우 내륙 하천의 담수에서는 헤엄치거나 공격하는 것이 가능하지만, 짠 바닷물에서는 헤엄치거나 매설하는 것이 불가능하다. 이것이 네 번째 어려움이다. 안남국安南國[19]이 두 차례나 서양에 타격을 가한 일을 살펴보면, 한 척의 적선도 돌려보내지 않고 모두 내륙의 하천으로 깊숙이 끌어들인 뒤에 크게 타격을 입혔다. 그런즉 혁혁한 공을 세우고자 한다면 내륙의 하천을 내버려 두고는 바다를 막을 방법이 절대 없다는 것을 알게 된다. 적군이 내륙의 하천에 들어오면 물고기를 꿰미에 꿰어 놓은 것처럼 그저 줄지어 갈 수 있을 뿐 바둑알처럼 사방에 흩어져 있을 수 없다. 그러면 우리는 그저 상류 한쪽만 막으면서 먼저 얕고 좁은 요충지를 선택해 배를 침몰시키고 뗏목을 연결해 전방을 막고, 모래성과 대포로 그 좌우를 지킨다. 다시 하류에 말뚝을 박은 뗏목을 준비해 그 후방을 차단한 뒤에 바람과 조수를 타고 수군 민병을 선발해 화주를 타고 가서 선수와 선미를 협공한다. 배를 침몰시키고 항구를 폐쇄한 곳에 반드시 물길을 터놔서 화주가 빠져나오게 한다. 혹은 광동에서 제조한 서양식 수뢰를 모방해 깜깜한 밤에 헤엄쳐서 배 밑바닥에 갖다 놓으면 뜻밖에 일거에 굉음을 내며 배가 폭발한다. [이런 상황에서도] 여전히 서양 선박이 해상에서처럼 마음대로 배를 움직여 달아나고 서로 구조할 수 있겠는가? 만약 적군이 군사를 나누어 뭍에 올라와 우리의 후방을 포위한다면 미리 함정을 파서 그들의 전방을 막고, 여러 층으로 지뢰를 묻어 그들의 혼을 빼놓는다. [이런 상황에서도] 서양 선박이 여전히 마음대로 종횡무진할 수 있겠는가? 양안의 군사들이 포를 쏘고 수륙으로 협공하면 적군의 대포는 우리 담장을 뚫을 수 없지만, 우리의 포는 그들의 배에 닿아 사방에서 물결이 성난듯이 일어나고 몹시 놀라 겁을 먹게 된다. [그러면] 적군의 선박은 스스로를 구할 겨를도 없는데, 어찌 대포를 돌려 우리를 공격할 수 있겠는가? 설령 뗏목을 타고 하류를 향해 돼지처럼 허둥지둥 달아나 잠시 숨을 돌릴 사이에도 우리의 불화살과 분통이 이미 적선의 돛을 태우고, 화관火罐[20]과 화두火斗[21]가 이미 적군을 죽이고, 수군 민병이 이미 적함의 선창에 오르고, 해안의 보병들 또한 강포로 그 후방을 공격한다. 순풍을 이용해 독한 연기를 피우고 사회沙灰[22]를 뿌려 적군의 시야를 가리면 한데 모아서 몰살시키지[23] 못하는 경우가 있겠는가? 이것은 하구[24] 안쪽은 방어가 급하고 전쟁은 그다음이며, 방어가 정상이고 전쟁은 비정상이며, 하구 바깥쪽은 전쟁과 방어 모두 힘이 들기 때문이다. 하나의 핵심만 파악하면 네 가지 난제는 절로 풀린다.

혹자가 말했다.

"문호를 지키지 못하면 백성은 놀라고 두려워 허둥대고, 적군이 내륙으로 들어오면 틀림없이 만행을 저지를 것이다. 적군이 바야흐로 해구로 들어와서 곧장 군대를 나누어 뭍에 올라 우리의 후방을 협공하거나 우리 성으로 진격해 들어오면 어떻게 해야 하는가?"

이에 이렇게 대답했다.

"이른바 적을 내륙의 하천으로 유인한다는 것은 군사·대포·지뢰를 수륙에 매복해 마치 함정을 파서 호랑이를 기다리듯, 어망을 쳐 놓고 물고기를 기다리듯, 적군의 목숨 줄을 쥐고 사지로 들어오도록 내버려 두는 것을 말하는 것이지, 문을 열어 도적을 안으로 끌어들이는 것을 말하는 것이 아니다. 군사 전략에 잘 기술되어 있듯이 풀어놓았다가 사로잡으니 방어에 실패할 게 뭐가 있겠는가? 적군이 하구에 들어왔다 하더라도 아직 우리가 지키는 요충지까지는 미치지 못할 것이니, 놀라고 두려워할 게 뭐가 있는가? 그러나 해구에 군사가 한 명도 없다면 도리어 적들의 의심을 사, 감히 빨리 진군해 깊숙이 들어오려 하지 않을 수도 있다. 그러니 반드시 동시에 낡은 대포와 허약한 병졸을 두어 거짓으로 대치하는 척한 후에 달아나면서 사지로 유인해야 한다. 광동의 삼원리三元里[25] 같은 경우도 내지가 아닌가? 만약 영국군이 뭍에 올라와 함부로 난동을 피우지 않았다면 어찌 능히 적의 수장을 포위하고 적을 처단하는 쾌거를 이룰 수 있었겠는가? 송강부松江府[26] 성의 경우도 내륙의 하천이 아니던가? 제독군무提督軍務 우발尤渤[27]이 상해上海에서 방어에 실패한 뒤에 군대를 인솔해서 군사 2천[28] 명을 정비하고 서양 선박이 진입하기를 기다려 대포를 쏘면서 대치하니, 이틀 뒤에 물러났다. 만약 먼저 화공을 준비해 퇴로를 막았더라면 안남국이 적을 섬멸한 것과 같은 공을 세워 아뢰지 못할 것이 어디 있단 말인가? 그래서 『좌전左傳』에서는 '미리 대비하지 않거나 방비하지 않으면 군사를 부릴 수 없다'[29]라고 했고, 『역경』에서는 '왕공은 요새를 설치해 나라를 지킨다'[30]라고 했던 것이다. 무릇 요새란 비단 해구를 거점으로 막아 지켜서 적군이 침입할 수 없는 것을 이르는 것뿐만 아니라 해구의 안쪽 사방에 매복을 둘 수 있고, 하구의 요충지에서 적군의 도주를 차단할 수 있으며, 적군이 들어올 수는 있어도 나갈 수는 없는 곳을 말한다. 전쟁이 발발한 이래로 적군이 광동의 주강珠江에 한 번, 영파寧波의 용강甬江에 한 번, 황포黃浦[31]의 송강松江에 한 번 쳐들어왔는데, 그때마다 모두 전력을 다해 오로지 해구의 바깥쪽만 방어하느라 내지의 안쪽은 전혀 무방비 상태였다. 내지의 안쪽은 한번 무너지면 모두 무너진다. 해구의 바깥쪽을 지키는 힘을 내버리고 내륙의 하천을 방어한다면, 해구의 바깥쪽을 지키는 군사가 6천~7천 명 정도라면, 해구의 안쪽을 지키는 군사는 3천 명이면 족하니, 그 나머지 군사는 협공과 기습 공격을 하는 용도로 활용할 수 있다. 교활한 적군이 병법을 안다면 틀림없이 들어오려 하지 않을 것이다. 만약 사지를 찾아 깊이 들어와 한 곳에서 타격을 입으면 곳곳에서 경계해서 결코 동에 번쩍 서에 번쩍 하지 못할 것이니, 장강長江은 걱정하지 않아도 된다. 무엇 때문에 영국 군함[32]이 석두石頭[33]의 물가까지 오고 천둥이 금산金山[34]과 초산焦山[35] 자락까지 그 위세를 떨치게 하는 지경까지 만들었는가? 그래서 '먼 데를 지키는 것은 가까운 곳을 지키는 것만 못하고, 많은 것을 지키는 것은 한정된 것을 지키는 것만 못하고, 정공법을 지키는 것은 기공법을 지키는 것만 못하고, 광활한 것을 지키는 것은 협소한 지역을 지키는 것만 못하고, 수심이 깊은 곳을 지키는 것은 수심이 얕은 곳을 지키는 것만 못하다'라고 했던 것이다."

내친김에 절강浙江에 대해 말해 보고자 한다. 절강성은 크고 작은 섬들이 죽 늘어서 있는데, 주산舟山[36]은 그중 하나이다. 주산은 요새로 따져도 관문이 아니고, 부유하기로도 비옥한 땅이 아니며 크기로는 탄알만 한 작은 땅이다. 명나라 때 탕화湯和[37]는 연해를 다스릴 때 주산을 결코 내지로 넣지 않았다. 명나라 때의 정해定海[38]는 지금의 진해현鎭海縣을 말한다. 강희康熙[39] 연간 초에 처음으로 정해를 주산에 귀속시키면서 진해위鎭海衛에서 이름을 진해로 바꾸었다. 순치順治 8년(1651) 의정왕대신회의議政王大臣會議[40]에서 "주산은 본조에서 버린 땅으로, [이곳은] 지켜도 무익하니, 부도통副都統[41]에 명해 만주족 주둔병을 이끌고 도성으로 돌아오게 하십시오"라고 상주했다. 이들은 모두 개국공신으로 백 리 앞까지 내다본 자[42]들이다. 그래서 [주산은] 강희 이전까지는 모두 제도권 밖의 땅으로 내버려져 있었다. 성이 대개 해변에 인접해 있어 배가 성 밖에 와서 대포를 쏘면 성안에 떨어졌는데, [요새인] 대만臺灣·경주瓊州·숭명崇明[43]에 비할 바는 확실히 아니다. 숭명은 비록 아주 작지만 사면이 백사장이고, 대만과 경주는 수십 리에 구불구불 펼쳐져 있어 작은 배가 아니면 들어갈 수 없다. 영파는 해변에 위치하면서 남전산南田山으로 연결되어 있어 개간해서 옥토로 만들 수 있는데도 도리어 개간을 불허하며 금지한 채, 대군을 두어 외딴섬을 지킴으로써 서양의 압박을 받고 있는데, 이것은 지리적 이점을 살리지 못한 첫 번째 예이다. 그런즉 이를 어떻게 할 것인가? 다음과 같이 하면 된다. 즉 정해를 버리고 그 군사와 백성들을 남전으로 이동시켜 영파를 단단히 지키게 하고, 진해鎭海 초보산招寶山[44]에서 후퇴하는 척하면서 적군을 유인한 뒤 용강 하류의 좁은 목에서 그들의 퇴로를 막고, 바람을 이용해 불로 공격하는 것이 상책이다. 오로지 진해만 지키면서 서양 오랑캐의 침입을 막는 것은 중책이고, 정해를 분담하여 지키는 것은 하책이다.

내친김에 광동에 대해서도 말해 보겠다. 홍콩과 첨사취尖沙嘴[45]·군대로裙帶路[46] 세 섬은 서로 연결되어 있으며, [그 땅은] 사방 1백여 리에 달해 풍랑을 피할 만하지만, 외딴섬으로, 역시 광동의 주산에 해당한다. 서양이 우리 중국과 통상할 때는 반드시 호문虎門[47]으로 들어와야 비로소 무역할 수 있으며, 중국과 통상하지 않을 때는 고도인 홍콩이라 해도 서양에게는 무익하다. 홍콩은 광주에서 4백 리 남짓 떨어져 있고, 호문과는 2백 리 남짓 떨어져 있으니 어떻게 요충지라 할 수 있겠는가! 다음으로 사각沙角 포대[48]와 대각大角 포대[49]는 호문 밖으로 멀리 떨어져 있고, 바다는 드넓고 광활해 대포로는 겨우 중홍中泓까지만 닿을 뿐 서양 선박을 막기에는 부족하고 [도리어] 서양의 대포를 불러들이기에 딱인데, 무엇 때문에 기어코 지키려고 하는가! 의당 지켜야 할 곳은 호문의 횡당橫檔·삼문三門과 호문 내의 오용烏湧, 거기다 더 추가하면[50] 엽득獵得, 대황교大黃滘이다. 대개 광동의 외성은 지대가 낮고 변변치 못하며, 또한 성 밖은 점포가 줄지어 늘어서 있어 반드시 요충지를 지키려면 외부를 울타리로 삼아야 한다. 사방의 포대는 성도의 뒷산에 걸쳐 있어서 도시 전체를 내려다볼 수 있는데, 이것은 국초에 황실 군대가 성을 격파할 때 설치한 것이다. 따라서 이것은 성을 공격할 때 필요한 것이지, 성을 방어하는 데 필요한 것은 아니기 때문에 사태가 평정된 뒤에 신속히 없애 버려 산으로 올라가는 길을 막았어야 했다. 이에 성안의 중요 하구를 철저히 지키지 못한 채 도리어 사방의 포대를 지키는 꼴이 되었으니, 혹시 지켰다 하더라도 그 포가 서양 선박을 요격할 수 있을까? 아니면 엎드려서 성안의 사람이라도 쏘겠다는 것인가? 이것이 지리적 이점을 잃은 두 번째 예이다. 그런즉 이를 어떻게 할 것인가? 다음과 같이 하면 된다. 사방의 포대를 철거하고, 외성을 증축 보수하고, 엽득 · 대황교에 배와 뗏목을 가라앉히고, 산을 끼고 물 가까운 데 토성을 견고하게 쌓고 군사와 대포로 지키면서 적군이 결코 성도를 엿보지 못하게 해야 한다. 그런 뒤에 몰래 사람을 보내 오용의 상류와 하류에 말뚝을 박고, 화주로 밤에 협공하는 것이 상책이고, 사각 · 대각을 버리고 오로지 호문을 지키는 것은 중책이고, 내부 방비는 느슨하게 하고 오직 홍콩만을 다투는 것은 하책이다.

내친김에 복건福建에 대해서도 말해 보겠다. 복주福州 · 천주泉州의 강들은 물살이 세차서 모두 물이 들어오면 배가 다닐 수 있고, 물이 빠져나가면 [수심이] 얕아져서 배가 멈추니, 일단 물이 들어와도 곧바로 갈 수 없기 때문에 적군의 군함은 감히 돌진해 들어오지 못한다. [그래서] 지켜야 할 곳은 오직 하문廈門뿐이다. 하문에는 고랑서鼓浪嶼[51]가 그 바깥쪽을 막고 있어서 큰 배가 항구에 들어오면 호두관虎頭關까지 갈 수 있고, 작은 배는 세관까지 갈 수 있다. 과거에 해구에 설치한 포대로는 도적을 막기에는 부족했고 그저 스스로를 방어할 수 있을 뿐이었다. 작년에 거듭 해구 바깥쪽에 있는 대당大檔 · 소당小檔 · 어서峿嶼 · 청서青嶼 등에 포대를 분분히 증설해 준비는 많았지만 힘이 분산되었기 때문에 적군에게 공격당하고 말았다. 이것이 지리적 이점을 놓친 세 번째 예이다. 그렇다면 이를 어떻게 하면 되는가? 다음과 같이 하면 된다. 정예병과 중포重砲를 호두관에 매복시키고 내항內港[52]에 화주를 모두 숨긴 채, 낡은 대포와 지친 군사들이 하구를 지키다가 달아나는 척하면서 내항으로 적군을 유인한 후 수군 민병과 화구火具[53]로 사방에서 적군을 섬멸하는 것이 상책이고, 낡은 포대로 하구를 고수하면서 적군이 진입하지 못하게 하는 것이 중책이고, 포대를 많이 증설해 자기들끼리 서로 견제하는 것이 하책이다.

내친김에 강소江蘇에 대해서도 이야기해 보겠다. 보산성寶山城[54]은 해당海塘(강소 방파제)과 아주 가깝고, 삼면이 드넓고 광활하며 물기둥과 물보라가 성가퀴에 높이 들이치기 때문에 국초에 이성동李成棟[55]의 군대가 이곳에 와서 [보고는] 그 험준함에 깜짝 놀랐다. 『보산현속지寶山縣續志』에 보인다. 또한 재화와 문학의 고향이라고 하나 성안에 큰돈이 될 만한 물산이나 유명한 선비 한 명 없으니, 태평 시절에 되레 강만江灣[56]·나점羅店[57]으로 이속시켰더라면 어쩌면 가정嘉定·상해와 같은 도시가 되었을 것이다. 이에 대군과 많은 대포를 이용해 해양을 지키는 꼴이니, 설령 지켰다 하더라도 또한 어떻게 기묘한 계략을 내서 승리할 수 있겠는가? 이것이 지리적 이점을 잃은 네 번째 예이다. 그런즉 이를 어떻게 하면 되겠는가? 다음과 같이 하면 된다. 보산을 버리고 오로지 상해를 지키면서 배와 뗏목을 가라앉혀 강만을 막는다. 그런 이후에 적군을 강으로 유인해 몰래 말뚝과 뗏목으로 동구東溝의 하류를 막고, 화주와 수군 민병으로 적군을 공격해 섬멸하는 것이 상책이고, 동구를 고수하면서 적군이 깊이 들어오지 못하게 하는 것이 중책이고, 보산과 해당을 지키는 것이 하책이다.

천진天津도 함께 이야기해 보겠다. 천진부天津府의 직고하直沽河[58]는 해구에서 2백 리 떨어져 있으며, 물이 빠져나가면 [수심이] 얕아져서 배가 멈춘다. 또한 바깥으로 사홍沙洪[59]이라는 관문이 있는데, 그 사이로 군함이 통과할 수 있으니 배와 뗏목을 가라앉혀 막는 것이 좋다. 만일 적의 군함이 감히 북침하면 그저 몰래 포대를 가까운 성으로 옮기고 군함이 깊숙이 들어오도록 내버려 두었다가 그 출구를 차단하고, 화주와 수뢰로 협공하는 것이 상책이다. 사홍에 포대를 배치하고, 가까운 해안에 지뢰를 묻는 것이 중책이고, 해구 바깥쪽으로 포대를 멀리 설치하는 것이 하책이다.

그렇다면 절강의 전당강錢塘江이나 강소의 양자강은 [강이] 드넓고 수량이 풍부해 배와 뗏목을 가라앉히는 방법으로 적의 진로나 퇴로를 차단할 수 없고, 불로 공격해도 배를 움직여 달아나기 쉬우니 어찌하면 좋을까? 다음과 같이 하면 된다. 전당강의 서쪽 해안은 바닷물이 빠지면 10여 리의 백사장이 펼쳐져 적의 배가 들어와도 단지 동쪽의 소산蕭山만 시끄럽게 할 수 있을 뿐, 결코 서쪽으로 항성杭城까지는 침범할 수 없다. 또한 [전당강] 해구에 위치한 감산龕山[60] · 자산赭山[61] 두 산의 근처는 조수 간만의 차가 컸는데, 교활한 적들이 진작부터 [이를] 알아냈기 때문에 배를 몰고 들어오려 하지 않았다. 양자강의 하구 바깥으로 군산君山 · 천산圌山의 이중 관문이 있는데, 강음江陰의 아비취鵝鼻嘴[62]가 바로 군산의 산기슭에 해당한다. 군산은 [지세가] 강으로 쑥 들어가 건너편 강의 유문사劉文沙와는 4~5리 정도 떨어져 있고, 천산은 맞은편 강의 동신하東新河와는 2~3리 정도 떨어져 있다. 그래서 국초에 장명진張名振[63] · 정성공이 걸핏하면 이곳에 침입했는데, 대포는 멀어서 힘을 쓰지 못해 [군산과 천산을] 관문으로 삼기에는 애당초 어려웠다. 그런 까닭에 천산을 지켜야 한다고 말하는 경우는 모두 길에서나 떠도는 이야기이다. 만약 적군이 침입한 뒤라면 북쪽에서 양주揚州는 넘보지 않고 바로 서쪽에서 강녕江寧으로 침범한다. 양주의 보탑만寶塔灣은 회장回腸[64]처럼 구불구불해서 화주를 숨겨 놓기에 아주 좋아 적의 퇴로를 끊어 놓을 수 있다. 다만 운하가 얕고 좁아 적의 군함이 들어올 수 없고, 들어와도 기껏해야 화륜선이나 삼판선 4~5척, 6백~7백 명 정도의 적군이니 설령 다 섬멸한다 하더라도 큰 타격을 줄 수 없다. 다만 강녕의 성도에는 거대한 군함이 석두성石頭城 즉 하관下關을 말한다. 을 둘러싸고 모여 있다. 그 바깥쪽은 모래밭이 수십 리에 걸쳐 있고 강이 아주 좁지만 [석두성] 성안의 진회秦淮는 화주를 숨겨 놓았다가 출동시킬 수도 있다. 서양의 선박 가운데 화륜선만은 바람 없이도 운행할 수 있고, 병선이나 화물선은 바람이 없으면 움직일 수 없다. 서양 선박을 공격하는 방법은 반드시 바람이 없는 밤을 틈타, 물이 빠질 때 화주와 수군 민병이 수서문水西門[65]을 나가 물길을 따라 내려가서, 작은 배 몇 척으로 적의 군함 한 척을 공격하는 것이다. 적의 군함의 뱃머리와 선미에는 대포가 없고, 같이 무리 지어 다니는 적의 군함의 대포는 자신들이 아군의 배를 공격하게 될까 두려워 감히 포를 쏘지 못한다. 불꽃이 한꺼번에 세차게 일어나면 배들은 각자 살기 바빠 포를 쏠 겨를도 없다. 우리 군사는 혹은 헤엄치고 혹은 잠수하는 등 마음대로 출몰하면서 그들이 포를 쏘아도 두려워하지 않았다. 선박이 너무 커서 어찌할 수 없는 군함도 돛이 불타고 닻줄이 끊어지고, 키가 불타고 뱃머리가 부서지지 않을 수 있겠는가? 이 네 가지가 없으면 배는 움직일 수 없으니, 사람과 배를 동시에 포획할 수 있다. 공적의 크기는 화주의 많고 적음, 수군 민병의 훈련 정도에 따라 달라진다. 화주가 많고 수군 민병이 잘 훈련되었다면 수백 척의 화주로 수십 척의 군함을 공격할 수 있다. 설령 하류의 다른 해안에 닻을 내리고 있는 적의 군함이 있더라도 역시 하류에 있던 화주가 운하에서 출발하고, 과주瓜洲[66]에서 출발하고, 중갑中閘[67]에서 출발해 각각 적의 군함을 공격하면 된다. 그저 하룻밤만 바람이 없어도 적의 군함에는 틀림없이 살아남는 사람이 없을 것이다. 만약 광동성의 수뢰 1백 개를 손에 넣을 수 있다면 수군 민병은 깜깜한 밤에 헤엄쳐서 수뢰를 적의 배 밑바닥에 가져다 놓고 일거에 태울 수 있으니, [이는] 특히 완벽한 계책이다. 열흘 동안 연일 거센 바람이 불어 결국 바람이 잦아들지 않을 때에는 화주로 순풍을 이용해 적의 군함을 공격하고, 석유나 고래기름을 먹인 불화살과 분통으로 역풍을 타고 적의 군함을 협공해서 돛과 닻줄만을 공략해도 틀림없이 그 절반을 불태울 수 있다. 적군이 만약 동풍을 타고 상류로 올라간다 해도 바다를 빠져나갈 수 없으니 이는 독 안에 든 쥐 꼴이다. 만약 [적군이] 서풍을 타고 하류로 내려간다 해도 쫓기다시피 급하게 바다를 빠져나가니, 적을 섬멸할 수는 없다 해도 쫓아내서 영원히 다시는 감히 내륙의 하천을 엿보지 않게 할 수는 있다.

혹자가 말했다.

"이것은 모두 미리 도모하고, 사전에 준비한 경우이다. 만약 해구의 바깥에서 막지 못하고, 또 해구 내에서 준비를 한 적이 없는 상황에서 하루아침에 적의 군함이 밀고 들어와 창졸지간에 전쟁의 소식이 들리면, 사들일 화구도 없고, 빌릴 작은 배도 없고, 모집할 수군 민병도 없으니, 어떻게 해야 하는가?"

이에 이렇게 대답했다.

"매사 어떤 일을 조절하고 통제하는 데 적임자를 얻지 못하면 비록 오랫동안 계획했다 하더라도 하루아침에 무너진다. 어떤 일을 조절하고 통제할 수 있는 사람이 있다면, 용관龍關이나 육갑六閘에도 뗏목이 모여들고 강가나 모래사장에도 땔나무와 억새가 숲을 이룬다. 또한 상해에 있는 복건·광동 출신의 선원, 의징儀徵[68]이나 하하下河의 밀수꾼의 배는 풍랑에도 출몰하면서 목숨을 걸고 이익을 추구하며 죽음도 두려워하지 않아, 한번 부르면 수천 명은 집결시킬 수 있다. 화약·폭탄[69]·불화살·석유[70]·독약은 군흥방도국軍興防堵局[71]에서 사들이면 되는데, 그 비용만 해도 수만금이나 든다. 적군은 6월 초 보산을 격파한 이래, 7월 초하루에 비로소 강녕에 도착했고, 9월에야 강어귀로 나오기 시작했는데, 전후로 3개월이 걸렸다. 다만 한편으로 [그들을] 회유하면서 다른 한편으로 전쟁 준비를 한다면 뭔 일인들 즉시 처리하지 못하겠는가? 순치 17년(1660) 해적 정성공이 백만의 무리를 이끌고 과주를 치고 진강鎭江을 격파하자 강가의 군현들은 소문만 듣고도 항복했다. 그 당시 강녕은 수비병들이 운남과 귀주 정벌에 파견 나가 아무도 지키는 사람이 없어 동남쪽 전체가 흔들렸으니, 그 위태로움이 설마하니 오늘뿐이겠는가? 그러나 양화봉梁化鳳[72]은 화친과 수비를 동시에 하면서 갑자기 지상전으로 적군을 꺾고 적선 백 척을 불태워 쫓아냈으니, 설마하니 그가 앞서 대비하고 사전에 도모해서이겠는가? 그래서 천 명의 군사는 얻기 쉬우나, 한 명의 장군을 찾아내기는 어렵다. 광동성은 처음에는 적을 섬멸할 준비가 되어 있었지만, 그 기회가 없었고, 근자의 강소성과 절강성은 적을 섬멸할 기회는 있었지만, 그 준비가 되어 있지 않았으니, 기회와 인재가 만났을 때 비로소 공을 세울 수 있다."

혹자가 말했다.

"천산과 군산은 험해서 논자들이 모두 배를 가라앉혀 적의 퇴로를 끊을 수 있다고 하는데, 그대만 어째서 유독 불가능하다고 말하는가? 화공은 반드시 순풍을 타야 하는데, 그대는 어째서 바람이 없을 때를 기다려야 한다고 하는가? 서양의 배가 움직이지 못한다면 이것은 곧 대양에 바람이 없다는 뜻이니 역시 공격해도 되고, 바람이 없는데, 어째서 또 적의 배가 달아날까 걱정하는가? 설마하니 적의 배는 바람이 없는 대양에서는 움직일 수 있고, 장강에서는 움직일 수 없단 말인가?"

이에 이렇게 대답했다.

"배를 가라앉히고 강을 막는 일은 주강 · 용강 · 황포강과 같이 바닥이 얕고 폭이 좁은 곳에 실시한다 해도, 도리어 반드시 나무 말뚝을 깊이 박고 대나무 닻줄을 두툼하게 연결하고 큰 나무와 큰 돌을 더해야만 비로소 조수 간만의 차이를 막아 흩어지지 않게 할 수 있다. 하물며 장강 근해의 경우 폭이 좁은 지역도 몇 리는 되기 마련인데, 강폭이 좁을수록 물이 깊고 여울이 더욱 급하니, 말뚝을 박을 수도 없고, 또한 닻줄을 연결할 수도 없다. 만약 말뚝도 없고 닻줄도 없이 겨우 높이 1길 남짓 되는 배를 몇 길 깊이의 강바닥에 깊숙이 가라앉혀 몇 리에 걸쳐 흐르는 급류에 놔둔 채 천 리에 걸친 조수와 부딪치게 한다면, 썩은 나무로 질주하는 마차를 막는 것과 뭐가 다르겠는가? 네덜란드가 녹이문鹿耳門(현재 대만 대남臺南 지역 해안)에서 갑판선 두 척을 가라앉혔는데, 토사가 섞인 조수는 있으면서 내수內水가 없었기 때문에 토사가 불어날수록 더욱 많이 쌓여 항구를 막을 수 있었다. 만약 내수와 바닷물이 부딪쳐서 적의 군함 1백 척을 침몰시킨다 하더라도 여전히 천연의 요새를 메우기에는 부족한데, 하물며 그 퇴로를 끊을 수 있단 말인가? 배를 가라앉히는 계책은 결코 장강에서 시행해서는 안 된다. 아군이 순풍을 타고 불로 공격하면 적군도 순풍을 타고 달아난다. 오직 바람이 없을 때 대형 함선은 조금도 움직이기 어려운 반면 작은 배는 노를 저어 나는 듯이 빨리 가는데, 이것이 바로 안남국의 찰선札船[73]이 싸워서 이긴 까닭이다. 적의 군함이 바람의 방향을 탈 수 있다고 이름나 있지만, 그래도 역시 삼면의 바람만 부릴 수 있을 뿐 정면에서 불어오는 매서운 바람은 부릴 수 없고, 더욱이 바람이 없을 때는 갈 수 없다. 지난해 적군의 우두머리 헨리 스미스Henry Smith[74]의 병선을 살펴보니 마카오Macau[75]에서 호문까지 5일 만에 왔는데, 이것이 그 첫 번째 증거이다. 양서穰西[76]의 병선은 민양閩洋[77]의 남오南澳[78]에서 우리 수군 민병에게 공격당했는데, 바람이 없을 때는 움직이지 못하다가 한참 뒤에 바람이 불기 시작하자 비로소 닻을 올리고 움직이기 시작했으니, 이것이 그 두 번째 증거이다. 모두 신문에서 봤다. 한세충韓世忠[79]은 배를 타고 황천탕黃天蕩[80]에서 금金나라 군대를 만났는데,[81] 마치 말을 부리듯이 배를 잘 다루었다. 반면에 올출兀朮[82]이 갑자기 [한세충의] 배를 격파한 계책은 작은 배에 흙을 싣고 널빤지를 깔고[83] 바람 없는 날을 틈타 용총줄에 불을 놓았는데, 이때 군함은 피하지 못하고 화염이 하늘에 두루 퍼졌으니, 이것이 그 세 번째 증거이다. 대개 적벽대전赤壁大戰[84]과 파양호鄱陽湖 전투[85]에서 1천 척의 배가 밧줄로 연결되어 수많은 담처럼 죽 늘어서 있었기 때문에 순풍에 한번 불이 붙자 들판을 다 태울 듯 맹렬한 기세로 불타올랐던 것이다. 만약 수십 척에 불과한 서양 선박이 해안 여기저기에 흩어져 정박해 있다가 아무 견제도 받지 않고 바람이 부는 틈을 타 닻을 버리고 달아난다면 누가 놀란 갈매기 같은 그들을 잡겠는가? 만약 배를 가라앉혀 적의 퇴로를 끊는 것이 아니라면 틀림없이 무풍일 때 그들을 쫓았을 것이지만, 대양에는 바람이 없거나 풍랑이 일지 않을 때가 아주 드물다. 대개 순풍·역풍·미풍을 막론하고 모두 제어하기 어려운 경우는 대양에서이다. 반면에 순풍·

역풍·무풍일 때 모두 공격이 가능한 경우는 내륙의 하천에서이다. 장강의 사정은 내륙의 하천에 비하면 못하지만, 대양에 비하면 그래도 여유가 있기 때문에 바람이 있을 때는 공격할 수 없지만, 바람이 없을 때는 공격할 수 있다.

영국의 배가 안남국에서 두 번이나 격파당하자 사람들은 결국 서양에서 안남국의 수전에 대적할 나라가 없고, [안남국의] 찰선이 서양의 선박보다 낫다고 생각하게 되었다. [여기에 대해서도] 한번 따져 볼까 한다. 안남국의 배와 대포는 과연 무적인가? 가경嘉慶[86] 연간에 복건과 절강에 침입한 정비艇匪[87]는 바로 [안남국의] 응우옌꽝빈Nguyễn Quang Bình[88]이 보낸 오조선烏艚船[89] 백여 척으로, 해외에서 횡행해야 마땅하거늘 어째서 상선은 함부로 노략질하면서 서양의 함선은 감히 약탈하지 않았는가? 또 어째서 복건과 광동에서는 자주 좌초되고, 절강에서는 태풍[90]에 부서졌을까? [사람들은] 안남국이 영국 오랑캐를 이긴 것이 대양에서 그들을 몰아내고 해구에서 그들을 막아서가 아니라 그들을 내륙의 하천까지 깊숙이 들어오게 놔둔 것에 있다는 것은 정말인지 모른다. 그들이 사용했던 찰선은 폭이 좁고 길며 삿대가 많아 경주에 사용되는 용선龍船이나 광동의 쾌해정快蟹艇[91]·오공정蜈蚣艇[92]처럼 진격과 후퇴가 민첩하다. 특히 뱃머리가 뾰족하고 좌우에 장판障板이 많아 총포를 피할 수 있으니, 이는 작은 것이 큰 것을 이기고 속도가 빠른 것이 더딘 것을 이긴 것이다. 대양의 경우는 삿대를 사용할 수 없어서 누선樓船[93]의 수서군水犀軍[94]이 아니라 규합의 화공 장비가 필요하다. 푸르엉강Sông Phú Lương[95]·호이안Hôi An[96]은 전당강·양자강 등과 마찬가지로 수면이 드넓고 광활하다. 그래서 한편으로는 모래톱이 얕고 물이 빠진 곳까지 유인한 뒤 그들을 방치해 두고, 다른 한편으로는 미리 화주를 준비해 두었다가 밤에 이를 이용하면, 대양을 달리기에는 부족하지만, 내륙의 하천에서 협공하는 데는 남음이 있으니, 이는 지혜로 싸운 것이지 힘으로 싸운 것이 아니다. 서양 선박은 대양은 활개치고 다닐 수 있지만, 내지에 깊이 들어와서는 불가능하니, 이는 공격 측(客)이 방어 측(主)만 못한 것이다. 안남국의 경계는 복건·광동과 인접해 있고 장주漳州[97]·천주[98]·혜주惠州·조주潮州 사람들과 마찬가지로 백성들이 수전에 익숙하다. 그래서 서양 선박이 처음에 왔을 때는 복건·광동을 두려워하면서 감히 공격하지 않았고, 이어서 두 차례 호문·하문을 침범해 들어와서도 모두 내버려 둔 채 지키지 않으면서 강소·절강에서만 소란을 피웠다. 복건·광동의 수군 민병을 배치하고 움직일 수 있는 사람을 구할 수 있다면, 서양 선박은 무릇 월하粵河로 들어오거나 절하浙河로 들어오거나 오송강吳淞江으로 들어오거나 장강으로 들어오는데, [우리가] 안남국처럼 승기를 잡을 수 있는 경우는 무릇 이 네 가지이다. [그런데 우리는] 속수무책으로 있으면서 오직 배와 대포가 저들의 것만 못하다고 탓하고 있다. 무릇 안남국이 서양을 공격할 때 사용했던 서양 선박과 서양 대포는 어디에 있는가? 혜주·조주·장주·천주 지역에는 안남국 사람들이 오죽이나 많겠는가? 찰선을 이용한 기술은 또 얼마나 많겠는가? 혹자는 또 왜구가 내지에서만 소란을 피우기 때문에 바다를 버리고 해안을 지키거나, 해안을 버리고 성 밖을 방어하는 경우, 이것은 왜구를 막는 방법이지 영국 오랑캐를 막는 방법이 아니라고 말하는데, 이것은 그 반대가 적합하다는 사실을 모르는 것이다. 왜구는 지상전에 뛰어나고 수전에는 약하며, 침입한 왜구들은 모두 가난한 섬의 망명자들이기 때문에 큰 배와 대포를 마련할 능력이 없다. 그래서 오직 담력만 믿고 바다를 건너고, 칼과 창만 믿고 돼지처럼 돌진해 들어오기 때문에 [왜구들이] 뭍에 오르면 막을 수가 없다. 만약 왜선이 복건·광동의 선박을 만났다면 연자방아에 갈리는 쌀 신세가 되었을 것이다. 또 왜선이 대포와 화기를 만났다면 이리에게 쫓기는 양 신세가 되었을 것이다. 그래서 명대에 왜구를 소탕했던 명장들은 오직 지상전만 알았지만 간혹 지쳐서 후퇴하는 왜구를 쳐서 깊은 상처를 입힐 수 있었다. 다만 당순지唐順之[99]·유대유俞大猷[100]가 처음으로 해상에서의 왜구 공격에 심혈을 기울이면서, 또한 돌아가는 왜구의 배를 공격하는 것보다 들어오는 배를 공격하는 것이 낫다는 왜구를 치는 요령을 깊이 터득했지만, 과선戈船[101]과 정예병을 준비하는 것에는 미치지 못했다. 무릇 왜구의 장점은 지상전에 있으니, 바다에서 그들을 친다는 것은 그들의 단점을 공격한다는 것이다. 영국의 장점은 바다에 있으니 내륙의 하천이나 해안에서 기다리면서 그들의 장점을 없애 버리면 된다. 이에 명나라 때 왜구를 방어하는 자들은 대양에서 방어할 줄 몰랐고, 지금 영국을 방어하는 자들은 또한 내륙에 복병을 두지 않고 있는데, 천하의 실효성 있는 일이란 늘 우매한 무리들의 논의와는 상반되기 마련이다."

혹자가 말했다.

"오로지 내륙의 하천만을 지키면 진실로 서양 선박이 날뛰는 것은 제압할 수 있지만 맹렬한 서양 대포는 막을 수 없다. 그러면 우리 중국 군사는 도리어 저들의 허명에도 두려움에 떨며 굳센 기상도 잃어버리게 될 텐데, 이러면 어떻게 해야 하는가?"

이에 이렇게 대답했다.

"대포는 수전용이지 지상전용이 아니다. 즉 수전에서도 아군이 적의 배를 격침시킬 때 사용하는 것이지, 적의 배가 아군을 공격할 때 사용하는 것이 아니다. 또한 적의 배를 격침시킬 때도 바다에서 멀리 떨어져 있는 배를 공격할 때 사용하지, 내륙의 하천이나 연안 가까이에 있는 배를 공격할 때 사용하는 것이 아니다. 서북 평원의 사막[102]에서 지상전용 대포를 사용할 때는 먼저 전차를 앞세워 적군의 기병을 제압한 이후에 수레에 대포를 싣고 가서 적진을 격파한다. 동남의 강변이나 해안에서 적군이 만약 윤추포輪推砲(바퀴 달린 대포)를 가지고 상륙한다면 갯벌의 위험이 있고, 높이 솟은 제방이나 절벽의 위험이 있고, 거침없이 쳐대는 강물의 위험이 있으니, 큰 배는 해안에 다가갈 수 없고 작은 배에는 대포를 실을 수 없다. 그런 까닭에 전쟁이 발발한 이래로 서양의 군사가 우리에게 타격을 입힌 것은 모두 조총이나 불화살이지 여태껏 대포를 끌고 와 해안에서 싸운 적은 없다. 오직 우리 군만이 강포扛砲나 강총扛銃을 들고 분주히 돌아다니면서 가는 곳마다 사용할 수 있었고, 또한 저들의 조총이나 불화살과 비교해도 훨씬 멀리 날아가고 더욱 강력했다. 이것이 [서양의 대포를] 두려워하지 않아도 되는 첫 번째 [이유]이다.

서양 오랑캐가 선상에서 포를 쏜다 해도 수천 근의 포나 수십 근의 탄환을 막론하고 모두 모래밭에 떨어진다. 반면 아군은 모래성에서 적의 배를 포격할 수 있기 때문에 하문 · 정해 · 보산에서 우리는 여러 차례 포로 서양 선박을 격파했다. 그래서 하문 · 정해의 토성, 보산의 흙둑은 모두 포를 맞아 무너진 적이 없고, 진해 · 진강의 성벽도 일찍이 포를 맞아 무너진 적이 없다. 송강에서 서양 선박이 이틀 동안 포를 쏠 때 우리는 성 밖에서 진을 치고 엎드려 포를 피하고, 포가 다 지나간 뒤에 일어나서 보면 다친 사람이 한 명도 없었다. 성을 공격하는 경우 모두 작은 배를 타고 강을 건넌 적들이 해안에 올라와 우리의 배후를 치는데, 아군은 소문만 듣고도 번번이 무너지기에 정작 적군이 왔을 때는 이미 성안에 사람이 한 명도 없었으니, 포로 인한 사건이 언제 있었는가? 다만 둑이나 성 가까운 곳에 지뢰를 함께 묻어 둔다면 우리는 포로 적군에게 상해를 가할 수 있지만, 적군은 포로 우리에게 피해를 줄 수 없다. 이것이 [서양의 대포를] 두려워하지 않아도 되는 두 번째 [이유]이다.

서양 선박은 해안에서 몇 리 떨어진 바다에 있어 창과 화살로는 공격할 수 없기 때문에 수천 근의 대포가 아니면 멀리서 공격할 수 없다. 서양의 배가 내륙의 하천을 침입하면 배와 해안의 거리가 불과 반 리 하고 몇 길 정도이고, 또 우리의 강포로는 반 리, 화살과 분통으로 십수 길까지 닿을 수 있으니, 그저 해안을 따라 먼저 흙담을 쌓으면 우리의 화기로는 적을 공격할 수 있지만, 적의 대포는 우리를 공격할 수 없다. 이것이 [서양의 대포를] 두려워하지 않아도 되는 세 번째 [이유]이다.

누군가가 내륙 하천의 상류는 요충지로 아군이 미리 배와 뗏목을 가라앉히고 포대를 쌓고 군사를 준비시켜야 하고, 하류는 적이 마음대로 요충지까지 들어오게 그냥 두어야 하며, 미리 대비하면 적이 의심하며 전진하지 않고, 대비하지 않으면 손쓸 틈도 없이 다급해진다고 말했다. 이것은 유독 대포가 무거워 운반하기 어렵고, 말뚝이나 뗏목용 목재는 가까운 마을에 숨길 수 있고, 모래주머니나 진흙이 어지러이 널려 있고 쌓여 있어도, 적군이 그저 한 번 바라볼 뿐 가히 의심하지 않는다는 것을 모르기 때문이다. 적군의 배가 지나가기를 기다렸다가 그 후에 군사를 나누어 파견해 한편으로는 뗏목을 운반하고 말뚝을 박으면서, 다른 한편으로는 모래를 쌓아 순식간에 포대를 만들 수 있다. 또한 우리의 강포병도 순식간에 모이게 할 수 있다. 대포에 기대지 않아도 강포를 이용해 기이한 계책을 내어 군사를 매복시키면 그 이로움이 무궁무진하다. 이것이 [서양의 대포를] 두려워하지 않아도 되는 네 번째 [이유]이다."

그런데 이 외에도 대비해야 할 것으로 비포飛砲가 있다. 비포는 돛대에 매달려 있는 호포號砲를 말하는 것이 아니라, 공중에서 바로 떨어지면서 터지는 작포炸砲를 말한다. 우리의 포대가 견고하다 하더라도 저쪽에서 비포를 퍼부어 공격하면 비포가 사방에서 터져 몇 길이나 뻗어 나가 우리의 군사들이 종종 갈팡질팡하게 된다. 광동성을 공격할 때 발포했던 비포나 불화살은 공중에서 떨어지지 않고 저수지나 못에 떨어졌는데, 성과 거리가 있어서 정확히 맞히지는 못했지만, 장주章奏에 보인다. 하문의 경우는 비포로 인해 큰 타격을 입었고 보산도 비포 때문에 타격이 컸다. 다만 내륙의 하천은 물살의 세기와 깊이가 일률적일 수 없어, 만약 서양 선박이 위험을 무릅쓰고 들어온다면 반드시 시시각각 이를 측량해 배가 암초에 걸리는 것을 방지해야 하기 때문에, 결코 수십 척의 배가 한꺼번에 몰려 들어올 수 없다. 비포가 성내에 떨어지는 경우는 해안 아주 가까이에 있는 몇 척의 배에 불과하니, 급히 대포와 강포를 이용해 그들의 화약고에 퍼붓고, 닻줄을 당기고 뱃머리가 넘어지지 않게 지지하는 사람을 공격하는 것이 바로 급선무이다. 또 다른 대비책으로 먼저 흙담 안에 가로로 얕은 밭을 파고 벽돌을 깔고 물을 채우면 아군은 왕래할 수 있고, 비포와 불화살은 물에 떨어지면 바로 꺼진다. 혹은 경사를 만들어 앞은 높고 뒤는 낮게 해 비포가 깊은 구덩이로 굴러떨어지게 한다. 이것은 반드시 사전에 시험을 거쳐야지 임시적으로 요행을 바라서는 안 된다. 이를 통해 볼 때 서양의 장기는 비포에 있고, 우리의 장기는 강포에 있다. 강포는 또한 강총만 못하다. 만약 더 정교함을 강구할 수 있다면 경포輕砲[103]에다 탄약을 장착하면 비포의 장점까지 겸하게 된다. 권55에 상세히 나와 있다. 정말로 기이한 계책을 낼 수 있다면 대포를 많이 제조하기보다는 강포와 경포를 많이 만드는 것이 좋다. [강포나 경포는] 만들기도 쉽고 훈련하기도 쉽고, 운반하기도 쉽고 적을 협공하고 추격해 소탕하기도 쉽다. 또 마구 발사해도 곧장 날아가 수십 명을 살상할 수 있고 1백 길 남짓 날아가니, 무거워서 민첩하지 못한 대포에 비하면 10배는 더 강력하다. 서양에 대해 떠벌리는 자들은 다투어 서양 대포의 장점을 말하고, 서양을 막자는 사람들 역시 대포 주조의 장점을 이야기하지만, 아무도 어디에서 사용할 것인지에 대해 물은 적은 없다. [이에 대해] 이야기해 보자면 전쟁이 발발한 이래 정해 총병總兵은 강포로 며칠 동안 연전하면서 적군 천 명을 섬멸했다. 그러나 대포로는 배 한 척을 박살 낸 것 말고는 아무런 효과가 없었다. 대보산에서는 강총 30정으로 적군 4백 명을 죽였지만, 초보산에 있었던 대포는 한 번도 사용한 적이 없었다. 지난해 겨울부터 절강의 대포 주조 기술은 날로 정교해져 대포가 반질하고 잘 작동해 서양의 대포 못지않았지만 무슨 효과가 있었는가? 심지어 사각 · 대각 포대 전투에서 진련승陳連升[104]은 지뢰 · 강총으로 적군 3백~4백 명을 죽인 반면, 호문의 좌우에 서양에서 사들인 대포 2백여 문이 놓여 있는데, 적을 막아 냈다는 이야기는 들어보지 못했고, 도리어 적군에게 보탬이 되었다. 대포를 사용하는 사람, 대포를 설치할 장소, 공격용 대포와 수비용 대포의 구별, 지상전용 대포와 수전용 대포의 용처는 따지지 않고, 분분히 대포가 두렵다는 핑계로 대포 주조만 일삼아 그저 전쟁을 빙자해 적군에게 보탬만 될 뿐이다. 그래서 "성이 높지 않아서도 아니고, 못이 깊지 않아서도 아니고, 무기가 단단하고 예리하지 않아서도 아닌데, 이를 내버리고 가는 것은 무기의 예리함이 사람의 화합만 못해서이다"[105]라고 말했던 것이다.

전쟁에서 날카로운 무기가 없는 것은 맨손이나 다름없고, 무기가 적중하지 않으면 무기가 없는 것과 마찬가지이다. 군사를 일으킨 이래로 각 성에서 주조한 대포는 2천 문 이상이다. 호문 · 하문 · 정해 · 진해가 함락되고, 보산·진강이 함락되면서 각 성에서 잃어버린 대포가 4백여 문이나 된다. 이들은 모두 무게가 8천 근에서 1천 근에 달하는 것들로, 앞뒤로 적의 손에 들어간 것만 해도 1,500문에서 1,600문은 된다. 적군이 처음 하문을 공격했을 때 아군은 2백 문 남짓의 포를 쐈지만, 오직 한 문의 포만이 화약고를 명중시켜 함선이 굉음을 내며 침몰하자 서양 선박은 결국 물러났는데, 수백 문의 포 중에 단지 한 문의 포만 힘을 발휘한 셈이다. [적군이] 다시 정해를 공격했을 때 총병 갈운비葛雲飛[106]가 포를 쏘며 며칠 동안 대치하다가, 한 차례의 포격으로 화륜선의 망대를 명중시키자, 바로 배가 기울고 흔들리면서 적군이 달아났는데, 이것은 수백 문의 포 중에 단지 한 문의 포만 힘을 발휘한 셈이다. [적군이] 광동성의 성을 공격했을 때는 화륜선·병선의 망대 및 삼판선 몇 척을 명중시켰다. [적군이] 보산을 공격했을 때 제독군무 진화성陳化成[107]이 포로 화약고를 명중시켜 배를 두 번이나 침몰시키고, 뱃머리와 망대를 두 번이나 격파시키자, 적군은 결국 소사배小沙背[108]를 포위하고 공격했으니, 이것 역시 각각 포 몇 문의 효과를 본 셈이다. 포를 발사해 명중시킬 수 있다면 우리의 대포로도 적의 배를 격파할 수 있고, 포를 발사해 명중시키지 못하면 적군의 대포도 무용지물이 된다. 명중시키면 한 발의 포로도 적을 위협할 수 있고, 명중시키지 못하면 천 번의 포를 날려도 그저 화약만 낭비할 뿐이다. 포탄이 날아가는 것은 포의 힘이지만, 명중시키는 것은 포의 힘이 아니다. 적군의 병선 50척과 화륜선 10척, 크고 작은 삼판선 수십 척에 아군이 단지 수백 문의 포를 쏘아, 그 가운데 수십 문의 포만 명중해도 수십 척의 배를 격파할 수 있는데, 제일 좋기로는 배가 뒤집혀 가라앉는 것이고, 그다음으로는 배가 부서지는 것이다. 배 한 척이 침몰하면 수백 명의 사람을 죽일 수 있고, 배 한 척만 부서져도 수십 명의 사람을 다치게 할 수 있으니, 어찌 또한 적이 안 무너지겠는가? 예컨대 포를 쏘아 명중시키지 못한즉, 호문에서 사들인 서양 대포는 2백 문이고, 그 가운데는 9천 근이나 나가는 큰 포도 있는데, 어떻게 배 한 척도 파괴하지 못하고, 포 한 발도 명중시키지 못했는가? 이로부터 대포는 크기나 수량에 달려 있지 않고, 또한 전적으로 서양 모델을 모방했는가에도 달려 있지 않으며, 오직 명중시킬 수 있는가 없는가에 달려 있음을 알 수 있다. 명중시키지 못하는 원인은 다음 세 가지이다. 포대가 산에 있는 경우 앞이 낮고 뒤가 높으며, [포대가] 물에 있는 경우 사방에 적이 있어 모두 비포를 맞기 쉬운데, 이것은 포대를 알맞은 곳에 설치하지 않아서이다. 이것이 명중시키기 어려운 첫 번째 이유이다. 산포山砲[109]는 바위 동굴에 처박혀 있고, 포대의 대포는 담장 구멍에 처박혀 있고, 육포陸砲의 목제 포가砲架가 좌우로 움직이지 못하는데, 이것은 멍청한 대포가 기민한 배를 공격하는 꼴이니, 이것이 명중시키기 어려운 두 번째 이유이다. 군사들이 대포를 쏘는 것에 익숙하지 않고 측량이 부정확하고, 순간 당황하면 마음과 손이 안정되지 않으니, 이것이 명중시키기 어려운 세 번째 이유이다. 서양 선박의 대포는 무게가 3천 근에 불과하고, 성을 지키고 해안을 지키는 우리의 대포는 무게가 8천 근이나 나가 본래는 서양 선박이 [우리의 대포를] 몹시 두려워했으나, 그저 앞선 세 가지 결함 때문에 서양 선박은 먼저 우리의 포로砲路를 피해 포를 터뜨릴 수 있었다. 정말로 포대가 지세에 맞게 놓여 있고, 담장에 대포를 숨길 수 있고, 포가가 굴러갈 수 있으면, 따로 기병奇兵[110]을 매복시켜 퇴로를 막을 수 있다. 포안砲眼[111]을 나누어 두 개의 층으로 만들고, 높은 것은 적의 중창中艙(중간 선창)을 조준하고, 낮은 것은 적의 뱃전 아래를 조준해, 측량기로 재고 표적을 향해 당기면, 순간 손과 눈이 하나가 되고 심장과 담력이 모두 담대해진다. 서양 선박이 아무리 견고하고 돛대가 커서 1천~2천 근의 포를 감당할 수 있다 해도 8천 근의 대포는 감당할 수 없으니, 대포를 맞고도 박살 나지 않을 배가 어디에 있겠는가? 화륜선과 삼판선의 경우는 2천~3천 근의 포로도 충분히 박살 낼 수 있고, 갑판[112]에서 닻줄을 당기고 뱃머리가 넘어지지 않게 지지하는 사람은 1천 근의 포로도 충분히 섬멸할 수 있으니, 포를 맞고도 꺾이지 않을 사람이 있겠는가? 적군의 포가는 모두 수레바퀴에다가 철편을 둘렀기 때문에 수백 근에서 천 근의 대포도 밀고 당기면서 상륙시킬 수 있다. 그러나 흙탕길은 경사지거나 움푹 패어 있어서 대포를 사용할 수 없기에 정해·자계慈溪[113] 두 차례의 지상전에서는 모두 대포를 사용하지 않았고, 진강에서는 대포 몇 대를 밀어 상륙한 적이 있었지만, [대포를 사용하기에] 지세가 불편해 그대로 물러났다. 영국군에게는 또한 마포군馬砲軍·낙타포군駱駝砲軍이 있지만, 그것은 오직 유럽 본토에서만 사용했다. 지난해 겨울 광동에서 올린 상주에 따르면 서양 선박 4척이 말 2백 필을 싣고 왔는데, 모두 중국의 말보다 거대하며, 정해에 왔었을 때 장차 지상전에서 사용할 것 같다고 했다. 그러나 안남과 미얀마Myanmar[114]는 모두 코끼리를 이용해 대포를 옮겼는데, 전쟁 중에 코끼리의 코를 공격하자 코끼리가 반대로 내뺐으니, 하물며 말과 낙타에 있어서야?

전쟁이 일어난 이래 국내외의 논의는 두 가지, 즉 구차하거나, 교만에서 벗어나지 못했다. 교만한 논의로는 예를 들어 상선을 빌려 대양에서 싸우거나 배나 뗏목을 가라앉혀 강을 막자는 경우가 있었는데, [이것은] 실행하기 어렵다는 것을 사람들이 모두 알고 있었다. 그러나 결국 구차함을 일시적인 안일로 삼고, 하책을 상책으로 믿고자 했으니, 그 오류는 더욱 깨지 않을 수 없다. 한 논자가 말했다.

“아군은 모두 선상에 서 있고, 적군은 모두 배 안에 숨어 있다. 우리는 맨몸으로 포탄을 맞서고 적군은 견고한 배로 포탄을 맞서고 있고, 게다가 아군의 대포와 화약은 저들의 것만 못하고, 포수砲手는 더욱 그들만 못하다. 그런데 어찌하여 패사稗史에 기록된 주유周瑜[115]가 적벽대전에서 사용한 화공[116]과 악왕鄂王[117]이 동정호洞庭湖에서 수초를 이용해 양요楊幺를 물리쳤던 일[118]을 잘못 믿고, 드넓은 바다에서 시행하여 적의 군함을 불태우고 화륜선을 얽어매고자 하니, 이 어찌 어린아이의 장난이 아닌가?”

이에 이렇게 대답했다.

“전쟁이 발발한 이래로 아군은 한 번도 해상에서 적군과 싸운 적이 없는데, 어떻게 선상에 서서 적군의 대포를 맞이한 적이 있겠는가? 적군이 해안을 공격하면 아군은 제방에 숨고, 적군이 포대를 공격하면 아군은 모래성에 숨고, 적군이 성을 공격하면 아군은 또한 성가퀴[119]에 숨었는데, 또 어떻게 맨땅에 서서 적군의 대포를 맞은 일이 있겠는가? 또한 포탄 가운데 무거운 것은 몇십 근, 작은 것은 십여 근 정도 되니, 만약 정말로 대포를 이용해 지상전을 할 수 있다면 아군이나 적군의 대포를 막론하고 마구 발사해 곧장 날아가 포탄을 맞은 사람들로 인해 도랑에 피가 철철 넘치고, 사상자가 몇백은 될 것이다. 이야기해 보자면 적군이 광동 · 복건을 침략하고, 강소 · 절강을 침략했을 때 대포로 지상전을 치른 적이 있었는가? 또한 적군이 선창에 숨어 있었다 하더라도 닻줄을 당기고 뱃머리가 넘어지지 않게 지지하는 군사 수십 명은 모두 갑판[120]에 서 있었기 때문에, 아군의 대포는 성안에서 날아가 적의 배를 맞출 수 있는 반면, 적군의 대포는 성을 사이에 두고 있었기 때문에 아군을 해칠 수 없었다. 이것이 바로 아군이 모래흙으로 적군의 대포에 맞선 반면, 적군은 맨몸으로 아군의 대포에 맞섰다는 첫 번째 증거이다. 서양 선박은 포대를 공격하는 동시에 작은 배로 군사를 실어 날라 가까운 해안을 둘러싸고 공격했다. 무릇 적군이 여울목을 건너고 가파른 해안을 기어오르면, 아군은 해안 위에서 지키면서 강총·화살과 돌로 아래를 공격할 수 있어, 한 사람이 백 명을 감당할 수 있었다. 서양 선박의 대포는 해안을 공격하는 자기 군을 살상할까 두려워 감히 멀리서 공격하지 못했다. 이것이 바로 적군이 맨몸으로 아군의 화기에 맞선 반면, 아군은 흙과 해안을 이용해 적군의 대포에 맞섰다는 두 번째 증거이다. 이에 적군은 해안에 도착한 뒤에 타고 온 배를 철거시켜 배수진을 침으로써 적군이 죽음을 무릅쓰고 돌진할 수 있었던 반면, 아군은 안전한 곳에서 자유롭게 진퇴하면서 도리어 한두 개의 비포에 놀라 달아났다. 도망한 뒤에 패한 군사와 달아났던 장군들은 적군의 대포에 대해 장황하게 늘어놓으며 처벌을 피하려 했고, 진신縉紳은 그 말을 그대로 믿고 적군이 신출귀몰하다면서 화친을 강요했다. 심지어 주유가 적벽에서 했던 수중 화공전이나 악왕岳王[121]이 동정호에서 벌였던 수중 화공전은 모두 믿을 바가 못 된다고 하는데, 이것은 적벽과 동정호가 모두 내륙의 하천이지, 대양이 아니라는 것을 모르는 것이다. 안남·꽝남에서 두 차례나 서양 선박을 불태우고 한 척의 적선도 돌려보내지 않았는데, [이것이 바로] 내륙 하천에서의 화공이 아닌가? 여요餘姚[122]에서 배가 진펄에 빠지고, 대만에서 배가 암초[123]에 좌초되는 바람에 사람과 배를 한 번에 포획할 수 있었다. [수심이] 얕아져서 배가 멈추어 있는데도 아군이 공격하지 않은 경우는 정해를 침범한 카를 귀츨라프Karl Gützlaff[124]의 배 신축년 봄에 화친을 논의하고 적군이 정해를 물러날 때 카를 귀츨라프의 삼외대주三桅大舟[125]가 수심이 얕은 곳에 빠졌는데, 옆에 있던 두 척의 배가 구해 주는 동시에 원근의 마을 사람들을 고용해 이틀 동안 [배를] 밀고 나서야 배가 움직이기 시작했다. 와 광동의 천자포대天字砲臺 아래에 있던 배 광동에서 협정을 맺은 뒤 적군이 물러날 때 범선이 포대에 세워져 있었는데, 광동 백성들이 이를 태워 버리려고 하자 찰스 엘리엇Charles Elliot[126]이 관리에게 공문을 보내 그렇게 하지 못하게 했다. 로, 모두 며칠 뒤에야 움직일 수 있게 되었는데, 이것이 그 명확한 증거가 아닌가? 근자에 적군은 오송을 격파한 뒤 소주蘇州를 침략하고자 화륜선을 보내 수심을 측정하러 묘호泖湖[127]로 왔다가 바퀴가 수초에 걸려 되돌아가고 말았으니, 또한 악왕이 동정호에서 수초를 이용해 양요를 물리쳤던 전철을 그대로 밟은 것이 아닌가? 게다가 화륜선은 전함이 아닌 정찰용에 지나지 않아 한쪽 바퀴가 포격을 당하면 배 전체가 기울어져 움직일 수 없다. 바야흐로 화륜선이 송강부 · 여요현 · 자계현 · 양주를 정탐할 때 그 강폭은 3~4길, 깊이는 1길 남짓에 불과했으니, 여기에 물이 넘쳐 나는 곳이 어디에 있는가? 뗏목을 가라앉히고 배를 가라앉히고 큰 나무를 가라앉히면 모두 배가 다니는 길을 막을 수 있고, 화륜선이 들어와 지나갈 수 없어 시간을 끌게 되면 양쪽 기슭의 매복병 · 추격병이 복포伏砲 · 강포 · 화주 · 화기를 일제히 발사하니, 악왕이 동정호에서 거둔 공을 세우는 것이 뭐가 어렵겠는가? 전함은커녕 화륜선과 삼판선도 모두 제어하지 못하면서 게다가 [그들이] 신출귀몰하다며 고의로 과대포장하고, 내륙의 하천을 대양에 넣으며, 정사를 패사라 치부하고 있으니, 슬프도다! 슬프도다!"

바야흐로 적군이 처음 침략했을 때 사람들은 모두 그들이 단지 수전에만 뛰어날 뿐 뭍에 올라오면 별거 아니라고 생각했다. 절강 · 광동이 누차 패배하자 또 적군을 지상전에서도 대적할 수 없다고 생각했다. 육군이 패배했는데도 패배하게 된 원인은 끝내 세상에 밝혀지지 않았다.

무릇 사각 포대 전투에서 부장 진련승은 군사 6백 명으로 적군 수천 명을 대적해 적군 수백 명을 죽였지만, 지원이 없어 패했다. 대보산 전투에서 부장 주귀朱貴[128]는 군사 6백 명으로 적군 2천 명을 대적해 적군 수백 명을 죽였지만, 대응책[129]이 없어 패했다. 삼원리 전투는 보잘것없는 의병들로 적의 총독을 포위하고 적장을 목 베어 죽이고 적군을 섬멸했으나, 화친을 하고 포위망을 열어 놓아줌으로써 그들을 놓쳤는데, 누가 아군의 지상전이 적군만 못하다고 하는가? 정해는 방비가 아주 단단하고 전력을 다해 싸웠는데도 어째서 함락되었는가? 함락된 원인은 지금까지도 끝내 세상에 밝혀지지 않았다. 바야흐로 적군이 채 정해를 압박해 오지 않았을 때 삼진三鎭에서는 군사 5천 명을 데리고 가서 방어를 잘하고 처음에 성을 쌓기로 논의했다. 그 땅은 삼면이 산으로 둘러싸여 있는데, 앞쪽은 바다와 인접해 있고, 성 밖 2~3리는 서양인들의 거리이고, 1리 정도에 달하는 시장이 있다. 삼진에서는 외성을 쌓기로 논의하면서 서양인의 거리는 성안에 포함시키고, 좌우로는 산까지 쌓고 삼면은 산을 성벽으로 삼기로 했다. [이때] 누군가가 이렇게 이의제기를 했다.

"천하에 한 면으로 이루어진 성은 없다. 이것은 제방이지 외성이 아니며, 적군이 일단 산을 넘어 들어오면 바로 성안이다. [이렇게 하면] 준비는 많은 반면, 힘은 분산되고, 산은 험준한 반면, 수비는 힘이 든다. 앞쪽은 부두를 넣지 말고, 좌우로는 산을 끼지 말고, 옛 성을 둘러 [그 바깥으로] 다시 외성을 쌓으면 성으로 군사를 지킬 수 있고, 군사들은 성을 지킬 수 있을 것이다."

그러나 논자들은 모두 시장과 부두는 내쳐서는 안 되고, 또한 좌우에 높은 산이 있으니, 아군이 높은 곳에 앉아 아래를 내려다보고 있으면 적군이 위를 쳐다보면서 공격해 들어올 수 없다고 말했다. 당시 주력 부대가 채 바다를 건너오지 않았지만, 지도에 근거해 지휘하면서 그들의 의견을 따랐다. 오호라! 산이 비록 높고 험준하다 해도 바깥쪽은 절벽이 아니라서 험한 지름길도 오를 수 있으니, 이것은 맑은 대낮에 지킬 수 있는 것만 알고, 비바람 치는 어두운 밤에는 지키기 어렵다는 것을 모르는 것이다. 또한 하루 이틀 동안 지킬 수 있는 것만 알고 열흘이 지나면 군사들이 지쳐서 지키기 어렵다는 것을 모르는 것이다. 적군은 성을 공격하고 물러난 뒤에 배에 돌아가 편히 쉬지만 우리는 그들을 교란시킬 수군이나 수군 민병이 없다. 게다가 아군은 시시각각 도처에서 밤낮으로 방어하고, 산은 높고 험준해서 먹고 잘 곳이 없으니, 세상천지에 이렇게 성을 지키는 방법이 어디에 있는가? 그해 가을 적의 군함이 왔는데, 정말로 큰 비바람이 칠 때 밤낮으로 공격했다. 5일째 되던 날 적군은 아군이 성을 지키다 피로한 틈을 타 역풍이 불 때 작은 배를 이용해 군사를 실어 나른 뒤 배를 철수시키고 필사적으로 싸워, 화염이 위로 솟구치자 [아군의] 아래로의 공격이 무력해져, 결국 적군이 산으로 올라와 성을 함락시켰다. 오호라! 정해는 애초에 반드시 지켜야 하는 땅도 아니고, 증축한다 해도 지킬 수 있는 성이 아니다. 성이 함락된 지 오래되었지만, 성이 함락된 원인은 끝내 세상에 밝혀지지 않았다. 앞 수레를 경계하지 않고 계속 그 전철을 밟고 있으니,[130] 장래에 칼자루를 거꾸로 쥐고 적에게 주는 자[131]가 끊임없이 나올까 염려스럽다. 그런즉 이를 어찌하면 좋을까? 다음과 같이 하면 된다.

병법에는 정해진 형태가 없고, 땅도 일정한 지세가 없다. 요컨대 무릇 전투란 반드시 적군이 우리를 공격할 방법의 6~7할을 먼저 파악해서 지략을 다해 총공격하면, 저들이 우리를 패배시킬 수 없으니 이에 성공할 수 있다. 무릇 방어란 반드시 적군이 우리를 공격할 방법의 6~7할을 먼저 파악해서 지략을 다해 총공격하면, 저들이 침입할 수 없으니 이에 방어할 수 있다.

정공법이란 무엇인가? 기공법이란 무엇인가? 기율에 따라 군대를 절도 있게 다스리면 패배할 리 없고, 성벽을 굳게 하고 들을 깨끗이 정리하면[132] 침범할 수 없는데, 이것이 바로 정공법이다. 기이한 계책을 내어 군사를 잠복시키고 갖은 방법으로 적들을 유인해 예측할 수 없게 하는 것, 이것이 바로 기공법이다. 오늘날 서양 오랑캐를 막음에 먼저 저들의 병법에 대해 말해 보겠다. 미얀마는 전쟁 중에 강적을 만나면 거목으로 만든 목책만을 사용했는데, 뽑아낼 수도 없고, 가끔은 아주 견고하게 방어해 영국군도 막아 냈다. 『사주지』에 보인다. 옛날에 이정국李定國[133]이 수도 아바Ava[134]를 쳤는데, 성의 삼면이 바다로 둘러싸여 있었다. 미얀마는 한 면의 육지에 땅을 파서 호수를 만들고 그 앞에 나무 성을 세우고 군사를 내보내 지키게 했는데, 별안간 나무 성 밖으로 또 다른 나무 성을 세우고는 역시 군사를 내보내 성을 지켰다. 미얀마는 이렇게 점점 이정국의 진영을 압박하더니 비로소 출병하여 일전을 치렀다. 비록 코끼리 부대가 부상을 입고 반대로 도망갔지만, 견고한 목책 덕분에 끝내 패배시킬 수 없었다. 유건劉健[135]의 『정문록庭聞錄』[136]에 보인다. 건륭제가 미얀마를 칠 때 미얀마는 카웅톤Kaungton[137]을 지키기 위해 먼저 높은 고갯마루를 차지하고 목책을 튼튼하게 세웠는데, 목책 밖으로 해자 세 개가 있고 그 해자 밖으로 가시나무 목책[138]을 박아 두었다. 관병의 대포·불화살·지뢰 등 갖은 방법으로 공격했지만 끝내 목책을 뽑을 수 없었다. 이것이 바로 조금씩 가다가 영채를 세우는 방책[139]으로, 방어를 이용해 전쟁하는 방법이다. 태국Thailand[140]의 목책 역시 이와 같은데, 이것이 바로 정공법이라는 것이다. 강희 연간에 영국Britain[141]이 군함으로 지중해를 거쳐 러시아Russia[142]를 공격하자, 러시아는 군사를 거두어들여 영국이 마음대로 육지에 오르게 한 뒤에 기병奇兵을 이용해 퇴로를 끊어 버렸다. 눈보라가 크게 휘날리자 영국군은 굶주리고 얼어 싸우지도 못하고 자멸했으니, 이것이 첫 번째 기공법이다. 프랑스France[143]가 가경 연간 초에 각 나라의 군사 몇십만을 모아 육지에서 러시아를 공격하자, 러시아는 나라 전체가 대피했고 [그 틈에] 프랑스는 거침없이 러시아의 수도에 들어갔다. 러시아군이 눈보라가 치는 밤에 몰래 수도로 돌아와 불을 놓자, 프랑스군은 반은 불에 타 죽고 반은 얼어 죽어 패배한 뒤에 달아났는데, 이것이 두 번째 기공법이다. 준가르(準噶爾)가 강희 연간에 군사 3만을 거느리고 셀렝가강Selenga River[144]을 거쳐 러시아를 공격할 때, 양쪽에 높은 산이 있고 그 사이로 협곡 하나가 흘렀는데, 협곡의 깊이가 6백~7백 리 정도 되며 사람은 한 명도 보이지 않았다. 준가르는 매복과 함정을 의심해 급히 군사를 돌려 달아났는데, 이것이 세 번째 기공법이다. 러시아가 강대국을 상대하는 것과 안남국이 영국 오랑캐를 상대하는 것은 아주 비슷하다. 무릇 미얀마·안남국이 영국을 상대할 때 모두 서양 선박과 서양 대포를 가지고 있어서가 아니라, 한 나라는 육군을 절도 있게 다스린 덕분에 이겼고, 또 한 나라는 수전으로 적을 유인하고 매복시킨 덕분에 이겼다. 오늘날 군대를 출동시킴에 기율이 없는 것은 바로 정공법을 모르기 때문이다. 출동에 임박해 계책이 없는 것은 바로 기공법을 모르기 때문이다. 기율이 없고 계책이 없는 군사들이 설령 서양의 대포와 선박을 모두 손에 넣는다고 대양에서 싸울 수 있겠는가? 스스로를 반성할 줄 모르고 선박과 대포가 서양의 것만 못하다고 탓하고 있는데, 이것은 어리석은 의사가 병을 오진했는데도 처방전은 탓하지 않고 약재가 효과가 없다고 탓하는 것과 같다. 아!

籌海篇一

議守上

自夷變以來, 幃幄所擘畫, 疆埸所經營, 非戰卽款, 非款卽戰, 未有專主守者, 未有善言守者. 不能守, 何以戰? 不能守, 何以款? 以守爲戰, 而後外夷服我調度, 是謂以夷攻夷. 以守爲款, 而後外夷範我馳驅, 是謂以夷款夷. 自守之策二: 一曰守外洋不如守海口, 守海口不如守內河. 二曰調客兵不如練土兵, 調水師不如練水勇. 攻夷之策二: 曰調夷之仇國以攻夷, 師夷之長技以制夷. 款夷之策二: 曰聽互市各國以款夷, 持鴉片初約以通市. 今請先言守.

今議防堵者, 莫不曰禦諸內河不若禦諸海口, 禦諸海口不若禦諸外洋, 不知此適得其反也. 制敵者, 必使敵失其所長. 夷艘所長者, 外洋乎? 內河乎? 吾之所禦賊者, 不過二端: 一曰砲擊, 一曰火攻. 夷之兵船, 大者長十丈, 闊數丈, 聯以堅木, 澆以厚鉛, 旁列大砲二層. 我砲若僅中其舷旁, 則船在大洋, 乘水力活, 不過退却搖蕩, 不破不沈. 必中其桅與頭鼻, 方不能行駛, 卽有火輪舟牽往別港,連夜修治. 惟中其火藥艙, 始轟發翻沈, 絶無泅底鑿沈之說. 其難一. 若以火舟出洋焚之, 則底質堅厚, 焚不能然. 必以火箭・噴筒焚其帆索・油薪, 火藥轟其柁尾頭鼻. 而夷船桅斗上, 常有夷兵遠鏡瞭望, 我火舟未至, 早已棄碇駛避. 其難二. 夷船起碇, 必須一時之久, 故遇急, 則斬纜棄碇而遁. 夷船三五爲幫, 分泊深洋, 四面棋布, 竝非連檣排列. 我火船攻其一船, 則各船之砲, 皆可環擊, 竝分遣杉船小舟救援. 縱使晦夜乘潮, 能突傷其一二艘, 終不能使之大創. 而我海岸綿長, 處處防其闖突, 賊逸我勞, 賊合我分. 其難三. 海戰在乘上風, 如使風潮皆順, 則卽雇閩・廣之大梭船・大米艇, 外裹糖包, 亦可得勝. 鄭成功之破荷蘭, 明汪鋐之破佛郎機, 皆偶乘風潮, 出其不意. 若久與交戰, 則海洋極寥闊, 夷船善駕駛, 往往轉下風爲上風, 我舟卽不能敵. 卽水勇水雷, 亦止能泅攻內河淡水, 不能泅伏鹹洋. 其難四. 觀於安南兩次創夷, 片帆不返, 皆誘其深入內河而後大創之. 則知欲奏奇功, 斷無舍內河而禦大洋之理. 賊入內河, 則止能魚貫, 不能棋錯四布. 我止禦上遊一面, 先擇淺狹要隘, 沈舟絙筏以遏其前, 沙垣大砲以守其側. 再備下遊椿筏以斷其後, 而後乘風潮, 選水勇, 或駕火舟, 首尾而攻之. 沈舟塞港之處, 必留洪路, 以出火舟. 或倣粵中所造西洋水雷, 黑夜泅送船底, 出其不意, 一擧而轟裂之. 夷船尙能如大洋之隨意駛避, 互相救應乎? 倘夷分兵登陸, 繞我後路, 則預掘暗溝以截其前, 層伏地雷以奪其魄. 夷船尙能縱横進退自如乎? 兩岸兵砲, 水陸夾攻, 夷砲不能透垣, 我砲可以及船, 風濤四起, 草木皆兵. 夷船自救不暇, 尙能回砲攻我乎? 卽使向下遊沈筏之地, 豕突衝竄, 而稽留片時之間, 我火箭・噴筒已爇其帆, 火罐・火斗已傷其人, 水勇已登其艙, 岸上步兵又扛砲以攻其後. 乘上風, 縱毒煙, 播沙灰, 以眯其目, 有不聚而殲旃者乎? 是口門以內, 守急而戰緩, 守正而戰奇, 口門以外, 則戰守俱難爲力. 一要旣操, 四難俱釋矣.

或曰: "門戶失守, 則民心驚惶, 縱賊入庭, 則必干罪戾. 倘賊方入口, 卽分夷兵登岸, 夾攻我後, 或進攻我城, 則如之何?" 曰: "所謂誘賊入內河者, 謂兵·砲·地雷, 水陸埋伏, 如設阱以待虎, 設罾以待魚, 必能制其死命而後縱其入險, 非開門延盜之謂也. 奏明兵機, 以縱爲擒, 何失守之有? 賊雖入口, 尙未至我所扼守之地, 何驚惶之有? 然海口全無一兵, 尙恐賊疑, 未敢長驅深入. 必兼以廢砲羸師, 佯與相持, 而後棄走, 引入死地. 卽如粤之三元里, 非內地乎? 若非夷兵登岸肆擾, 安能成圍酋截敵之擧? 松江府城, 非內河乎? 尤提軍於上海失守之後, 整兵二千, 以待夷船駛入, 放砲相持, 二日而退. 使先備火攻, 塞去路, 安在不可奏安南殄敵之功?『傳』曰: '不備不虞, 不可以師.'『易』曰: '王公設險, 以守其國.' 夫險者, 非徒據口拒守, 敵不能入之謂, 謂其口內四路可以設伏, 口門要害可截其走, 寇能入而不能出也. 自用兵以來, 寇入粤東珠江者一, 入寧波甬江者一, 入黃浦松江者一, 皆惟全力拒口外, 而堂奧門庭, 蕩然無備. 及門庭一失, 而腹地皆潰. 使舍守口外之力以守內河, 守口外兵六七千者, 守口內兵不過三千, 得以其餘爲犄角奇伏之用. 猾賊知兵, 必不肯入. 如果深入送死, 一處受創, 處處戒心, 斷不敢東闖西突, 而長江高枕矣. 何至鯨駛石頭之磯, 霆震金焦之下哉? 故曰: '守遠不若守近, 守多不若守約, 守正不若守奇, 守闊不若守狹, 守深不若守淺.'"

請縱言浙江: 浙江島嶼林立, 而舟山居其一. 以險則非門戶, 以富則非沃壤, 以大則僅彈丸. 明湯和經理沿海, 竝未收入內地. 明之定海, 今之鎭海縣也. 康熙初, 始移定海於舟山, 而改舊衛稱鎭海. 順治八年, 議政王大臣奏言: "舟山乃本朝棄地, 守亦無益, 其令副都統率駐防滿兵回京." 此皆開國老成, 瞻言百里. 故康熙以前, 皆棄化外. 蓋城逼海濱, 船抵城外, 砲及城內, 迥非臺灣·瓊州·崇明之比. 崇明雖最小, 而四面沙灘, 兩港曲折數十里, 非小舟不能入. 乃寧波瀕海連岸之南田山, 墾成沃壤者, 反禁不許開, 而重兵以守孤懸之島, 使外夷得以挾制, 此不得地利者一. 然則如之何? 曰: 棄定海, 移其兵民於南田, 嚴守寧波, 佯退鎭海招寶山, 以誘入之, 而後於甬江下遊狹港, 塞其去路, 乘風火攻者, 上策. 專守鎭海, 不使入者, 次之, 分守定海者爲下.

請縱言廣東: 香港與尖沙嘴 · 裙帶路三嶼相連, 周百餘里, 堪避風浪, 而孤懸海面, 亦粤之舟山耳. 夷與我通商, 則必入虎門方能貿易, 不與通商, 則夷雖孤處香港無益. 其地距廣州四百餘里, 距虎門二百餘里, 何預咽喉利害! 次則沙角 · 大角砲臺, 遠隔虎門之外, 江面寥闊, 大砲僅及中泓, 不足遏夷艘, 適足招夷砲, 何必守! 所宜守者, 虎門之横檔 · 三門與虎門內烏湧, 再進曰獵得, 曰大黄滘. 蓋廣東外城卑薄, 而城外市廛鱗次, 必應扼其要口, 以爲外障. 至四方砲臺, 踞省城後山, 俯視全城, 乃國初王師破城所設. 是攻城之要, 非守城之要也, 事平後早宜毁折, 而阻其上山之徑. 乃不嚴守省河要口, 而反守四方砲臺, 卽使不失守, 其砲能遙擊夷船乎? 抑將俯擊城中之人乎? 其失地利者二. 然則如之何? 曰: 拆去四方砲臺, 增修外城, 沈舟筏於獵得 · 大黄滘, 倚山近水, 堅築土城, 守以兵砲, 使夷兵斷不能闖省城. 而後潛遣人椿塞烏湧上下, 火舟乘夜夾攻者上策, 棄沙角 · 大角, 固守虎門者, 次之, 弛內備而徒爭香港者爲下.

請縱言福建: 福州 · 泉州, 諸河溜急, 皆潮至通舟, 潮退淺閣, 則一潮不能直達, 故賊大艘不敢闖入. 所守者, 惟廈門. 廈門有鼓浪嶼障其外, 大舟進港, 可至虎頭關, 小舟可至稅關. 舊設砲臺於口門, 不足制賊, 僅足自守. 上年反於口外大檔 · 小檔 · 峿嶼 · 青嶼等紛增砲臺, 備多力分, 故爲夷所破. 其失地利者三. 然則當如之何? 曰: 以精兵重砲內伏虎頭關, 盡藏火舟於內港, 佯以廢砲疲兵守口, 棄走誘入內港, 而後水勇火具四面殲之者, 上策, 固守口門舊砲臺不使入者, 次之, 紛增多臺自相牽制者爲下.

請縱言江蘇: 寶山城逼海塘, 三面寥闊, 潮頭浪花, 高濺雉堞, 故國初李成棟軍至此, 驚爲絶地. 見『寶山縣續志』. 且以財賦文學之邦, 而城中無千金之產, 無一命之士, 卽承平尙宜內移於江灣 · 羅店, 或與嘉定 · 上海同城. 乃以重兵多砲守洋面, 卽使不失守, 亦何能出奇制勝? 此失地利者四. 然則當如之何? 曰: 棄寶山專守上海, 沈舟筏, 阻江灣. 而後誘其入江, 潛以椿筏塞東溝下遊, 而火舟水勇攻殲之者, 上策, 固守東溝毋使深入者, 次之, 守寶山海塘者爲下.

請竝言天津: 天津府城直沽河, 距海口二百里, 潮退淺閣. 且外有沙洪爲門戶, 中通大艘, 可以舟筏沈塞. 倘夷艘敢北犯, 但內徙砲臺於近城, 縱其深入, 截其出口, 而火舟水雷夾攻之者, 上策. 設兵砲於沙洪, 伏地雷於近岸者, 次之, 遠設砲臺於口外者爲下.

然則浙之錢唐, 江蘇之揚子江, 廣闊浩瀚, 旣不能沈舟筏以截其前後, 而火攻又易於駛避, 若何? 曰: 錢唐江西岸, 潮落沙灘十餘里, 夷船卽入, 止能東擾蕭山, 斷不能西犯杭城. 且海口龕·赭二山, 近皆漲淺, 猾夷早已探明, 故不肯駛入. 揚子江口外有君山·圌山兩重門戶, 江陰鵝鼻嘴, 卽君山之麓也. 斗入江中, 與對江之劉文沙相距四五里, 圌山與對江之東新河相去二三里. 國初張名振·鄭成功動輒闖入, 大砲遠則無力, 本難恃爲門戶. 故凡言守圌山者, 皆道聽耳食之譚也. 若旣闖入以後, 非北窺揚州, 卽西犯江寧. 揚州寶塔灣, 回腸曲折, 最便於伏火舟, 斷去路. 惟運河淺狹, 夷大艦不能入, 其入者, 不過火輪杉板四五舟, 夷兵六七百人, 卽燼之亦無能大創. 惟江寧省會, 則大兵艘環集於石頭城. 卽下關也. 其外界沙洲數十里, 江面極狹, 而城內秦淮可藏火舟, 可出火舟. 夷船惟火輪無風能行, 其兵船·貨船則無風不能動. 攻之之法, 宜乘無風之夜, 潮退之時, 以火舟水勇出水西門, 順流而下, 以數小舟攻一舟. 夷船首尾無砲, 其同幫各船之砲, 恐自擊其鄰舟, 則不敢開. 火烈具擧, 船各自救, 亦不暇開. 我兵或泅或伏, 出沒如意, 亦不畏其開. 其尾大不掉之兵艦, 有不帆焚·索斷·柁燼·鼻壞者乎? 四者去, 則船不能行, 人船可以竝獲. 其奏功之小大, 則視火舟之多不多, 水勇之練不練. 火舟多, 水勇練, 以數百火舟攻數十兵艘. 卽有散碇於下遊他岸者, 亦有下遊火艇由運河出, 由瓜洲出, 由中閘出, 各攻各艦. 但使一夕無風, 夷艘必無噍類. 若得粤中水雷百具, 水勇黑夜泅送各艘之底, 一舉而燼之, 尤萬全策. 若彌旬連日大風, 竟無風息之時, 則以火舟攻其上風, 而以石油・江豚油之火箭噴筒, 從下風夾攻之, 專攻帆索, 亦必可焚其半. 夷若乘東風駛往上遊, 則不能出海, 仍是檻籠中物. 若乘西風駛往下遊, 則驅逼出海, 縱不可殲敵, 而可以走敵, 永不敢再窺內江矣.

或曰: "此皆謀之在預, 備之於先. 若旣不能拒之口外, 又未嘗備諸口內, 一朝夷艘闖入, 倉卒風鶴, 無火具可購, 無小舟可雇, 無水勇可募, 其若之何?" 曰: "調度不得其人, 雖謀之期年, 亦潰之一旦. 若調度有人, 則龍關六閘乃木簰所集, 沿江洲地爲薪荻所藪. 上海之閩・廣水手, 儀徵下河之私梟匪艇, 出沒風濤, 亡命騖利, 視死如歸, 一呼數千可集. 至火藥・火球・火箭・奇油・毒藥, 軍興防堵局購辦, 所費巨萬. 夷自六月初破寶山後, 七月朔日始抵江寧, 九月始出江口, 前後將及三月. 但一面羈縻, 一面備戰, 何事不可立辦? 順治十七年, 海寇鄭成功百萬之衆破瓜洲, 破鎭江, 沿江郡縣, 望風納款. 其時江寧防兵調征雲貴, 守備空虛, 東南全局皆震, 其岌岌豈但今日? 而梁化鳳且款且守, 突出陸戰以挫之, 火其百艘以走之, 彼豈備之於先, 謀之於豫哉? 千兵易得, 一將難求. 粤東初年有殲夷之備, 而無其機, 近日江浙有殲夷之機, 而無其備, 機與才會, 事功乃出."

或曰: "圌山・君山之隘, 說者皆謂可沈舟以斷其去路, 子何獨謂其不能? 火攻必乘順風, 子何以必待無風? 若夷舟不能動, 則大洋無風亦可攻之, 無風何又患其駛避? 豈夷船能無風駛動於大洋, 而不能駛動於長江耶?" 曰: "沈舟塞江之事, 卽使施諸珠江・甬江・黃浦江淺狹之處, 尙必深下木樁, 厚聯竹纜, 加以大樹・大石, 始可禦潮汐而免漂散. 況長江近海之處, 至狹亦必數里, 江愈狹則洪愈深・溜愈急, 又樁不能下, 纜不能聯. 如以無樁無纜, 高僅丈許之舟, 深沈於數丈之底, 橫亘於數里大溜之間, 以當千里潮汐之衝, 何異以朽株遏奔駟? 荷蘭沈二甲板船於鹿耳門, 有渾潮而無內水, 故淤沙愈漲愈積, 足以紆束港口. 若內水與外潮互相撞擊, 卽盡沈夷舶百十, 尙不足塡天塹, 況能截其去路? 是沈舟之策, 斷不可施諸長江. 我順風而火之, 夷亦順風而避之. 惟有無風則大艘寸步難動, 而小舟槳櫓如飛, 此安南札船所以制勝也. 夷艘雖稱能轉風勢, 然亦止能駛三面之風, 而不能駛迎面猛烈之風, 尤不能駛行無風. 觀上年夷帥士密之兵船, 自澳門至虎門五日方至, 其證一. 穰西之兵船, 在閩洋南澳爲我水勇所攻, 以無風不能開動, 良久風起始起碇, 其證二. 均見新聞紙. 韓世忠以海舟邀金師於黃天蕩, 使船如使馬. 兀朮募破海舟之策, 以小舟載土鋪板, 乘無風火其帆索, 海舟不能避, 煙焰漲天, 其證三. 蓋赤壁鄱湖之役, 千艘絚聯, 萬檣林立, 故順風一火, 勢若燎原. 若夷船不過數十艘, 分泊各岸, 無所牽制, 乘風棄碇, 誰執鷩鷗? 若非沈舟截之, 則必以無風殲之, 但大洋無風無浪之時極少. 蓋無論順風・逆風・微風, 皆難制者, 大洋. 無論順風・逆風・無風皆可攻者, 內河. 長江形勢比之內河則不足, 比之大洋則有餘, 故有風不可攻, 而無風則可攻.

英吉利夷艘兩碎於安南, 人遂以爲安南水戰無敵於西洋, 札船且勝於洋舶. 請試詰之曰: 安南船砲果無敵也? 則嘉慶入寇閩・浙之艇匪, 卽阮光平所遣烏艚船百餘艘, 宜乎橫行海外, 何以敢劫商船而不敢劫夷艘? 又何以屢被挫於閩・粵, 被颶碎於浙江乎? 殊不知安南勝英夷者, 在縱其深入內河, 而非馳逐於外洋, 拒守於海口也. 其所用札船, 狹長多槳, 進退捷速, 如競渡之龍舟, 如粵東之快蟹艇・蜈蚣艇. 特多一尖皮頂及左右障板以避銃砲, 以小勝大, 以速勝遲. 若大洋則不能使槳, 是鬪艦火攻之具, 非樓船水犀之軍也. 富良江・廣南港, 江面廣闊, 與錢唐江・揚子江等. 一則誘至灘淺潮落而閣之, 一則預備火舟晦夜而乘之, 以馳騁大洋則不足, 以犄角內河則有餘, 鬪智不鬪力也. 夷船橫行大洋則有餘, 深入堂奧則不足, 爲客不如爲主也. 安南界連閩・粵, 民習水戰, 同於漳・泉・惠・潮. 故夷船始至, 則畏閩・粵而不敢攻, 繼則兩次闖入虎門・廈門,皆棄之不守, 而惟滋擾於江·浙. 使得調度閩·粵水勇之人, 則夷船凡入粵河·入浙河·入吳淞·入長江, 同於安南可乘之機者, 凡四. 交臂束手, 而惟歸咎於船砲之不如. 夫安南之創夷, 其爲洋艄, 洋砲者安在? 惠·潮·漳·泉間其爲安南之人何限? 其爲札船之技何限? 或又謂倭寇專騷內地, 故舍外洋禦海岸·舍海岸禦城外者, 禦倭寇之法, 非禦英夷之法, 不知此又適得其反也. 倭寇長於陸戰, 短於水戰, 由其入寇皆窮島亡命, 無力置大艘大砲. 惟恃其膽力渡洋, 恃其刀槍豕突, 故登陸則不可敵. 使以倭船遇閩·粵之船, 則如石碾米也. 使其倭船遇大砲火器, 則如狼驅羊也. 明代剿倭名將, 亦惟知角諸陸戰, 雖間或擊其惰歸, 亦已傷深瘡痏. 惟唐順之·俞大猷始惓惓於擊賊海中, 且謂擊歸船不若擊來船, 深得治倭要領, 而戈船水犀之備, 亦未及見施行. 夫倭之所長在陸, 擊之外海, 在攻其所短. 英夷所長在海, 待諸內河, 待諸陸岸, 則失其所長. 乃明人禦倭者不知禦之於外, 而今日禦英者, 又不設伏於內, 故天下實效之事, 必與庸衆之議論相反."

或曰: "專守內河, 誠可制夷艘之橫突, 而不能制夷砲之猛烈. 則我兵猶慴虛聲, 奪銳氣, 其若之何?" 曰: "大砲者, 水戰之用, 非陸戰之用也. 卽水戰, 亦我師擊沈敵舟之用, 非敵舟擊傷我兵之用也. 且沈舟亦攻海面遠舟之用, 非內河近岸近舟之用也. 西北平原大磧, 陸戰用砲, 必先立戰車以制敵騎, 然後駕砲於車以破敵陣. 東南江濱海澨, 夷若以輪推砲上岸, 則有灘塗沮洳之險, 有塘陡岸峭之險, 有港汊橫縱之險, 大船不能近岸, 小舟不能載大砲. 故自用兵以來, 夷兵之傷我者, 皆以鳥槍·火箭, 從無攜砲岸戰之事. 惟我兵之扛砲·扛銃, 則跋涉奔馳, 所至可用, 且較彼鳥槍·火箭更遠更烈. 其可無懼者一. 若夷從船上開砲, 則無論數千斤之砲, 數十斤之彈, 遇沙卽止. 而我兵得於沙垣中砲擊其舟, 故廈門·定海·寶山屢爲我砲擊破夷船. 而廈門·定海之土城, 寶山之土塘, 皆未嘗爲砲破, 卽鎭海·鎭江之城牆, 亦未嘗爲砲破. 松江夷船開砲兩日, 我兵列陣城外, 伏而避之, 砲過後起, 畢竟未傷一人. 其破城者, 皆小舟渡賊登岸, 攻我背後, 我兵望風輒潰, 及夷至, 則城中已無一人, 何嘗與砲事哉? 但使近塘近城之地, 兼伏地雷, 則我砲可傷夷, 夷砲不能傷我. 其可無懼者二. 夷船在大洋, 去岸數里, 槍箭所不能及, 故非數千斤大砲不能遙擊. 闖入內河, 則舟岸相去不過半里數丈, 而我之扛砲必可及半里, 火箭噴筒可及十數丈, 但沿岸先築土垣, 則我之火器可及夷, 夷砲不能及我. 其可無懼者三. 或謂內河上遊要隘, 我可預沈舟筏, 築砲城, 備兵勇, 其下遊縱敵入隘之處, 預設之則敵疑不前, 不備之則倉卒無及. 不知惟大砲笨重難運, 至樁木筏材, 可伏近村, 囊沙塗泥, 散亂堆野, 敵一望無可疑. 俟敵舟已過之後, 分遣兵勇一面運筏下樁, 一面壘沙成垣, 頃刻可就. 而我扛砲之兵亦頃刻可集. 不恃大砲而用扛砲, 出奇設伏, 其利無窮. 可無懼者四."

然有一宜防者, 則曰飛砲. 非謂懸桅上之號砲, 而謂仰空墮彈之炸砲也. 我之砲臺雖堅, 而彼以飛砲注攻, 炸裂四出, 迸射數丈, 我將士往往擾亂. 雖攻粵城時所放飛砲・火箭, 非墮空地, 則飄池塘, 以隔城而不能有準, 見章奏. 而廈門則以飛砲而衆潰, 寶山則又以飛砲而衆潰. 惟是內河水勢深淺不能一律, 卽使夷船冒險駛入, 必須時時測量以防淺擱, 斷不能數十艘一齊擁進. 其飛砲能及垣內者, 不過逼近塘岸之數艘, 急用大砲・扛砲, 注攻其火藥之艙, 拉篷索・扶頭鼻之人, 是爲急策. 更有預備之策, 先於土垣內橫挖淺田, 鋪磚貯水, 我兵可以往來, 飛砲・火箭, 墮水卽熄. 或爲斜坡, 前高後低, 使飛砲轉落深坑. 此須預先歷試, 不可臨時僥幸. 由此觀之, 夷之長技曰飛砲, 我之長技曰扛砲. 扛砲又不如扛銃. 若能講求益精, 於輕砲中藏用炸彈, 則且兼有飛砲之長. 詳五十五卷. 誠能出奇設伏, 則多造大砲不如多造扛砲・輕砲. 鑄製易, 演練易, 運負易, 挾攻追剿易. 橫放直透, 可傷數十人, 可及百餘丈, 視笨重不靈之大砲, 得力十倍. 乃張夷者競曰夷砲之利, 禦夷者亦曰鑄大砲之利, 曾不問所施何地. 試問用兵以來, 定海總兵以扛砲連戰數日, 殲夷千計. 而大砲則擊破一舟之外, 無他效也.

大寶山以扛銃三十擊死夷兵四百, 而招寶山所列大砲不曾一用. 至去冬以來, 浙江鑄砲, 益工益巧, 光滑靈動, 不下西洋, 而效安在也? 甚至沙角・大角之戰, 陳連升以地雷・扛銃擊死夷兵三四百, 而虎門左右所購列西洋夷砲二百餘, 未聞足以拒敵, 而適以資敵也. 不講求用砲之人, 施砲之地, 與攻砲・守砲之別, 陸砲・水砲之宜, 紛紛惟以畏砲爲詞, 鑄砲爲事, 不過祇藉兵而資寇. 故曰: "城非不高也, 池非不深也, 兵甲非不堅利也, 委而去之, 是器利不如人和也."

兵無利器與徒手同, 器不命中與徒器同. 自軍興以來, 各省鑄大砲不下二千門. 虎門・廈門・定海・鎭海之陷, 寶山・鎭江之陷, 每省失砲約四百餘. 此皆重八千斤至一千斤, 先後遺敵者千五六百門. 夷初攻廈門之役, 我軍開砲二百餘, 僅一砲中其火藥艙, 大艘轟裂沈海, 夷船遂退, 是數百砲僅得一砲之力也. 再攻定海時, 葛總兵開砲, 數日相持, 僅一次擊中其火輪頭桅, 卽欹側退竄, 是數百砲僅得一砲之力也. 攻廣東省城時, 惟中其一火輪・一兵船頭桅及杉板數舟. 攻寶山時, 陳提軍砲中其火藥艙, 沈翻者二, 擊破其頭鼻・頭桅者二, 夷遂繞攻小沙背, 是亦僅各得數砲之力也. 使發而能中, 則我砲亦足以破夷船, 發而不中, 卽夷砲亦成虛器. 中則一砲亦足威敵, 不中則千砲徒費火藥. 其至, 砲力也, 其中, 非砲力也. 夷兵艘五十, 火輪艘十, 大小杉板舟數十, 但使我軍開數百砲, 內有數十砲命中, 卽可傷其數十舟, 大者翻沈, 次者損折. 沈一船可殲數百人, 傷一船可傷數十人, 尙何敵之不摧? 如發而不中, 則虎門所購西洋夷砲二百位, 其大有九千斤者, 何以一船未破, 一砲未中? 是知砲不在大, 不在多, 幷不專在倣洋砲之式, 惟在能中與不能中. 不能中之弊有三: 砲臺依山者, 前低後高, 依水者四面受敵, 皆易受飛砲, 是建置不得地. 難中一. 山砲陷於石洞, 臺砲陷於垣眼, 陸砲木架不能運轉左右, 是以呆砲擊活船, 難中二. 兵士施放不熟, 測量不準, 臨時倉皇, 心手不定, 難中三. 夷船大砲不過重三千斤, 我守城守岸之八千斤大砲, 本夷船所極畏, 止以蹈前三弊, 故夷船得以先避我砲路, 施其炸彈. 誠使臺得地勢, 垣可藏身, 架可撥轉, 別伏奇兵以防後路. 砲眼分作兩層, 高者準夷之中艙, 低者準夷之舷底, 測以儀器, 演以標的, 臨時手眼合一, 心膽俱壯. 夷船雖堅, 桅雖大, 能當一二千斤砲, 不能當八千斤之大砲, 烏有中而不裂者? 其火輪船杉板船, 則二三千斤砲亦足以破之, 其船面拉篷索扶頭鼻之人, 則千斤砲亦足以殲之, 烏有中而不摧者? 至夷之砲架, 均用車輪, 裹以鐵葉, 其數百斤及千斤之砲, 亦可推挽登岸. 然泥塗坡坎, 卽不能行放, 定海·慈溪兩次陸戰, 均無推砲, 鎭江曾推數砲上岸, 以地勢不便而退. 英夷又有馬砲軍·駱駝砲軍, 惟用於西洋本國. 去冬粤東奏夷船四艘, 其載馬二百匹, 皆高大於內地之馬, 曾至定海, 蓋將爲陸戰之用. 然安南緬甸, 皆以象負砲, 而戰傷其象鼻則反奔, 況馬與駱駝乎?

自用兵以來, 中外朋議, 不出二端, 非苟且, 卽虛憍. 虛憍之議, 如雇商艘以戰大海, 沈舟筏以截大江, 人皆知其難行. 然遂欲以苟且爲苟安, 信下策爲上策, 則其謬尤不可不破. 說者曰: "我兵皆立船上, 而夷兵皆藏船中. 我以血肉之軀當砲, 而夷以堅厚之舟當砲, 況我軍砲不如, 火藥不如, 砲手更萬萬不如. 奈何誤信稗史周郎江上之火, 鄂王湖中之草, 施諸浩瀚大洋, 欲以燼夷艦而膠火輪, 豈非兒戲?" 應之曰: "自用兵以來, 我兵未嘗與夷一戰於海中也, 安有立船上以受夷砲之事? 夷攻岸, 則我兵伏土塘中矣, 夷攻砲臺, 則我兵伏沙垣中矣, 夷攻城, 則我兵又伏女牆中矣, 又安有立露地以當夷砲之事? 且大砲彈重者數十斤, 小者十餘斤, 若果能以大砲陸戰, 則無論我砲夷砲, 横放直透, 當者皆必決成血渠, 死傷百計. 試問夷寇粤·閩, 寇江·浙, 曾有大砲陸戰之事乎? 且夷兵雖藏艙中, 而其拉篷索·扶頭鼻之兵數十人, 則皆立艙面, 故我砲能從垣出擊夷船, 而夷砲不能隔垣以傷我. 是我以沙土當夷砲, 而夷以血肉當我砲, 其證一. 夷船一面攻砲臺, 一面以小舟渡兵, 繞攻旁岸. 夫夷兵涉灘塗, 爬峭岸, 我兵守岸上, 得以扛銃·矢石俯擊, 一可當百. 其船上大砲, 恐自傷其攻岸之夷, 亦不敢遙擊. 是夷兵又以血肉當我火器, 而我兵以土岸當彼夷砲, 其證二. 乃夷兵抵岸後, 賊卽撤去其舟, 使絶反顧, 故能冒死突前, 而我兵立於萬全之地, 進退自由, 反爲一二飛砲驚走. 旣走之後, 潰兵逃將, 旣張皇敵砲以逭誅, 縉紳耳食, 復神奇敵軍以脅款. 甚至以周瑜江上・岳王湖中之火攻水戰, 皆不足信, 不知江上・湖中, 皆內河, 非大洋也. 安南・廣南兩燒夷船, 片帆不返, 非內河火攻乎? 餘姚之艘陷軟泥, 臺灣之艘擱淺礁, 皆人船幷獲. 其淺閣而我師不攻者, 定海郭士利之舟, 辛丑春議款, 夷兵退出定海, 郭士利三桅大舟陷淺, 旁有二舟救護, 兼雇遠近鄉民, 撥載二日始動. 粵東天字砲臺下之舟, 粵東款後, 夷兵退出, 大舟閣於砲臺, 粵民欲火之, 義律移文大吏, 出示禁止. 皆數日始能移動, 非明證乎? 邇者, 夷破吳淞後欲闖蘇州, 遣火輪舟測水至泖湖, 輪膠於水草而返, 又非岳湖故轍乎? 況火輪非戰艦, 不過哨探之用, 砲傷其一輪, 則全舟欹側, 不能行. 方火輪窺松江・窺餘姚・慈溪・窺揚州時, 其河橫不過三四丈, 深不過丈許, 有何浩瀚汪洋之處? 沈筏・沈舟・沈大樹皆可塞其走路, 火輪不能闖過, 稽延片時, 而兩岸伏兵・追兵, 伏砲・扛砲・火舟・火器齊發, 何難收岳王湖上之功? 乃不但戰艦不能制, 竝火輪杉板皆不能制, 且故危其詞, 如鬼神雷電, 例內河於大洋, 誣正史爲稗史, 悲夫! 悲夫!"

方夷寇初興, 人皆謂其僅長舟戰, 一登岸則無用. 及浙・粵屢北, 則又謂夷兵陸戰亦不可敵. 陸兵敗矣, 而所以致敗之由, 終未明於天下. 夫沙角砲臺之戰, 副將陳連升以兵六百當夷數千, 殲夷數百, 以無援救而敗. 大寶山之戰, 副將朱貴以兵六百, 當夷二千, 殲夷數百, 以無策應而敗. 三元里之戰, 以區區義兵, 圍夷酋, 斬夷帥, 殲夷兵, 以款後開網縱之而逸, 孰謂我兵陸戰之不如夷者? 至定海之守甚嚴, 戰甚力, 何亦敗陷? 其所以敗陷之由, 則亦至今未明於天下. 方夷寇之未逼定海也, 三鎭以兵五千, 往防堵善後, 首議修城. 其地三面環山, 前面瀕海, 城外二三里爲紅毛道頭, 市長里許. 三鎭議築外城, 包道頭街於城內, 左右抵山, 其三面則以山爲城. 有諍者曰: "天下無一面之城. 此海塘非外城也, 賊一翻山入, 卽在城內矣. 備多則力分, 山峻則守勞. 請前勿包埠, 左右勿倚山, 但環舊城再築外郛, 庶城足衛兵, 兵足守城." 而議者皆謂市埠不可棄, 且左右高山, 我兵踞高臨下, 仰攻不入. 時主兵者未渡海, 但據圖指揮, 遂從之. 嗚呼! 山雖高峻, 而外非峭壁, 徑路坡陀可上, 但知白日晴明之可守, 而不知晦冥風雨之難守也. 但知一二日之可守, 而不知旬久師疲之難守也. 夷兵攻城退後, 回舟安息, 我無舟師水勇以擾之. 而我兵則時時處處, 晝夜設防, 山高嶺峻, 寢食無所, 天下有此守城之法乎? 是秋夷艘至, 果乘大風雨晝夜攻擾. 至第五日, 乘我守疲, 兼値風逆, 遂以小舟渡兵, 撤舟死戰, 火氣炎上, 下擊無力, 遂登山入, 陷之. 嗚呼! 定海本不必守之地, 而所修築者, 又必不可守之城. 城陷久矣, 而所以致陷者, 終未明於天下. 不戒前車, 仍踵覆轍, 恐將來倒柄受敵者, 未有已也. 然則當如之何? 曰: 兵無常形, 地無定勢. 要之, 凡戰者必先謀敵之所以敗我至於六七, 竭智共攻, 其無可敗也, 乃可以行. 凡守者, 必先謀敵之所以攻我至於六七, 竭智共攻, 其無可入也, 乃可以守.

孰爲正? 孰爲奇? 節制紀律不可敗, 堅壁淸野不可犯, 正也. 出奇設伏, 多方誤敵, 使不可測, 奇也. 今禦外夷, 請先言外夷之兵法. 緬甸用兵, 遇強敵, 則專用大木樹柵, 爲不可拔, 有時守禦堅固, 雖英吉利軍亦爲所拒. 『四洲志』. 故李定國攻阿瓦都城之役, 其城三面環水. 緬於一面陸地, 復鑿爲湖, 而樹木城於其前, 出兵守之, 俄於木城外, 復立一木城, 亦出兵守之. 如此, 漸逼定國營, 始出兵大戰. 雖因象陣被傷反走, 而據柵爲固, 終不可敗. 劉健, 『庭聞錄』. 乾隆征緬之役, 緬守老官屯, 先據高坡堅立木柵, 柵外三壕, 壕外列鹿角. 官兵大砲・火箭・地雷百道攻之, 終不可拔. 此卽步步爲營, 以守爲戰之法. 暹羅軍柵亦然, 所謂正也. 英吉利康熙中以兵船由地中海攻俄羅斯, 俄羅斯斂兵, 縱其登岸, 而奇兵絶其歸路. 天大風雪, 英軍饑凍, 不戰自潰, 此一奇也. 佛蘭西, 嘉慶初合列國兵數十萬, 由陸地攻俄羅斯, 俄羅斯傾國遷避, 佛蘭西兵長驅入其國都. 俄羅斯兵乘大風雪夜, 潛回縱火, 佛蘭西兵焚凍死各半, 敗績而遁, 此二奇也. 準噶爾康熙中以兵三萬由色棱格河攻俄羅斯, 兩岸高山, 中通一峽, 深入六七百里, 不見一人. 準噶爾疑其設伏誘陷, 急班師遁去, 此三奇也. 俄羅斯之待強敵, 與安南之待英夷, 如出一轍. 夫緬甸·安南之待英軍, 豈皆有洋艘洋砲, 而一勝以陸兵之節制, 一勝以水戰之誘伏. 今師出無律, 是不知有正也. 臨出無謀, 是不知有奇也. 以無律無謀之兵, 卽盡得夷砲夷艘, 遂可大洋角逐乎? 不知自反, 而惟歸咎於船砲之不若, 是疾誤庸醫, 不咎方而咎藥材之無力也. 噫!

주석

1 아편전쟁: 원문은 '이변夷變'이다. 1840년 아편전쟁 이래로 외국 세력이 중국에 침입한 것을 가리키기도 한다.

2 정부: 원문은 '위악幃幄'이다. 군대용 장막이나 대궐에 쳐 둔 장막으로, 정부를 의미한다.

3 대책: 원문은 '벽획擘畫'이다.

4 우리가 하는 대로 따르는 것: 원문은 '범아치구範我馳驅'로, 이 말은 『맹자』「등문공滕文公」 하에 나온다. "내가 그를 위해 법도대로 말을 몰아 주면 종일토록 한 마리도 못 잡고, 그를 위해 법도에 어긋나게 몰아 준다면 아침에만도 열 마리를 잡게 할 수 있습니다(吾爲之範我馳驅, 終日不獲一, 爲之詭遇, 一朝而獲十)." 여기서 '치구馳驅'는 최선을 다해 말을 몬다는 의미이나, 후에는 마음대로란 의미로 사용되었다.

5 수군 민병: 원문은 '수용水勇'으로, 청나라 정부에서 아편전쟁 기간에 조직한 수군 민병을 말한다.

6 화주火舟: 화공 장비를 갖춘 전선을 가리킨다.

7 분통噴筒: 대나무 통에 화약을 넣고 심지에 불을 붙여 폭발시키는 무기이다.

8 용총줄: 원문은 '범삭帆索'으로, 마룻줄이라고도 한다. 돛대에 매어 놓은 줄로, 돛을 올렸다 내렸다 한다.

9 화선火船: 물 위에 떠 있는 적함 등을 공격하기 위해 짚이나 장작 등을 싣고 불을 붙여 바람을 이용해서 공격하는 배를 말한다.

10 삼선杉船: 바닥에 널을 댄 나무배를 말한다.

11 순풍: 원문은 '상풍上風'으로, 배가 가는 방향으로 부는 바람, 즉 적군

을 향해 부는 바람을 말한다. 『손자병법』「화공火攻」편을 보면, "바람이 적군을 향해 불 때, 즉 순풍이 불 때는 불을 질러야 하며, 아군 쪽으로 불 때, 즉 역풍이 불 때는 화공을 하지 않아야 한다(火發上風, 無攻下風)"라는 말이 있다. 나아가 순풍을 타면 유리한 고지를 차지하기 때문에 유리한 고지를 의미하기도 한다.

12 사선梭船: 청대 전투함의 일종이다. 청대 복건성 동안현東安縣 일대에서 사용되던 민간 해선이었으나, 가경·도광 연간 때 청나라 수군의 주력 전투함으로 사용되었다.

13 미정米艇: 청나라 광동성 동완현東莞縣 일대의 상선으로, 견고하고 빠르기로 유명했다. 큰 크기의 미정은 2,500섬, 중간이나 작은 크기의 미정은 2천 섬 혹은 1,500섬을 실을 수 있었다. 『경주부지瓊州府志』에 따르면 가경 4년(1799)에 광동의 수군들은 전투용 쾌속선인 간증선赶繒船과 전투함인 거선艍船이 선체가 무거워 미정만큼 빠르지 않다고 생각해 수군이 사용하는 배의 반 이상을 미정으로 바꾸었다.

14 정성공鄭成功: 자는 명엄明儼이며, 본명은 삼森, 일본 이름은 후쿠마쓰福松이다. 정성공(1624~1662)은 정지룡鄭芝龍과 히라도번의 무사 다가와 시치자에몬田川七左衛門의 딸 마쓰マッ 사이에서 태어났다. 아버지 정지룡과 함께 융무제隆武帝를 알현해서 명나라의 국성인 주朱성과 성공成功이라는 이름을 하사받아 국성야國姓爺라는 별칭으로도 유명하다(황제가 하사한 '주'성은 감히 사용하지 못하고 이름만 사용했다고 한다). 아버지 정지룡이 청조에 회유되어 투항했으나 정성공은 10개의 무역 회사를 차려 비단과 설탕 등을 무역하면서 반청 활동에 종사했다. 대만臺灣은 1624년 네덜란드에게 점령당한 이후로 계속 네덜란드에 저항해오던 참이었다. 이에 정성공은 대남臺南 부근의 안평安平에 세워진 프로방시아 요새를 함락시키고, 네덜란드 동인도 회사에서 보내온 지원군도 격파하며 고이에트의 네덜란드군을 대만에서 몰아냈다. 대만 점령 후 정성공은 원주민인 고산족과의 융화 정책을 실시하며 내정을 정비하다가, 1662년 6월 23일(음력 5월 8일) 39세의 나이로 돌연

사했다.

15 왕횡汪鋐: 자는 선지宣之, 호는 성재誠齋이며 휘주徽州 무원婺源 대판大畈 사람이다. 왕횡(1466~1536)은 관직 생활하는 30년 동안 17개의 관직을 거쳤으며, 명나라 때 유일하게 이부와 병부의 권력을 동시에 장악한 사람이다. 당시에 유일하게 '오랑캐를 배워 오랑캐를 물리친(師夷制夷)' 유일한 인물이다. 가정嘉定 초년에 포르투갈을 격파하고, 상대방의 부서진 전선戰船에서 불랑기(당시 중국에서는 외국에서 들어온 사람이나 물건을 모두 통칭해서 불랑기라 함), 즉 선포船砲를 발견한 뒤 이를 모방해서 만들게 해 중국에 퍼뜨린즉 중국 명대 화기 발전사상 일대 전환을 가져온 인물이다.

16 포르투갈: 원문은 '불랑기佛郎機'이다. 본서에서 말하는 '불랑기'는 스페인(西班牙)이기도 하며 또한 대부분은 프랑스(法國)를 지칭한다. 대개 명대의 서적과 『명사明史』에서 언급하고 있는 '불랑기'는 믈라카와 중국의 마카오를 점거한 포르투갈을 말하고, 루손제도를 점거한 불랑기는 스페인이다. 또한 위원이 『해국도지』 목차에서 쓰고 있는 베트남과 프랑스 등의 권에서 사용하고 있는 '불랑기'는 프랑스이다. '불랑기Frangi'란 단어는 본래 이슬람교도들이 유럽 사람들을 부르던 호칭이었으나, 위원이 Frank(法蘭克)로 오독하면서 유럽 사람들을 가리키는 말로 널리 사용되었다. 그러나 『명사』에서는 '불랑기'를 구체적으로 스페인을 지칭하기도 하고, 포르투갈을 지칭하기도 해 구분이 명확하지 않게 되었다. 1580~1640년까지의 60년 동안 스페인과 포르투갈이 합해져 '두 나라의 이름이 같아지면서' 구분이 적절치 않게 되었고, 반면에 기록하고 있는 많은 중요 사건들은 모두 그 60년 이전에 발생했기 때문이다. 위원은 본서에서 불충분한 논거로 『명사』가 불랑기를 스페인으로 보고 있는 것을 부정하고 있는데, 이것은 다시 말하면 그는 포르투갈을 불랑기로 보는 것에 동의한다는 것이다. 그런데 위원은 또 알레니가 『직방외기』에서 말하고 있는 불랑찰拂郎察이 곧 불랑기라고 하는 것에 대체적으로 찬성하면서 모두 프랑

스로 번역하고 있다. 결과적으로 또 새로운 '동명이국(포르투갈과 프랑스)'이 나오게 되었는데, 역시 명확하게 말하지 않고 있다. 『해국도지』를 편집하면서 인용한 『해록』에서는 프랑스를 불랑기로 칭하고 있고, 또한 '불랑기'로 적고 있다. 본서의 체재상 한계로 인해 『해국도지』에서 나오고 있는 많은 '불랑기'에 대해 상세하게 주를 달지는 못했다.

17 역풍: 원문은 '하풍下風'으로, 바람이 부는 쪽을 향하여 바람을 안고 가는, 즉 아군을 향해 부는 바람을 말한다.

18 수뢰水雷: 물속에서 발사되어 목표물에 부딪히면 폭발하도록 고안된 무기를 말한다.

19 안남국安南國: 지금의 베트남을 말한다. 베트남의 큰 지역명으로 쓰일 때는 대부분 지금의 베트남 북부, 즉 호앙선Hoàng Sơn 이북을 가리킨다. 당시 서양인들의 책에서는 베트남 북부인 통킹Tongking을 지칭하고 있다. 본서의 기초가 된 『사주지』에서도 통킹으로 번역하고 있다.

20 화관火罐: 구식 화기火器이다. 화기는 화약의 힘에 의하여 탄알이 발사되는 병기를 통틀어 이르는 말로, 화관 역시 화약을 장착해 폭발시키는 무기로 추정된다.

21 화두火斗: 구식 화기이다. 화약을 국자 모양의 용기 안에 넣어서 던져 폭발시켜 적을 살상하는 무기이다.

22 사회沙灰: 굴 껍데기를 불에 태워 만든 가루를 말한다.

23 한데 모아서 몰살시키지: 원문은 '취이섬전聚而殲旃'으로, 『좌전』 「양공襄公」 28년에 나온다. "착한 사람이 부유하면 하늘이 포상한 것이라고 하고, 무도한 자가 부유하면 재앙을 내린 것이라고 하오. 하늘이 장차 그에게 재앙을 내리기 위해 그의 족속을 모두 한군데에 모았다가 모조리 없애려고 하는 것이오(善人富謂之賞, 淫人富謂之殃. 天其殃之也, 其將聚而殲旃)."

24 하구: 원문은 '구문口門'으로, 강이 바다로 유입하는 입구, 즉 하구를 말한다.

25 삼원리三元里: 광주성廣州城 북쪽 부근의 작은 마을로, 1841년 5월 광주

성 사방에 포대를 설치한 영국군이 삼원리에 와서 재물을 약탈하고 아녀자를 겁탈하는 만행을 저질렀다. 이에 삼원리 인근의 마을 주민까지 합쳐 2만여 명이 집결해 평영단平英團이라는 깃발을 높이 들고 영국군에 대항하며 영국군을 죽이는 사건이 발생했다. 이 사건은 제1차 아편전쟁 때 영국군과 민간 무장 세력이 충돌한 첫 번째 사건이었으나, 결국 광주지부 여보순余保純에 의해 해산됐다.

26 송강부松江府: 원元나라 때 처음 설립된 지방행정구역으로, 상해 소주하蘇州河 이남을 가리킨다. 상해 문화의 뿌리가 시작된 곳이다.

27 우발尤渤: 우발(?~1852)은 감숙甘肅 무위武威 사람으로, 청말의 장수이다.

28 천: 원문은 '천千'이다. 광서 2년본에는 '십十'으로 되어 있으나, 악록서사본에 따라 고쳐 번역한다.

29 미리 … 부릴 수 없다: 이 문장은 『좌전』 「은공隱公」 5년에 보인다.

30 왕공은 … 지킨다: 이 문장은 『역경』 「감괘坎卦」에 보인다.

31 황포黃浦: 광서 2년본에는 '황포黃埔'로 되어 있으나, 악록서사본에 따라 고쳐 번역한다.

32 영국 군함: 원문은 '경鯨'이다.

33 석두石頭: 중국의 4대 고도古都 중 하나로, 줄여서 영寧이라고 하고, 옛날에는 금릉金陵, 건강建康이라고도 불렀다. 바로 남경을 가리킨다.

34 금산金山: 강소성 진강에 위치한 산으로, 초산, 북고산과 더불어 진강삼산鎭江三山 중 하나이다.

35 초산焦山: 강소성 진강에 위치한 산으로, 금산, 북고산과 더불어 진강삼산 중 하나이다. 초산은 예로부터 초산樵山·초산譙山·사자산獅子山·사암獅巖·쌍봉산雙峯山 등의 다양한 이름으로 불렸다. 『초산지焦山志』에 따르면, 송나라 진종眞宗이 병이 났는데, 오랫동안 낫지 않았다. 어느 날 밤 꿈에 한 노인이 진종이 머물고 있는 금란전金鑾殿으로 와서 자칭 동남쪽에 사는 은자 초광焦光이라며 진종에게 단약을 주어 치료하게 했다. 진종은 깜짝 놀라 꿈에서 깨어났는데, 병이 씻은 듯이 나았다. 진종은 급히 대신을 불러 그 이야기를 해 주었더니, 대신

이 초광은 한漢나라 말기의 뛰어난 인물로 장강의 초산에 은거하면서 안빈낙도했고, 세 번의 조정의 부름에도 벼슬길에 나가지 않고 청렴하게 살았다고 했다. 이에 진종은 조서를 내려 초광을 명응공明應公에 봉하고 봄가을로 그를 위한 제사를 올리게 했다. 이로부터 초산은 더욱 유명해졌다.

36 주산舟山: 절강성 동북부에 위치한, 1,390개의 섬이 있는 중국 최초의 해양 개발 특구로, 중국 연해 섬 중에서도 3번째로 큰 섬이다.

37 탕화湯和: 명나라의 개국공신으로, 자는 정신鼎臣이며, 호주濠州 종리鍾離 사람이다. 명나라가 들어선 후 천하에 전쟁을 할 일이 없어지자, 탕화(1326~1395)는 병권을 내놓고 고향에 돌아가 70세까지 살다 죽었다.

38 정해定海: 절강성 주산군도舟山群島의 중서부에 위치하고 있다.

39 강희康熙: 청나라 제4대 황제인 성조聖祖 애신각라현엽愛新覺羅玄燁(재위 1661~1722)의 연호이다.

40 의정왕대신회의議政王大臣會議: 청나라 초기 황제들의 자문기구로, 줄여서 의정처議政處 혹은 국의國議라 부르기도 했다. '의정왕대신'이라는 명칭은 1610년대에서 1620년대에 태조 누르하치가 만든 심의집단에서 나온 것으로, 1626년에 태종 숭덕제가 정식 기구로 만들고 1637년에 확대시켰다. 주로 만주족 고위관리들이 맡아 했으며, 순치제 때와 강희제 때 주요 군사 자문기구로 기능했다. 옹정제가 1720년대에 군기처를 설립함으로써 의정처는 유명무실해졌고, 1792년에 완전히 폐지되었다.

41 부도통副都統: 팔기제八旗制의 근간을 이루는 기旗 지휘관인 구사 어전固山額眞[gūsa ejen]의 부장副將. 부도통은 머이런 어전梅勒額眞[meiren i ejen], 머이런 장긴梅勒章京[meiren i janggin]의 한어 명칭이다. 만주, 몽골, 한인 팔기의 각 기를 이끄는 구사 어전의 아래에 좌우 한 명씩을 두었다. 이후에는 각지에 행정을 관할하는 장군將軍이 파견된 경우, 부도통을 두어 군사 업무를 관장하게 했다. 부도통은 일반적으로 정2품 관원으로 장군의 통제를 받았다. 팔기제로 잘 알려진 후금(청)의 군제는

평시의 생활과도 밀접한 연관을 지닌 공동체 조직으로 구성되었다. 각 기, 즉 구사는 깃발과 테두리에 두른 색의 차이로 구분했다. 가장 상위의 기에서부터 아래의 니루牛彔[niru]에 이르기까지 수직적인 편제를 가지고 있었다. 청의 세력이 확대되는 과정에서 각 구사의 지휘관인 도통 외에도 그를 보좌할 관원이 필요해지면서 머이런 어전이라는 관직을 두게 된다. 부도통이라는 관제는 만주식 제도를 한식 제도로 고치는 과정에서 만들어졌다. 이렇게 체계화된 계통을 수립함으로써 만주족은 몽골, 한인 등 다양한 종족으로 구성된 조직을 통제할 수 있었다.

42 백 리 앞까지 내다본 자: 원문은 '첨언백리瞻言百里'이다. 『시경』「대아·탕지십蕩之什·상유桑柔」에 나오는 말로, "이러한 성인께서는 백 리 앞까지도 바라보시나(維此聖人, 瞻言百里)"가 있다.

43 숭명崇明: 숭명구는 중국 상해시에 속해 있으며 장강으로 들어가는 하구에 위치해 있다. 숭명구는 지세가 평탄하고, 숭명, 장흥長興, 횡사橫沙로 이루어져 있으며 총면적은 사방 1,411리이다. 그중 숭명섬은 세계 최대의 충적섬으로 서기 618년 당唐나라 무덕武德 원년(618)에 해면으로부터 모습을 나타내기 시작하여 장강으로부터 흘러나온 토사가 쌓여 지금의 숭명섬이 생겨났다.

44 초보산招寶山: 영파시 10대 경관 중의 하나로, 진해의 요충지이자, 용강의 목, 해방의 요충지로, '절동의 문호(浙東門戶)'라 불리었다.

45 첨사취尖沙嘴: 사마두尖沙頭, 향보두香埗頭라고도 한다. 첨사취는 구룡반도의 남북으로 뻗어 있는 네이던 로드의 남쪽에 위치하고 있으며, 구룡반도의 최대 번화가이자 중심부로서 빅토리아항을 끼고 있어 홍콩 야경을 감상할 수 있는 최고의 지역이다.

46 군대로裙帶路: 홍콩 황후대도皇后大道 서편에 위치하고 있으며, 지세가 높고 인구가 적었다. 이 지역은 빅토리아 항구에 인접하고 있어 영국이 일찍 이곳에 항구도시를 건설했다.

47 호문虎門: 광동성 동완시東莞市 서남부, 주강의 동쪽 기슭에 위치한 진

鎭이다. 아편전쟁 당시 임칙서는 이곳 호문에 포대를 설치해서 영국과의 전쟁에 대비했으며, 현재 아편전쟁 박물관이 있다.

48 사각沙角 포대: 청나라 가경 5년(1800)에 세워진 포대이다. 호문진 외관에 위치한 포대로서, 사각 포대는 호문해구의 첫 번째 방어선이자 광동해 제1의 문호였다. 지금은 관광명소로 알려져 있다.

49 대각大角 포대: 호문진 외곽에 위치한 포대로서 호문해구의 첫 번째 방어선이었다.

50 추가하면: 원문은 '진왈進曰'이다. 광서 2년본에는 '왈曰'이 '일日'로 되어 있으나, 악록서사본에 따라 고쳐 번역한다.

51 고랑서鼓浪嶼: 하문시에 있는 섬이다. 섬의 면적은 2㎢이고 2만 명 정도가 살고 있다. 하문에서 페리를 통해 5분 정도면 도착할 수 있다. 아편전쟁 후 1842년에 체결된 남경조약으로 하문이 개방되면서 고랑서에도 서양인이 살기 시작했다. 식민지 시대에 중국에서 유일한 피아노 박물관이 있었기 때문에, '피아노 섬(鋼琴之鄕)'이라 불린다.

52 내항內港: 바다가 자연적인 지형이나 방파제에 의해 나누어질 경우 바깥의 바다 쪽을 외항이라 하며, 육지 쪽을 내항이라 한다.

53 화구火具: 화공에 쓰는 병기兵器를 말한다.

54 보산성寶山城: 당나라 때부터 남송 가정嘉定 10년(1217)까지는 모두 곤산현昆山縣에 속해 있다가 그 뒤로 곤산현에서 분리되어 가정현嘉定縣이 되었다. 남송에서 청나라 옹정제 때 가정현에 속해 있다가 옹정 2년(1724)에 보산현寶山縣이 되었다. 산의 이름을 딴 보산구寶山區는 상해 북부에 위치하고 있으며 육지와 섬 두 부분으로 나뉜다. 황포강과 장강이 만나는 곳이기도 한 이곳은 중국의 유명한 항해가인 정화鄭和에 의해 해상 실크로드가 개척된 곳이다.

55 이성동李成棟: 자는 정정廷楨, 호는 호자虎子이며 섬서성 영하寧夏 사람으로, 명말 청초의 군벌이다. 이성동(?~1649)은 젊은 시절 농민기의에 참가했다가 후에 고걸高傑을 따라 명나라에 항복하고 총병總兵까지 지냈다. 홍광弘光 원년(1645)에 부대를 이끌고 청나라에 항복했고, 청군

을 따라 강남·복건·광동을 쳤다. 그러나 청 정부에서 제독 벼슬을 내리자 크게 실망했으며 후에 왕득인王得仁이 남창南昌에서 반청 운동을 벌이자 이에 호응했으나, 영력永曆 3년(1649)에 청군에게 포위당하자 물에 빠져 죽었다.

56 강만江灣: 강서성江西省 무원현婺源縣에 위치한 진이다. 당나라 초에 등씨滕氏·섭씨葉氏·포씨鮑氏·대씨戴氏 등이 모이면서 형성된 촌락으로, 지금은 국가급 문화생태여유구로 지정되었다.

57 나점羅店: 보산구 서북부에 위치한 진이다. 청나라 강희 연간에는 가정현의 최대 진이 되었고, 강소성 소주부蘇州府 가정현에 속한다.

58 직고하直沽河: 중국 화북華北 지구 최대의 지류로, 천진에 위치한다.

59 사홍沙洪: 홍구虹口를 말한다. 홍구는 역사상 크고 작은 하천 50여 개가 흐르던 곳으로, 홍구항虹口港도 주요 하천 중 하나에 세워진 항구였고 과거에는 사홍이라 불렸다. 사홍과 홍구항이 만나는 곳을 홍구洪口라고 불렀는데, 나중에 표기가 발음이 같은 홍구虹口로 바뀌었다.

60 감산龕山: 감산坎山이라고도 한다. 이 산은 진동鎭東 자락에 위치해 있는데, 산의 모양이 감실과 비슷하게 생긴 데서 감산이라 부르게 되었다.

61 자산赭山: 산 이름이다. 흙과 돌이 붉은 색깔을 띠기 때문에 자산이라 부르게 되었다. 절강성 소산蕭山 동북쪽에 위치하며, 전당강錢塘江을 사이에 두고 감산과 마주 보고 있다.

62 아비취鵝鼻嘴: 강소성 강음시에 위치하고, 산세가 구불구불하며 백조의 코처럼 생긴 데서 아비취라 부르게 되었다.

63 장명진張名振: 자는 후복侯服이고, 한족으로 명나라 남직례南直隸 응천부應天府 강녕현江寧縣 사람이다. 장명진(?~1654)은 홍광弘光 원년(1645)에 복왕福王이 사로잡히자 의병을 모집해 복명復明하려고 했다. 장황언張煌言 등과 함께 감국노왕監國魯王을 옹립하고 후에 복건 금문金門에서 주산으로 돌아왔다. 후에 주산이 청군에게 함락당하자 다시 노왕을 받들고 정성공에게 갔다. 영력 8년 정성공이 주산을 수복하려 할 때

군중에서 죽었다.

64 회장回腸: 소장小腸의 일부로 굴곡이 심한 부분을 말한다.

65 수서문水西門: 명대에는 삼산문三山門이라 불리었다. 옛날 남경성의 수로를 드나드는 중요 길목으로, 진회구秦淮區에 속했다.

66 과주瓜洲: 강소성 양주시揚州市의 역사 문화 도시로, 건너편 해안에 있는 진강의 서진도西津渡와 마찬가지로 고대 해상 운송의 교통 요충지이다.

67 중갑中閘: 강소성 양주시 강도구江都區 대교진大橋鎭을 말한다.

68 의징儀徵: 의징은 바로 고진주古眞州이다. 지금의 강소성 중남부에 위치하며, 대운하가 이곳에서 강으로 들어간다.

69 폭탄: 원문은 '화구火球'이다. 중국 고대 전쟁터에서 사용했던 둥근 모양의 던져서 폭발시키는 화기로, 지금의 폭탄과 비슷하다.

70 석유: 원문은 '기유奇油'이다.

71 군흥방도국軍興防堵局: 군수 물자를 조달하는 군수 기관으로 추정한다.

72 양화봉梁化鳳: 자는 충천翀天이고 호는 풍원灃源이며 서안부西安府 장안현長安縣 사람으로, 청대의 장군이다. 양화봉(1621~1671)은 순치 3년(1646) 무진사武進士로 입사해서 후에 반청 토벌단을 격파한 공로를 인정받아 후에 절강 영파의 부장이 되었다. 후에 명나라를 다시 일으켜 세우기 위하여 정성공이 10만 명이 넘는 군사들로 이루어진 대함대를 이끌고 남경을 포위했을 때 양화봉은 총독으로서 기병 정에 부대를 이끌고 남경의 성문 중 신책문神策門을 뚫고 정성공의 군대를 기습해 승리를 이끌었다. 이에 대한 공을 인정받아 소송제독蘇松提督, 태자태보太子太保, 좌도독左都督 등을 거쳐 강남제독에 임명되었다.

73 찰선札船: 삿대를 저어 운행하는 배를 말한다.

74 헨리 스미스Henry Smith: 원문은 '사밀士密'이다. 헨리 스미스(1803~1887)는 아편전쟁 당시 영국 해군 장교로서, 볼라지호HMS Volage의 선장으로 활약했다.

75 마카오Macau: 원문은 '오문澳門'이다.

76 양서穰西: 『해국도지』 권82에 따르면 천비해전穿鼻海戰 때 영국 함선 히야신스호HMS Hyacinth를 지휘했던 선장으로 추정된다.

77 민양閩洋: 양광총독 장지동張之洞이 해군을 북양北洋, 남양南洋, 민양, 월양粤洋의 4지枝로 나누고, 지마다 해군 장령 1인을 배치해야 한다고 주장했는데, 민양은 그 가운데 하나다.

78 남오南澳: 남오는 광동, 복건, 절강의 경계가 맞닿은 바다에 위치하며, 37개의 크고 작은 섬으로 이루어져 있어, 고금 이래 동남쪽 연해-통상의 중간 지점이 되고 있다. 남오도는 아열대 지역에 속하며 북회귀선을 가로지르는 지점에 위치해 있어 겨울에는 따뜻하고 여름에는 시원한 전형적 해양성 기후 특성을 보인다. 이곳에는 동방의 하와이라고 불리는 청오만青澳灣, 아시아 최대 규모의 풍력발전소, 유구한 역사를 가진 총병부總兵府, 남송고정南宋古井 등이 있다.

79 한세충韓世忠: 자는 양신良臣으로 섬서성 연안延安 사람이다. 남송 때 방랍의 난을 진압하고, 금에 대항한 명장이다. 한세충(1089~1151)은 악비, 유기劉錡 등과 함께 금군의 침입을 막아 송조宋朝의 명맥을 유지하고 빼앗긴 영토를 회복하려고 힘쓴 무장이다.

80 황천탕黃天蕩: 장강 하류로, 강소성 남경시 동북쪽에 위치한다. 송나라 고종 건염建炎 4년(1130)에 한세충이 이곳에서 올출을 물리쳤다.

81 한세충은 … 만났는데: 한세충의 가장 뛰어난 공적은 황천탕 전투이다. 그 당시 북방에서는 여진족女眞族 완안씨完顔氏가 통치하는 금나라가 번성하면서 송나라는 남쪽으로 내려가 금에게 빼앗긴 국토를 회복하기를 염원했는데, 한세충은 이때부터 17년에 걸쳐 금군과 싸웠다. 이 싸움을 통해 그는 수많은 공을 세우게 된다. 완안종필이 이끄는 금군은 각지에서 송군을 격파하면서 남하하여 결국 장강을 건너 임안부를 공격했고, 그 결과 금군은 보기 드문 전과를 내어 의기양양하게 북쪽으로 되돌아갔다. 그 귀로를 저지하고자 기다린 것이 한세충이 인솔한 한가군韓家軍 8천 명이었다. 한가군은 도강하려던 금군을 황천탕에서 기다리고 있었다. 한세충은 부하들을 시켜 물속에 많

은 쇠사슬을 두르게 했다. 금나라 군사가 탄 배는 차례차례 쇠사슬에 의해 침몰했다. 이에 완안종필이 한세충에게 화해를 청했으나, 거절당하고 결국 필사의 탈출을 도모하게 되었다. 그는 바람이 없는 날을 선택해 불화살로 한가군의 배를 공격했다. 무풍에서는 범선이 움직일 수 없다는 것을 예측한 것이다. 그 기회를 타고 포위망으로부터 빠져나가려는 완안종필을 한세충이 필사적으로 추격했지만, 실패했다.

82 올출兀朮: 완안종필完顔宗弼(?~1148)이다. 본명은 알철斡啜, 올출, 알출斡出, 혹은 황알출晃斡出이라고도 하는데, 금나라 태조太祖, 즉 아골타의 넷째 아들이다.

83 흙을 싣고 널빤지를 깔고: 원문은 '재토포판載土鋪板'이다. 『금사金史』에 따르면 완안종필은 복건 사람 왕王 아무개의 계책에 따라 가벼운 배가 풍랑에 휩쓸리지 않고, 한가군의 갈고리에 걸리지 않게 배에 흙을 싣고 그 위에 널빤지를 깔아 한가군의 포위망을 빠져나갔다.

84 적벽대전赤壁大戰: 중국의 삼국 시대, 통일을 목표로 세력을 계속 팽창하던 조조曹操에, 손권孫權과 유비劉備가 연합해 대항하여 양자강에서 벌어진 큰 전투를 말한다. 북방을 평정한 조조는 천하 통일 대업을 이룩하고자 형주와 강동으로 진격한다. 조조가 형주에 도착했을 때 형주의 유종劉琮은 조조의 대군에게 겁을 먹고 투항했다. 이에 다급해진 유비는 남쪽으로 도망쳐 손권과 연합한다. 조조의 선발군과 손권-유비 연합군은 적벽 부근에서 각각 진을 친다. 연합군의 황개黃蓋는 조조군의 함선이 하나로 묶여 있다는 점을 파악하고 조조에게 거짓 투항한 뒤 조조의 함대에 불을 붙였다. 이로써 조조군의 함대는 순식간에 불길에 휩싸여 연합군에 대패했다.

85 파양호鄱陽湖 전투: 1363년, 중국 파양호에서 주원장朱元璋이 이끄는 군대와 진우량陳友諒의 군대가 맞붙은 전투를 말한다. 이 전투의 승리로 주원장은 중국 최강자의 자리에 가까워지게 되었고, 진우량은 완전히 몰락했으며, 진우량이 몰락한 시점에는 또 다른 군웅인 장사성張

士誠 역시 주원장의 상대가 될 수 없었다. 파양호 전투는 중국 역사에서는 매우 보기 드물게, 당대 최강의 군웅들이 모든 전력을 걸고 수군水軍을 동원해서 겨룬 전투이다. 또한 이 전투에서 화포가 사용되면서 수전과 해상전의 양상이 크게 바뀌게 되었다.

86 가경嘉慶: 청나라 제7대 황제인 인종仁宗 애신각라옹염愛新覺羅顒琰(재위 1796~1820)의 연호이다.

87 정비艇匪: 본서 권13에 수록된 『해도일지海島逸志』에 따르면, 순다열도 중 카리문자와제도Kepulauan Karimunjawa와 링가섬Pulau Lingga에 살고 있는 말레이족으로, 중국 내지에서는 이들을 '정비'라고 불렀다. 이들은 특히 복건과 광동에 자주 출몰해 그 지역의 골칫거리였다.

88 응우옌꽝빈Nguyễn Quang Bình: 원문은 '완광평阮光平'이다. 본명은 응우옌후에阮惠이다. 떠이선西山 왕조의 제2대 황제로 꽝쭝光中이란 연호를 사용해 꽝쭝제라고 일컬어진다. 레 왕조黎王朝 응우옌씨의 폭정이 심화되자 1771년 반란을 일으켜 떠이선 왕조를 수립했다. 이후 꽝남 응우옌씨의 잔당과 태국 연합군 및 청나라군을 잇달아 격파하는 데 성공해 베트남의 민족 영웅으로 칭송받고 있다.

89 오조선烏艚船: 복선福船의 일종이다. 복선은 복건성 연해에서 건조된 선박으로, 선수가 뾰족하고 선미가 넓으며, 선미의 형태가 말발굽 모양이다. 복선은 대외무역에 상선으로 사용되었으며, 전선戰船으로도 많이 사용되었다. 그중 가장 유명한 것은 대복선大福船, 초선哨船(草船이라고도 함), 동선冬船, 해창선海滄船, 쾌선快船 등이 있다. 이 가운데 쾌선이 바로 오조선으로 개랑선開浪船이라고도 한다. 선체와 선미가 모두 검정색으로 칠해져 있기 때문에 '오미선烏尾船', '오선烏船'이라고도 하며, 본래는 광동성 동완현에서 제작되었던 배로, 유창목鐵梨木을 이용해 건조했는데, 목재가 매우 단단하고 무거워서 배의 수명이 적게는 40년, 길게는 70년까지였다고 한다. 그러나 당시에는 송삼목松杉木으로 배를 만들었는데, 그 수명이 5년에서 10년 정도였으며, 16세기 포르투갈 상인들이 특히 이 배를 두려워했다고 한다.

90 태풍: 원문은 '구颶'로, 대서양 서부와 서인도군도 일대에서 발생하는 태풍, 선풍, 허리케인 등을 말한다.

91 쾌해정快蟹艇: 쾌해정은 19세기 중엽 특히 아편전쟁 전후 중국 남방 수역에서 널리 사용되었던 쾌속 전선이다. 선체가 좁고 길며 좌우 현으로 각각 삿대 수십 개를 설치해 두었는데, 배가 움직일 때 게가 다리를 펼치고 움직이는 것 같아 쾌해정이라 불리게 되었다.

92 오공정蜈蚣艇: 청대 관선官船의 하나로, 장정槳艇이라 불리기도 한다. 관선은 명대 이래 흑루선黑樓船 혹은 대관좌선大官座船이라 불리었고, 청대의 병선으로는 미정 · 장정 · 쾌마快馬 · 쾌해정 등이 있다. 대관좌선은 명대 이래로 광동 지역의 고관들이 타던 배이고, 미정은 쌀을 운반하던 배이다. 장정은 오공쾌정蜈蚣快艇 · 오공예정蜈蚣銳艇이라고 하는데, 수군들이 도적을 잡거나 순찰을 돌 때 사용하던 배이다.

93 누선樓船: 『삼국지사전』에 따르면, 누대樓臺가 있는 대형 전투선을 누선이라 한다. 높이는 수십 길이고 몇 개의 층으로 나뉜다. 층마다 바깥에 석 자 높이로 여장女墻을 설치했고, 여장에는 화살 쏘는 구멍을 만들었다. 누대 사방에는 온통 질기고 강한 목재를 대거나 날가죽을 덮어씌워 보호대를 만들었다. 양쪽 뱃전에는 약간의 노를 밖으로 내놓았으며, 배 꼭대기에는 돛을 달았다.

94 수서군水犀軍: 코뿔소의 갑옷을 입은 수군을 말하나, 뒷날에는 주로 수상 정예 부대를 가리키는 말로 사용되었다.

95 푸르엉강Sông Phú Lương: 원문은 '부량강富良江'으로, 지금의 베트남 하노이 부근의 홍강Hồng Hà 주류를 가리킨다.

96 호이안Hôi An: 원문은 '광남항廣南港'으로, 지금의 꽝남Quảng Nam의 호이안을 말한다.

97 장주漳州: 복건성 동남부에 위치한 장주부漳州府이다. 수로가 발달해 복건 지역 상업과 사상의 중심지 역할을 했다.

98 천주: 복건성 남동부의 항구도시로, 천주만에 위치한다. 송 · 원대에 걸쳐 중국 최대의 무역항으로서 번영했지만, 복주와 하문 개항 후에

는 급속하게 쇠퇴했다.

99 당순지唐順之: 강소성 상주常州 무진武進으로, 자는 응덕應德, 호는 형천荊川이다. 당순지(1507~1560)는 가정 8년(1529) 진사에 급제, 한림원翰林院 편수編修에 임명되어 역대 실록의 교정을 담당했다. 편수로 있을 때 상관과 자주 충돌하여 결국 벼슬을 버리고 낙향하여 교육과 연구에 힘을 기울였다. 그 후 왜구의 노략질이 심해지자 다시 관직에 올라 호종헌胡宗憲과 함께 왜구 방어에 주력했다.

100 유대유俞大猷: 자는 지보志輔, 호는 허강虛江이며, 복건성 천주부 사람이다. 가정 14년(1535) 무과에 급제했다. 유대유(1503~1579)는 일생을 왜구 토벌에 힘써 혁혁한 전공을 세웠다. 왜구들은 그가 이끄는 유가군俞家軍을 보기만 해도 놀라 달아났다고 한다. 당시 척계광과 함께 '유룡척호俞龍戚虎'라 불렸다.

101 과선戈船: 전쟁을 할 때 적이 배에 기어오르지 못하도록 뱃전에 단창短槍 또는 단검을 꽂아 만든 고대 군선軍船의 하나이다.

102 사막: 원문은 '대적大磧'이다.

103 경포輕砲: 통상 구경이 9㎝ 이하의 대포를 말한다.

104 진련승陳連升: 호북성湖北省 출신으로, 젊은 시절 종군했다. 가경 연간에 학봉주鶴峰州 청군의 천총千總에 임명되고, 후에 보강영保康營 수비守備가 되었다. 진련승(1775~1841)은 도광 연간에 광서좌강진도사廣西左江鎮都司와 광동연양영유격廣東連陽營遊擊에 임명되고, 도광 19년(1839)에 관용官湧에서 영국 군함이 침략했을 때 공을 세워 광동성삼강구부장廣東省三江口副將으로 승진했다.

105 성이 … 못해서이다: 이 문장은 『맹자』「공손추公孫丑」하에 나오는 말이다. 인화人和를 얻는 정도에 따른 정치의 위력을 잘 설명한 글이다. 다만 '무기의 예리함이 사람의 화합만 못해서이다'는 원래 '지리적 우세가 사람의 화합만 못해서이다(地利不如人和)'로 되어 있다.

106 총병 갈운비葛雲飛: 원문은 '갈총병葛總兵'이다. 갈운비(1789~1841)는 청나라 절강 산음山陰 사람이다. 자는 우전雨田 또는 붕기鵬起이다. 도광

3년(1823) 무진사가 되고, 수비에 임명되었다. 정해진총병定海鎭總兵까지 올랐다. 아편전쟁 때 정국홍鄭國鴻, 왕석붕王錫鵬과 함께 정해를 지키면서 6일 밤낮 동안 혈전을 벌이다가 전사했다.

107 진화성陳化成: 진화성(1776~1842)은 복건 동안현 사람으로, 청나라의 무장이다. 아편전쟁 때 사망하여 민족 영웅으로 추대되고 있다.

108 소사배小沙背: 보산구 내에 위치한다.

109 산포山砲: 산악전을 비롯해 바퀴 수송이 불가능한 환경에서의 사용을 염두에 두고 만든 대포로, 쉽게 분해 가능해 대포를 분해해서 운반했다.

110 기병奇兵: 적을 기습하는 군대를 말한다.

111 포안砲眼: 성벽 · 군함 · 보루 따위에서 대포를 쏘려고 만들어 놓은 구멍을 말한다. 일반적으로 포대에 포안을 설치하여 필요시에만 포구를 내밀어 사격할 수 있도록 만든 것, 높게 쌓아 올려서 그 위에 노출된 포를 설치하도록 만들어 놓은 것, 또는 포탑을 설치해서 그 안에 포를 장치해 놓은 것 등이 있다.

112 갑판: 원문은 '선면船面'이다.

113 자계慈溪: 절강성 영파부 소속의 현 이름이다.

114 미얀마Myanmar: 원문은 '면전緬甸'이다.

115 주유周瑜: 원문은 '주랑周郞'으로, 주유를 말한다.

116 주유가 … 화공: 원문은 '강상지화江上之火'로, 적벽대전에서 주유가 사용한 화공전을 말한다. 적벽대전 중 주유는 조조군에게 화공을 가하기로 결정하지만, 갑자기 풍향이 맞지 않을 것이라는 생각이 떠오른다. 그는 자신도 모르게 정신이 혼란하고 마음이 답답해져 병을 핑계로 드러눕고 만다. 문병을 간 제갈량이 종이와 붓을 달라고 한 다음 열여섯 글자를 적어 발병 원인에 대해 "조조를 깨뜨리려면 마땅히 화공을 써야 하리. 만사가 구비되었으나 오직 동풍이 빠졌구나(欲破曹公, 宜用火攻, 萬事俱備, 只欠東風)"라 지적한다. 속마음을 간파당한 주유는 제갈량에게 해결 방법을 청했는데, 동오군이 총공격을 개시하기

전에 과연 동남풍이 크게 불었다. 여기서는 바로 이 사건을 말한다.

117 악왕鄂王: 송나라의 악비가 억울하게 죽은 뒤에 송나라 효종孝宗은 조서를 내려 그를 복직시키고 영종寧宗은 가정 4년(1211)에 악비를 악왕으로 추증했다.

118 악왕鄂王이 … 물리쳤던 일: 남송 때의 명장 악비, 즉 악왕은 양요가 동정호에서 반란을 일으켰을 때 양요 진압 임무를 맡았다. 그런데 양요의 군대는 수전에 능한 반면 악왕의 군대는 태반이 서북 사람들이어서 수전에 익숙지 않았다. 또한 양요가 탄 배는 높이가 10길이나 되고 차륜 장치가 부착돼 다른 배보다 몇 배나 빨랐으며, 뱃머리에는 말뚝 같은 장치가 있어 거기에 부딪히기만 해도 다른 배들은 부서지고 말았다. 이에 관군들이 양요를 칠 엄두를 내지 못하자, 악왕은 커다란 나무를 베어 항만을 막게 하고 군사들을 상류로 보내 고목과 잡초들을 대량으로 떠내려 보내게 했다. 또한 욕 잘하는 군사들을 물가에 배치해 양요가 얕은 곳으로 나오면 마구 욕을 해대게 시켰다. 과연 양요는 병사들의 욕지거리에 화가 나 물이 얕은 것도 살피지 못하고 마구 쫓아왔다. 그러다 끝내 고목과 수초에 걸려 옴짝달싹할 수 없는 지경에 이르자 양요는 물에 뛰어들어 달아나다 붙잡혀 참수되고 말았다. 여기서는 바로 이 사건을 말한다.

119 성가퀴: 원문은 '여장女牆'으로, 몸을 숨기고 적을 공격하기 위해 만든 성 위에 덧쌓은 낮은 담, 즉 성가퀴를 말한다.

120 갑판: 원문은 '창면艙面'이다.

121 악왕岳王: 악왕鄂王으로 추증된 송나라의 명장 악비를 달리 이르는 말이다.

122 여요餘姚: 절강성 소흥부紹興府 소속의 현 이름이다.

123 암초: 원문은 '천초淺礁'이다.

124 카를 귀츨라프Karl Gützlaff: 원문은 '곽사리郭士利'로, 곽사립郭士立, 곽실랍郭實臘이라고도 한다. 귀츨라프(1803~1851)는 19세기의 독일 선교사이자 의사, 외교관, 번역가로, 중국에서 선교 활동에 종사하며 성경

번역에 힘썼다. 7회에 걸처 정해, 영파, 상해, 진강 등 중국 연안에 입항해 아편 무역을 주장했고, 아편전쟁에 참여했다. 아편전쟁 전후로 서양 학문을 중국에 전해 준 인물 중 한 명으로, 『만국지리전도집』, 『중국간사中國簡史』 등의 저서가 있다.

125 삼외대주三桅大舟: 바크(barque, barc, bark)로, 세 개 이상의 돛대가 있으며 앞 돛대는 가로돛, 뒤의 돛대는 세로돛을 단 범선이다. 스페인과 포르투갈 조선사들이 주류 운송선과 쾌속 범선을 결합시켜 만든 배로, 65도 이내의 풍력만 있으면 운행 가능하고 대량의 생활 필수품을 적재해 몇 달 동안 운행할 수 있고, 심지어 지구 항해도 가능하다.

126 찰스 엘리엇Charles Elliot: 원문은 '의율義律'로, 바로 사리의율查理義律이다. 엘리엇(1801~1875)은 영국의 외교관으로서 대청 무역의 전권을 지닌 상무총감으로 근무했으며, 1841년 홍콩의 초대 행정관을 역임해 영국 식민지로서 홍콩을 건설한 인물이다.

127 묘호泖湖: 강소성 송강부 화정현華亭縣에 있는 호수 이름이다.

128 주귀朱貴: 주귀(1778~1842)는 감숙 하주河州 사람으로, 아편전쟁 때 영국과 싸우다 전사한 무장이다.

129 대응책: 원문은 '책응策應'으로, 벌어진 일이나 사태에 대하여 알맞게 헤아려 대응함을 이른다.

130 앞 수레를 … 있으니: 이 이야기는 '전거복철'에서 가져왔다. 『한서』 「가의전賈誼傳」, 『설원』 「선설善說」, 『후한서』 「두무전竇武傳」에 따르면 전한 5대 황제인 문제文帝 때 가의는 문제의 잘못된 정치적 결정에 상소를 올렸는데, 다음 구절이 있다. "속담에 '앞 수레의 엎어진 수레바퀴(前車覆轍)'는 '뒤 수레를 위한 교훈(後車之戒)'이란 말이 있사옵니다. 전 왕조인 진秦나라가 일찍 멸망한 까닭은 잘 알려진 일입니다. 만약 진나라가 범한 과오를 버리지 않는다면 똑같은 결과를 얻게 될 뿐입니다. 국가의 존망, 성쇠의 열쇠가 여기에 있사옵니다(鄙諺曰, … '前車覆, 後車誡.' … 秦世之所以亟絶者, 其轍跡可見也. 然而不避, 是後車又將覆也. 夫存亡之變, 治亂之機, 其要在是矣)." 이 글을 읽은 문제는 이후 국정에 새로운 바람을 일으

켜 태평성대를 이루었다.

131 칼자루를 거꾸로 쥐고 적에게 주는 자: 원문은 '도병倒柄'으로, 도지태아倒持太阿에서 나온 말이다. 태아太阿는 보검寶劍의 이름이며, 『삼국지三國志』「위지魏志 · 왕찬전王粲傳」에 따르면 "칼을 거꾸로 잡고 칼자루를 남에게 준다(倒持干戈, 授人以柄)"라는 구절이 나오는데, 바로 남을 이롭게 해 주고 오히려 자기自己가 해를 입는 것을 이르는 말이다.

132 성벽을 굳게 하고 들을 깨끗이 정리하면: 원문은 '견벽청야堅壁淸野'이다. 『삼국지』「순욱전荀彧傳」에 따르면, 조조가 연주兗州에 주둔하면서 그 일대에 진을 치고 있는 여포呂布를 공격했으나, 여포가 싸움을 피하고 지구전으로 맞서자 조조는 마음이 급해졌다. 이때 서주목사徐州牧使 도겸陶謙이 죽었다는 소식이 들려오자, 조조는 계획을 바꾸어 서주를 빼앗기 위해 군사를 돌리려 했다. 그러자 참모 순욱荀彧이 이를 말리며 "지금은 보리 수확기이기 때문에 모두 수확을 마치고 성벽을 튼튼히 하고 들판을 깨끗하게 정리하여 장군을 기다리고 있을 것입니다. 장군이 공격해서 빼앗지 못하고 얻는 것도 없으면 열흘도 되지 않아 우리 십만 군사들은 싸우지 않고도 무너지고 말 것입니다(東方皆以收麥, 必堅壁淸野以待將軍. 將軍攻之不拔, 略之無獲, 不出十日, 則十萬之衆未戰而自困耳)"라고 했다. '견벽청야'는 바로 여기서 나온 말로, 우세한 상대에게 기회나 빌미를 주지 않는 것을 의미한다.

133 이정국李定國: 이정국(1620~1662)은 명말 청초 시기 섬서陝西 유림楡林 사람으로, 자는 홍원鴻遠 · 영우寧宇이며 호는 순일純一이다. 농민군 혁명 가담자이자 남명南明의 장군 겸 정치가이다.

134 아바Ava: 원문은 '아와阿瓦'이며, 지금의 미얀마 아바를 가리킨다. 아바는 잉와(Inwa, Innwa)라고도 표기한다. 미얀마 만달레이구Mandalay의 도시로, 이라와디강Irrawaddy River 가의 아마라푸라Amarapura 남쪽에 위치해 있다. 잉와는 버마어로 '호수의 입구'를 뜻한다.

135 유건劉健: 유건(1742~1827)은 청대 관리로 자는 천일天一이고 호는 낭거朗渠 · 송재松齋라고도 하며, 귀주貴州 광순廣順 사람이다.

136 『정문록庭聞錄』: 유건의 저서로 역사전기歷史傳記에 속하며 전체 6권으로 이루어져 있다. 청대에 유일하게 오삼계吳三桂(1612~1678)의 영웅적 활약상과 미인 진원원陳圓圓과의 사랑을 다루고 있는 책이다. 아울러 오삼계와 이자성李自成의 은원 관계도 다루고 있으며, 그가 결국에는 청淸에 투항하여 이자성과 장헌충張獻忠을 진압하고, 멀리 미얀마와 태국까지 따라가서 명나라 황실의 후예를 죽이며, 마침내는 청나라도 배반한다는 내용을 담고 있다. 명대 후기를 조명하는 진귀한 사료로 그 내용이 상세하고도 독특하다.

137 카웅톤Kaungton: 원문은 '노관둔老官屯'이다. [『정면기략征緬紀略』에 따르면] 지금의 미얀마 바모Bhamo 부근의 카웅톤을 말한다. 카웅톤은 Kengtung, Kyaingtong, Chiang Tung, Cheingtung, Kengtong 등으로 표기한다.

138 가시나무 목책: 원문은 '녹각鹿角'이다.

139 조금씩 가다가 영채를 세우는 방책: 원문은 '보보위영步步爲營'으로, 나관중羅貫中의 『삼국연의三國演義』 제71회에 나오는 말이다. 황충黃忠이 하후연夏侯淵을 사로잡을 때 사용했던 계책으로, 원문은 "황충은 그날로 영채를 뽑고 전진하여 조금씩 가다가는 영채를 세웠다(黃忠卽日拔寨而進, 步步爲營)"이다. 고대에는 5자를 1보步라고 했는데, '보보'는 아주 가까운 거리이다. 즉 이것은 방비를 아주 엄밀히 하고 신중하게 행동함을 말한다.

140 태국Thailand: 원문은 '섬라暹羅'로, 시암Siam을 말한다. 시암은 태국의 옛날 명칭으로, 동남아시아의 말레이반도와 인도차이나반도 사이에 걸쳐 있다.

141 영국Britain: 원문은 '영길리英吉利'이다.

142 러시아Russia: 원문은 '아라사俄羅斯'이다.

143 프랑스France: 원문은 '불란서佛蘭西'이다.

144 셀렝가강Selenga River: 원문은 '색릉격하色棱格河'이다. 러시아에서 부르는 이름으로, 셀렝게강(몽골어: Selenge)이라고도 하며, 몽골과 러시아

사이를 흐르는 강이다. 항가이산맥(몽골)에서 발원해서 바이칼호로 흘러 들어가며 강의 길이는 1,024㎞이다.

주해편 2

방어에 대해 논함 하

외적과의 전쟁을 논함에 있어 이른바 용병술은 없고, 단지 군사 배치에 관한 이야기만 들리고 이웃 성의 군사 조달에 대해서만 들릴 따름이다. 적군이 광동을 공격하면 각 성의 군사를 옮겨 광동으로 보냈고, 적군이 절강을 공격하면 각 성의 군사를 옮겨 절강으로 파견했다. 적군이 강소를 공격하면 또 각 성의 군사를 옮겨 강소로 보냈다. 군사가 도착했을 때는 적이 이미 평정되어 지원군[1]은 [왔던 길을] 되돌아갔다. 지원군이 막 돌아간 뒤 적군이 혹시라도 맹약을 어기면 돌아왔던 병사를 다시 배치해 전투병으로 삼았다. 무릇 나라나 각 성에서 군사를 양성한 것은 원래 각 성의 완급에 대처하기 위해서였다. 연해에 특히 군사가 많은 곳으로는 강소는 5만, 절강은 4만이 넘으며, 복건은 6만, 광동은 장차 7만에 이를 지경이다. 본성의 군사가 모두 정예병이 아니라면 선발되어 온 지원군은 반드시 모두 정예병이라 할 수 있을까? 그런데 어째서 적군이 처음 복건·광동에 왔을 때는 다른 성의 군사를 한 명도 조달한 적이 없는데도 당당하게 막아 낼 수 있었는가? 천하의 절반 이상의 군사를 징병해서 광동에 대대적으로 집결시켰는데도 광동은 여지없이 패했고, 절강과 강소에 대대적으로 군사를 집결시켰는데도 절강과 강소 또한 여지없이 패했다. 영국 오랑캐가 강적이라 해도 한 성의 군사로는 능히 막아 낼 수 없단 말인가? 즉 적군의 군함은 대소를 막론하고 50척에 지나지 않고, 성을 공격하고 뭍에 올라온 적군은 2천~3천에 지나지 않는다. 설마하니 한 성에서 양성하는 군사가 수만 명이나 되는데, 가용 병력이 수천 명도 안 된단 말인가? 연해 지역 사람들은 성향이 강하고 센데, 설마하니 모집할 수 있는 의용군이 수천도 없단 말인가? 예컨대 복건과 광동의 민병은 부릴 수 있다 해도 대부분 서양 오랑캐와 내통하고 있고, 강소·절강에는 첩자는 없지만 사람들 대부분이 유약한데, 어떻게 광동에서 [적의] 총독을 죽이고 [적의] 군함을 파손시킨 이들이 모두 의로운 민간인인가? 또 대만에서 두 번이나 서양 선박을 나포하고 남오南澳에서 화공으로 서양 선박을 제압한 이들 역시 의로운 민간인인가? 또한 명나라 때 왜구를 평정했던 사람들은 모두 처주處州[2]·의오義烏[3] 군사들이고, 최근에 정해에서 전투를 하고 송강을 지켜 낸 사람들은 모두 수춘壽春의 군사들이다. 그런즉 각 성의 용감한 사람들은 본래 각 성의 정예병으로 충당할 수 있고, 훈련된 한 성의 정예병은 본래 한 성의 경계를 막기에 충분했다. 필요한 것은 군사를 모집하고 훈련하는 방법을 강구하는 것에 달려 있고, 어려운 것은 단지 군사를 배치하고 움직일 줄 아는 사람을 얻는 것에 달려 있지 분분히 지원군을 많이 조달하는 것에 달려 있지는 않다는 것이다.

전대(5대 10국)에 오월왕吳越王 전류錢鏐[4]는 오월에서, 복건왕 왕심지王審

知[5]는 복건에서, 남한[6]왕南漢王 유은劉隱[7]은 광동에서 각자 외국 선박과 교역했다. 그러니 해상에 경계 상황이 발생했다고 해서 어찌 이웃의 원조를 받을 수 있었겠는가? 또 어찌 서로 동맹하여 외부의 위협에 대응할 수 있었겠는가? 하물며 해안을 방어하려면 의당 수전을 익혀야 하는데도 대부분 육군을 조달했으니, 이것은 장점을 버리고 단점을 사용하고, 단점으로 장점을 치는 격이니, 이것이 첫 번째 불리한 점이다. 고향에서는 편히 지내다가 길에서 음식을 제공받고 일이 끝난 뒤에는 체직遞職이 기다리고 있어, 현縣마다 전송하고 역마다 잔치를 열어야 하는데, 그 고생은 관에서 다한다. 올 때는 새끼 호랑이 같고 패하면 새 떼처럼 흩어지니, 그 고생은 백성이 다한다. 현지 군사 4~5명의 비용으로 지원군 한 명을 먹여 살리는 것이 지원군의 비용을 줄여 현지 군사를 훈련시키는 것과 어찌 같겠는가? 이것이 두 번째 불리한 점이다. 그런 까닭에 "조병調兵은 본성의 군사를 조달해 배치하면 될 따름이고, 모병募兵은 본성의 사람들을 선발해 훈련시키면 될 따름이다. 먼 데서 조달하는 것은 가까운 데서 조달하는 것만 못하고, 멀리서 모집하는 것은 가까이서 모집하는 것만 못하다"라고 했던 것이다.

혹자가 말했다.

"만약 적군이 연해를 버리고 오로지 한 성만 공격해, 다른 성에는 군사는 있으나 적군은 없고, 이 성에는 적군은 많은데 군사가 적다면, 이는 어떻게 해야 하는가? 좋은 시절 동안 희희낙락하면서 수군과 육군이 모두 해이해져 있으며, 쓸 만한 군사가 있어도 훈련하지 않고, 모집할 수 있는 용사들이 있어도 기율이 없다면, 어찌 능히 훈련을 마칠 때까지 몇 달 동안 기다릴 수 있으며, 이로써 갑자기 쳐들어온 적을 대응해야 한다면 이는 어떻게 해야 하는가?"

이에 이렇게 대답했다.

"한 명의 순무巡撫나 제독提督은 본성의 군사만 관리하는 반면, 총독總督은 인근 성의 군사까지 관리한다. 적군이 적으면 본성의 군사만 동원하고, 적군이 많으면 인근 성의 군사까지 동원한다. 만약 적군이 광동을 공격하면 본성의 수군 민병을 모집해 수군으로 삼고, 또 광서에서 육군을 보내 광동을 도우면 된다. 반면 적군이 절강을 공격하면 금주金州·처주·온주溫州·태주台州의 정예병[8]을 훈련시켜 지상전에 대비하고, 복건에서 수군 민병을 선발해 도와주면 된다. 적군이 강소를 공격하면 회해淮海·양주·송강의 수군 민병과 서주徐州의 군사를 훈련시켜 전투에 대비하고 안휘성 수춘의 군사가 도와주면 된다. 두 성의 군사를 합쳤는데도 설마하니 아직도 한쪽에서 공격해 오는 적군을 방어하기에 부족하단 말인가? 그래서 '필요한 것은 군사를 모집하고 훈련하는 방법을 강구하는 것에 달려 있고, 어려운 것은 단지 군사를 배치하고 조달할 줄 아는 사람을 얻느냐에 달려 있지, 분분히 지원군을 많이 조달하는 것에 달려 있지 않다'라고 했던 것이다."

혹자가 물었다.

"[지원군을] 먼 데서 조달하는 것은 가까운 데서 조달하는 것만 못하다고 했는데, 그건 그렇다. [그러나] 군사 모집의 경우 사방의 정예병을 규합해야 마땅한데도, 먼 데서 [군사를] 모집하는 것이 가까이서 모집하는 것만 못하다고 하는 것은 어째서인가?"

이에 이렇게 대답했다.

"토착민을 선발하면 세 가지 이점이 있다. 첫째, 그 지방의 기후 풍토에 익숙하고, 둘째, 길을 잘 알고, 셋째, 자신과 가족을 고려한다는 것이다. 계산해 보면 군사 한 명을 조달하면 정예병을 모집하는 것의 10배의 비용이 들고, 현지 군사의 5배가 든다. 10명의 비용을 들여 1명을 모집하고, 5명의 비용을 들여 1명의 군사를 양성하는 꼴이다. 반면 [군사를] 훈련시키면 더욱 뛰어나게 된즉 군사 조달은 더욱 줄어들고, 군사 조달이 더욱 줄어든즉 비용도 더욱 줄어든다. 절약한 비용으로 군사를 훈련시키면 군사들이 날래고 용감해지지 않을까, 뭣 때문에 걱정하는가? 뭣 때문에 비용을 대지 못할까 걱정하는가?"

혹자가 말했다.

"척계광戚繼光[9]은 군사 선발 방법을 논하면서 도시의 교활하고 간사한 사람들은 결코 동원해서는 안 된다며 제외시키고, 반드시 힘, 무예, 신체 그리고 민첩성에 따라 선발하되, 특히 반드시 담력을 위주로 선발해야 한다고 했다. 담력이 없으면 힘 · 무예 · 위용 · 민첩성은 모두 쓸 데가 없다고 했다. 또 절강에서 군사를 선발함에 처주 사람이 제일이고, 의오 사람이 그다음이며, 태주 사람은 그다음이고 소흥 사람은 또 그다음이다. 이 외의 지역에서는 한신韓信과 백기白起[10]가 다시 살아난다 하더라도 등용해서는 안 된다고 했다. 군사 선발이 이렇게 어렵다면, 확상矍相의 밭[11]에서는 몇 명이나 가능할까?"

이에 이렇게 대답했다.

"이 말은 전적으로 항주杭州 · 가주嘉州 · 호주湖州 · 소주 · 송주松州의 사람 때문에 나온 것이고, 또한 복건 상사부上四府[12] 때문에 나온 말이다. 장주 · 천주 · 혜주 · 조주 사람들은 무기를 들고 싸우면 앞다투어 적에게 달려들고, 흉악범을 대신해서 싸우면서도[13] 죽음을 두려워하지 않으며, 배를 타고 싸울 때는 물속에서도 마치 평지를 밟듯 출몰한다. 강북江北의 영천潁川 · 박주亳州 · 수춘 · 사수泗水 · 서주 · 패현沛縣 등의 사람들은 집마다 [무술] 선생을 모시고, 사람들은 모두 검을 차고 다니며, 경우에 따라서 어떤 사람은 혼자서도 대포를 메고 쏠 수도 있다. 의징이나 하하의 소금 판매상의 작은 배나 팔한주八桿舟[14]는 병장기를 들고 위험을 무릅쓰고 싸우니, 아무도 감히 어쩌지 못한다. [이와 같을진대] 무엇 때문에 담력 있는 자가 선발되기를 기다리는가? 무엇 때문에 무예를 가르치기를 기다리는가? 그런 까닭에 항주 · 가주 · 소주 · 송강에서 정예병을 선발하는 것은 산에서 물고기를 찾고, 들판에서 사슴을 찾는 것과 같다. 해남이나 강북에서 정예병을 선발하는 것은 늪에서 약초[15] · 도라지를 찾는 것과 같으니, 승리할 수 없다. 한 성에서 장차 [군사를] 조달할 수도 있고 없을 수도 있으며, 한 성에서 [군사를] 모집할 수도 있고 없을 수도 있는데, 하물며 수천 리 밖에서 분분히 군사를 모집 선발하는가? 그런 까닭에 군사를 선발할 때는 먼저 지역부터 고려한다."

수군 민병을 모집하는 일은 천진 · 산동山東보다 강소 · 절강에서 모집하는 것이 낫고, 강소 · 절강에서 모집하는 것보다 복건 · 광동에서 모집하는 것이 낫다. 복건을 예로 들어 이야기하자면, 당초 서양 선박이 처음 하문을 침략했을 때 고관이 수군 민병을 격려하자 이에 분발한 사람들이 바다에 나가 공을 세웠다. 화친에 대한 논의가 일어나면서 포로를 풀어 주고 군공軍功에 대한 논의가 연기되자 기가 한 번 꺾였다. 그 해 가을 모집해서 절강으로 갔던 수군 민병 8백 명은 모두 날쌔고 용맹했는데, 절강에 도착할 즈음 정해에서 화친에 대한 논의가 끝나는 바람에 수군 민병은 허탕 치고 돌아와 기가 두 번째 꺾였다. 이듬해 다시 정예병 천 명을 모집해 광동으로 갔는데, 광동에 도착하기 며칠 전에 화친에 대한 논의가 마무리되어 수군 민병은 허탕 치고 돌아와 기가 세 번째 꺾였다. 총독 안백도顔伯燾[16]가 본성의 수군 민병 8천 명을 모집했다가 광동에서의 화친 회담을 듣고 내키는 대로 해산시키면서 정예병을 가려 내지 않고 수군에 보충했는데, 이로 인해 기가 네 번째 꺾였다. 이때부터 수군 민병은 모두 마음이 떠났기에 서양 선박이 다시 쳐들어왔을 때는 그들을 불러 모을 겨를도 없었고, 그 가운데 교활한 자는 심한 경우 적군과 내통하려 했기에 하문을 지키지 못했다. 광동은 처음에 수군 민병이 5천 명이나 되었으며, 전후로 바다에 나가 서양 선박과 비적의 배를 불태웠기에 적군들은 소문만 듣고도 두려워 달아났는데, 화친에 대한 논의가 일어나자 일시에 흩어져 기가 한 번 꺾였다. 갓 부임한 장수들은 광동 사람들은 다 첩자라 믿을 사람이 한 명도 없다고 잘못 의심했고, 또 지원군들이 지역민을 괴롭혀도 단속하지 않아 기가 재차 꺾였다. 그리하여 호문은 함락되었고 성은 위험천만해졌다. 적군이 심하게 노략질을 해 백성들의 분노를 쌓은 통에 삼원리 전투에서 적의 수장이 큰 곤욕을 치렀고, 호문의 횡당 화공 전투에서 적군의 선박은 잿더미가 되었다. 이를 통해 볼 때 복건과 광동의 강하고 날랜 민풍은 다른 성에서는 볼 수 없고, 적군들이 두려워하는 바이며, 또한 수전이나 화공은 특히 뛰어나 산동이나 천진의 어부나 염상에게서는 결코 바랄 수 없는 것이다. 대개 동남쪽은 수전에 뛰어나고 서북쪽은 지상전에 뛰어나니, 지역을 옮기는 것은 좋지 않고 [적절한] 사람을 얻는 것이 좋다.

오늘날 연해 지역의 근심은 어디에 있는가? 굳이 대답하자면 무기를 들고 싸우는 백성, 담배나 소금 밀매업자, 해적, 작은 어선을 타고 다니는 광동과 복건 연안의 수상민[17]이다. 오늘날 육지의 근심은 어디에 있는가? 굳이 대답하자면 회족 비적, 소금 비적, 염군捻軍[18]·홍호비紅湖匪[19], 예도비曳刀匪들이다. 관리들은 분란을 일으키는 이들 때문에 이를 갈면서 일이 생기면 그들을 첩자로 보았다. 그 가운데 한두 사람은 수백 명이나 2천~3천 명의 사람을 불러 모을 수 있는데, 오획烏獲[20]과 같은 힘이 있거나 의돈猗頓[21]과 같은 재물이 있어서가 아니라 신의와 의리로 한 지역을 호령할 수 있다. 이들은 모두 비장裨將이나 장군감이고, 그 수하들도 모두 정예병이다. 그러나 법률에 밝은 관리[22]의 입장에서 보면 또한 난민亂民의 수장이라 할 수 있다. 무릇 군사들이란 독약과 같아, 약이 독하지 않으면 해악을 치료할 수 없기 때문에 『역경』의 「사괘師卦」에서 "이것으로 천하를 위태롭게 해도 백성들이 믿고 따른다"라고 말했고, 『화사이언華事夷言』 영국인의 저서. 에서 "중국 군사들이 군사 배치와 파견에 뛰어나면 바로 제1의 정예병이 될 것이다. 지금 광동 연안에서 일하는 사람들과 수상에서 물고기를 잡아 살아가는 사람들의 기술과 용맹함은 유럽 사람들이 쫓아갈 수 없으니, 만약 이들을 뽑아 훈련시켜 군사로 만든다면 가히 천하제일의 용사라 일컬을 만하다"라고 했다. 옹정雍正[23] 연간에 서쪽의 오랑캐가 다 평정되지 않았을 때 조서를 내려 각 성의 무예와 담력이 있는 용사들을 선발해 도성으로 보내게 했는데, 수천 명이나 되었다. 그 가운데 가장 뛰어난 자는 철궁鐵弓과 이십력궁二十力弓을 당길 수 있고, 명적鳴鏑으로 적군의 가슴을 탕- 하고 쏘아 떨어뜨릴 수 있으며, 천백 근에 달하는 큰 돌을 들어 올릴 수 있었기에 용건군勇健軍이라 불렀다. 총독이 사이직史貽直[24]에게 명해 그들을 인솔해 파리곤巴里坤[25]에 가 진을 치게 했기 때문에 일시에 북쪽 성省의 도적들의 종적이 사라졌는데, 이것은 도적들을 마음대로 가지고 놀았던 전대 용사들의 덕을 본 것이다. 도광道光[26] 연간 회강回疆[27]의 전투 때 이리伊犁[28]장군이 상주를 올려 남로, 북로의 죄수 2천 명을 선발해 결사대를 조직해서 누차 적의 예봉을 꺾었지만, 안타깝게도 사태가 평정된 뒤에 죄수를 모두 사면시켜 고향으로 돌려보내는 바람에 군영에 편입시킬 수 없었으니, 예컨대 옹정 때의 일과 같은 것이 널리 보급되려면 아직은 기다려야 했다. 가경 연간에 해적 채견蔡牽[29]이 복건을 침입하자, 조안현詔安縣[30]의 지현知縣 아무개는 네 고을의 관리 네 명에게 전해 각각 은 1천 원圓을 주며 향병鄉兵[31]을 모으게 했는데, 해 질 무렵 관리들은 각자 2,500명을 데리고 왔으며, 모두 총과 병장기, 방패[32]를 다 구비하고 있었다. 하루 만에 정예병 1만 명을 모집하자 적군은 소문만 듣고도 달아났으니 이들이 바로 무기를 들고 싸우는 백성이다. 채견은 또한 주분朱濆[33]과 함께 대만의 후산後山을 엿보았는데, 후산은 본래 제도권 밖의 땅이었다. 천주 사람 오사吳沙[34]가 4사社[35]의 붕민棚民[36]과 숙번熟番[37]을 모아 대항하면서 전방에서 싸우고 후방에서 공격하자 채견은 대패하여 달아났다. 이 일이 알려지자 비로소 조서를 내려 그는 갈마란청葛瑪蘭廳[38]에 나아갔다. 적을 방어하면서 관병을 번거롭게 하지 않는데도, 어째서 법률에 밝은 관리들은 이들을 거두어들여 활용하지 않는가? 그러나 이들 또한 관병이 되려 하지 않았으니, 아마도 녹영綠營[39]의 보수로는 가족을 먹여 살리기에 부족했기 때문일 것이다. 영국 오랑캐가 광동을 칠 때 첩자 3천 명을 모집하고 각자에게 생계 유지비로 은 30원을 지불하고 매달 급료로 10원을 지급했다. 반면 호문을 지키는 아군은 매달 채 3냥을 받지도 못했기에 제독 관천배關天培[40]가 아군의 궁핍함을 불쌍하게 여겨 직접 돈을 내서 군사마다 은 2원을 도와주자 [당시의] 논자들은 또한 수군이 제독을 협박해 상을 요구했다고 탄핵했으니, 이러고도 도리어 그들이 사력을 다해 싸울 것을 바라는가? 복건 · 광동의 수군은 각각 3만 명 남짓 되고,[41] 강소 · 절강의 수군은 각각 2만 명 남짓 되는데, 이름만 수군인 사람이 반, 노약자가 반이라 동원할 수 있는 수군이 몇천 명도 안 된다. 진실로 이름뿐이고 쓸모없는 군사를 도태시키고 더불어 군사 두 명[의 몫]으로 한 명의 정예병을 양성할 수 있다면, 광동은 약 15,000명, 복건은 약 15,000명이 되고, [그 가운데] 오로지 혜주·조주·장주·천주 네 부에서 군사를 선발해 날래고 뛰어나게 훈련시켜 엄격하게 다스리면 된다. 이 방법을 절동浙東·강북 지역에서도 시행한다면 국가에서는 무수한 정예병을 늘릴 뿐만 아니라, 또한 연해 지역에서는 무수한 비적들을 줄이고 중원에서는 무수한 소금 밀매업자를 거두게 된다. 정기精氣가 담痰이 되고, 담이 정기가 되는 것이 설마하니 이 두 가지 경우뿐이겠는가? 오훼烏喙·부자附子는 독으로 독을 공격하는 것으로 독이 없어지면 약효도 사라지니, 이것을 사용하면 어떠한가? 정예병은 그 가운데서 나오고, 이장경李長庚[42]이나 나사거羅思擧[43]와 같은 날랜 장군도 그 안에서 나왔다. 이와 같은 계획은 세우지도 않고 그저 아는 척하면서 장수도 없고 군사도 없다고 말하는데, [그렇다면] 옛사람들은 왜 다른 곳에서 인재를 빌려 왔단 말인가?

군사 배치나 군량 조달을 말하는 자들은 걸핏하면 병력이 약하고 비용이 부족하다고 걱정하면서 지금 또 군사와 군량을 함께 논하고 있으니, 군사가 늘어날수록 군량도 더 소모되는 것이 아닌가? [이것은] 한 성의 군사로도 본래는 한 성의 땅을 지키기 충분하고, 한 성의 군량으로도 본래 한 성의 군사를 부양할 수 있다는 것을 모르는 것이다. 설령 모든 특별비에 해당하는 군수 자금이 있다 해도, 한 성의 재력으로도 대체로 한 성의 비용을 댈 수 있다. 이에 대한 의혹을 자세히 풀어 보겠다.

무릇 군사의 많고 적음은 그 실질을 봐야지 그 숫자만을 봐서는 안 된다. 수만 명의 군사를 양성해도 가용 군사가 수천 명도 안 되면서, 1천 명의 군사에게 1천 명의 힘이 있다고 보는 것은 맞지 않고, 1천 명의 군사가 수천 명의 힘을 감당할 수 있다고 보는 것은 더욱 맞지 않다. 다른 성의 군사를 조달해 훈련하지 않은 본성의 군사들 사이에 배치한다면, 본성의 군량은 모두 버리는 군량이 되고, 다른 성의 군사를 조달할 때 사용한 비용 또한 쓸모없는 비용이 된다. 지금 정해진 군량으로 정해진 군사를 양성해도 한 끼의 군량도 늘어나지 않고, 정해진 군량으로 약간의 군사를 양성해도 한 끼의 군량도 줄어들지 않는다. [이것은] 군사가 줄어든 것 같지만 실제로는 많아졌고, 군량이 증가한 것 같지만 실제로는 줄어든 것이니, 이것이 의심하지 않아도 되는 첫 번째 [이유]이다.

척계광의 원앙진법鴛鴦陣法[44]에 대해 혹자는 원앙진법으로 3천 명은 부릴 수 있지만 10만 명은 부릴 수 없다고 한다. 무릇 10만 명은 3천 명이 쌓여 된 것으로, 1진鎭에서 3천 명을 훈련시킨다 하면 10진이면 3만 명을 훈련시키는 것이고, 큰 진법이 작은 진법을 포함하고 큰 진영이 작은 진영을 포함하고 있는 격이니, 어찌 수만 명의 군사를 절도 있게 다스리는 것이 3천 명의 군사를 절도 있게 다스리는 것과 다르겠는가? 또한 큰 진법을 펼치고 전쟁판을 벌이고 승부를 결정짓는 것은 오직 태곳적 시절이거나 서북 평원 지대에서나 가능한 일이다. 예컨대 태평 시절에 동남쪽에서 왜구를 토벌하는 경우 물길이 동서로 펼쳐져 있고, 비탈과 구덩이가 엉켜 있어 3천의 병력으로 처리하는 경우가 대부분이었다. 영국 군함에 타고 있는 군사는 그 수가 몇 명이나 될까? 성마다 수없이 훈련하고 목숨을 건 군사가 수천 명이 있고, 거기다가 연해의 어선이나 광동과 복건 연안의 수상민을 모아 훈련시켜서 그 날개 부분을 잘라 낸다면, 번거롭게 다른 성의 군사를 조달할 필요가 뭐가 있겠는가? 이것이 의심하지 않아도 되는 두 번째 이유이다.

군사들을 훈련시키는 비용은 군량에서 가져오면 되는데, 자위 조직인 단용團勇의 비용은 장차 어디서 나오는가? 동남 연해 지역은 풍족하기로는 천하 최고이다. 생각해 보니 군수 자금을 거두어들인 이래로 광동·복건·강소·절강성의 상인이나 진신들은 각기 수백만 금을 내놓았다. 현지의 부자들을 이용해 그 지역의 민병을 양성하고 자신들의 안위를 지킴에, 다만 적절하게 사용해서 도리어 절약하고 이윤을 남겨 배와 무기를 만들고, 성과 포대를 쌓고, 포상금을 내거는 비용으로 쓸 수 있었으니, 언제 다른 성의 군사나 다른 성의 군량을 번거롭게 한 적이 있는가? 이것이 의심하지 않아도 되는 세 번째 이유이다.

연해 지역의 수익 가운데 어업과 염업보다 큰 것이 없다. 이전에 이곳 영파에서 두 달 동안 표염票鹽[45]을 시행한 적이 있었는데, [그때는] 7만 인引(1백 근)을 다 팔 수 있었으나 [표염이] 정지된 이후에는 1년에 겨우 2만 인만 내다 팔 수 있었다. 이에 복건의 관염은 표염을 발행해 부자들에게 소금 판매를 시켰는데, 기꺼이 10여만 금을 내고서라도 그 일을 면해 주길 바라는 이들도 있었다. 조주의 염운鹽運도 같은 상황으로, 대대로 적자에 빚까지 더하고 수만금의 손해를 보면서 모두 관비官費·서역비胥役費·곤공비捆工費를 내었는데도, 여기저기서 좀먹자 결국 소금값을 낮추는 방법으로는 사염을 대적할 수 없었다. 만약 연해에서 모두 표염을 시행해 낭비되는 돈을 줄였더라면, 사염을 관염화해 군량에 보탬이 되었을 뿐만 아니라 또한 소금 밀매업자를 양민으로 전환해 병력에 보탬이 될 수 있었을 것이다. 기타 절강의 남전산이나 복건의 봉금산封禁山[46]의 경우 백성들이 개간할 수 있게 허락되었거나, 연해 지역의 은광 발굴이 백성들에게 허락되었다면 경내에서 발생하는 수익은 쓰고도 남았을 것이다. 이것이 의심하지 않아도 되는 네 번째 이유이다. 군사가 분산되어 적어 보이게 된 이유는 전함이 없기 때문인데, [이에 대해서는] 다음 편에서 따로 자세히 논하겠다.

의당 군사가 많을 필요가 없다는 것은 바로 포대도 많을 필요가 없다는 것이다. 지금 적군이 관문을 없애는 것에 대한 계책으로는 포대를 증설하고 진영을 옮기는 것뿐이다. 포대를 증설하자면서 문이 하나 더 있으면 한 번 더 안전이 보장된다고 말한다. 무릇 사람들이 적을 막을 때는 대문을 고수하면서 도적이 못 들어오게 막거나 아니면 중문을 고수한 채 대문을 활짝 열고 적을 안으로 끌어들인다. 그런데 지금은 믿을 만한 문이 하나도 없는데도 그저 중문을 많이 설치해 적의 공격을 대비하고 있는데, 문 하나를 지키지 못하면 줄줄이 놀라 나자빠진다는 것을 설마 알기나 하는 걸까? 십중의 문을 설치할 돈으로 한 개를 만들면 그 문은 틀림없이 단단할 것이고, 십중의 군사와 포대를 만들 돈으로 하나의 포대를 지킨다면 틀림없이 굳건하게 지켜 낼 것인데 이는 어떤가? 최근의 일로 예를 들면 다음과 같다.

하문은 옛날에 단 두 개의 포대만으로도 굳건히 지켜 낸 반면, 해구 안팎의 어서 · 청서 · 대당 · 소당의 경우는 각각 포대를 증설했지만, 적군이 오자마자 그대로 함락되고 말았다. 보산에는 동서 양쪽에 포대가 있고 해당도 있었지만 지키지 못했고, 송강성은 포대가 없었지만, 적군이 공격해 들어오지 못했다. 이를 통해 볼 때 포대는 숫자의 많고 적음에 달려 있지 않고 그 견고함에 달려 있음을 알 수 있다. 포대를 견고하게 하는 방법은 무엇인가? 좋은 위치에 세워야 하고, 적절한 방법으로 세워, 알맞은 사람이 지키면 된다. 복주성은 오호문五虎門에서 2백 리 떨어져 있어 물이 들어오면 갈 수가 없고, 물이 빠져나가면 [수심이] 얕아져서 배가 멈춘다. 항주성 밖은 물이 빠지면 모래사장이 10여 리에 걸쳐 펼쳐지고, 또한 [전당강] 해구에 위치한 감산과 자산은 수십 리에 걸쳐 흙탕물이 차오르기 때문에 이 두 성은 적군이 모두 침입할 수 없었다. 하문 · 영파는 옛날에 포대를 건설할 때 애초에 좋은 곳에 세웠기 때문에, 바야흐로 주산을 버리고 청서와 어서의 포대를 없애는 것이 마땅하거늘, 포대를 증설해야 할 이유가 어디에 있는가? 오직 광주와 강녕 두 곳은 적의 함선이 곧바로 성 아래까지 갈 수 있다. 광동의 신축성 밖으로는 도시가 발달해서 외성을 쌓을 땅이 없고, 오직 엽득·대황교 두 곳의 포대만이 실제로 성도 내에서 막고 있고 호문이 바깥쪽에서 함께 이중으로 막고 있다. 이 두 곳은 험지이기 때문에 진실로 적의 군함을 막을 수 있어서 안쪽은 걱정하지 않아도 되고, 이 외에 바다로 들어가는 각 지류는 기이한 계책을 내어 군사를 매복시킬 곳으로 남겨 두어야 한다. 어디에 쓰려고 도처에 포대를 설치하고 하천마다 틀어막는가? 이곳이 미덥지 못한데, 다른 곳은 또 믿을 수 있겠는가? 강소의 경우 오송해구의 안쪽 중에 오직 강만·동구 두 곳만이 요충지에 포대를 설치해 상해를 지킬 수 있다. 복산福山해구 안쪽에서는 오직 군산 즉 아비취.·천산 두 곳에만 포대를 설치해 장강을 지킬 수 있다. 바야흐로 보산성으로 옮겨 가 동서 양쪽 포대를 없애고, 안쪽 요충지로 옮겨 가는 것이 마땅하거늘, 포대를 증설해야 할 이유가 어디에 있는가? 좋은 지세를 차지했으니 만전을 기해 지키기만 하면 된다. 만전책이란 정공법과 기공법의 상생에 달려 있다.

첫째, 흙으로 성을 견고하게 쌓아 대포를 막는다. 반드시 삼합토三合土[47]로 성가퀴를 튼튼히 쌓고 먼저 대포를 시험 발사해서 성이 무너지지 않는 것을 기준으로 삼는다.

둘째, 저수지나 못을 파서 비포를 대비한다. 「주해편 1」에 보인다.

셋째, 말뚝이나 돌, 배나 뗏목을 가라앉혀 적군과의 충돌을 막는다. 이 방법은 장강에서는 시행해서는 안 되고 내지의 하천에서는 시행 가능하다. 경우에 따라서 하천에 큰 나무가 있으면 그것을 베어 넘어뜨려서 가라앉히고, 또 경우에 따라서 큰 나무로 몇 길 길이의 광주리를 만들어 안에 아주 큰 돌을 넣어서 물에 던져

놓으면 깨진 돌이나 배, 뗏목이 조수에 쓸려 떠내려가는 것을 막을 수 있고 적과의 충돌을 저지할 수 있다.

넷째, 지뢰를 묻거나 매설된 수로를 파서 육로를 막는다.

다섯째, 따로 기병을 매복시켜 지상전을 대비하고 심지어 간혹 포대를 지키는 군사들이 대포를 버리고 달아나는 척하면서 적군을 유인해, 적군으로 하여금 전력을 다해 포대 공격만 하게 하고, 포대는 아군이 애지중지하는 것이 아니라는 것을 모르게 해야 한다. 또 적군으로 하여금 길을 나누어 와서 포대를 에워싸게 해야지, 포대 밖에 정예 부대가 여전히 많이 있다는 것을 모르게 해야 한다. 처음에는 포대를 정공법으로 하고 매복병을 기공법으로 삼고, 기공법과 정공법이 서로 보완해야 할 때는 변화무쌍하게 해서 적군을 이르게 해야지 적군에 의해 우리가 들어가서는 안 되며, 적군을 끌어들여야지 적군에 의해 우리가 끌려들어 가서는 안 된다. 또 반대로 군사를 매복시키는 것을 정공법으로 삼고 포대를 기공법으로 삼아 바야흐로 적군이 속임수에 당하는 비법을 모두 사용해야 한다. 포대만을 고집하면서 기공법 없이 정공법만을 사용하다 한 곳에서 무너지고 소문만 듣고도 사방에서 무너질 경우, 그 공교로움과 졸렬함은 같이 놓고 논할 수 없다. 다만 동원되는 매복병은 반드시 평소에 엄격하게 가려 뽑아 잘 대해 주면서 부지런히 훈련시키고 절도 있게 다스려야 한다. 반드시 사람들마다 담대한 기상을 지니고 뛰어난 기술과 훌륭한 무기를 갖추게 해야 한다. 또한 장군과 군사가 일심이 되어 지시하는 대로 호응한다면 적절한 때에 충분히 기이한 계책을 내어 승리할 수 있다. 이 모든 것은 오로지 훈련을 잘 시킬 수 있는 적임자를 구하느냐에 달려 있으니, [이를] 헛소리로 치부하지 않으면 효과를 거둘 수 있을 것이다.

籌海篇二

議守下

夷事無所謂用兵也, 但聞調兵而已, 但聞調鄰省之兵而已. 夷攻粵, 則調各省之兵以赴粵, 夷攻浙, 則調各省之兵以赴浙. 夷攻江蘇, 則又調各省之兵以赴江蘇. 兵至而夷已就撫, 則供客兵者又逆歸兵. 兵甫旋, 而夷或敗盟, 則又調歸兵以爲戰兵. 夫國家各省養兵, 原以備各省緩急之用. 而沿海尤重兵所在, 江蘇五萬, 浙江逾四萬, 福建六萬, 廣東將及七萬. 若謂本省不皆精銳, 而選調客兵必皆精銳乎? 則何以夷初至閩·粵時, 未嘗調他省一兵, 而守禦屹然? 及徵兵半天下, 重集於粵, 而粵敗塗地, 重集於浙於江, 而江浙又敗塗地. 若謂英夷強寇, 非一省所能抵禦乎? 則夷兵艦大小不過五十艘, 其攻城上岸, 不過二三千人. 豈一省養兵數萬, 無數千可用之兵? 沿海民風強悍, 豈無數千可團之義勇? 若謂閩粵民兵雖可用, 而多通外夷, 江·浙雖無漢奸而民多柔弱, 則何以廣東之斬夷酋・捐戰艆者皆義民? 兩禽夷船於臺灣, 火攻夷船於南澳者亦義民? 而明人平倭寇皆處州・義烏之兵, 近日戰定海, 保松江者皆壽春之兵. 然則各省之勇民, 原足充各省之精兵, 練一省之精兵, 原足捍一省之疆圉. 所要者, 止在募練之得法, 所難者, 止在調度之得人, 不在紛紛多調客兵也.

前代錢氏有吳越, 王氏有閩, 劉氏有粤, 各通番舶. 倘有海警, 豈能借助於鄰援? 又豈能合從以禦侮? 況防海宜習水戰, 而多調陸兵, 舍長用短, 以短攻長, 不利一. 在籍有安家, 在途有傳食, 事竣有回遞, 縣縣傳送, 驛驛供張, 則累在官. 來如乳虎, 敗如鳥散, 則騷在民. 每土兵四五而贍一客兵, 曷若省客兵之費以練土著? 不利二. 故曰: "調兵者, 選調本省之兵而已, 募兵者, 選練本省之人而已. 遠調不如近調, 遠募不如近募."

或曰: "賊如舍沿海而專攻一省, 他省有兵無賊, 此省賊多兵少, 則如之何? 承平恬嬉, 水陸弛懈, 卽有可用之兵而無訓練, 有可募之勇而無紀律, 安能俟數月訓練之成, 以應倉卒之敵, 則如之何?" 曰: "一巡撫提督所轄, 則本省之兵也, 一總督所轄, 則近省之兵也. 賊少專用本省, 賊多兼用近省. 如寇攻粤, 則募本省水勇爲水師, 而廣西出陸兵以佐之. 賊攻浙, 則練金・處・溫・台勁兵備陸戰, 而福建選水勇以佐之. 夷攻蘇, 則練淮・揚・松江水勇與徐州兵備戰, 而安徽壽春兵佐之. 合兩省之兵勇, 豈尙不足禦一面之賊? 故曰: '要在募練之得法, 難在調度之得人, 不在紛紛多調客兵爲也.'"

問曰: "遠調不如近調, 則然矣. 至募勇, 則當糾合四方精鋭, 而曰遠募不如近募, 何耶?" 曰: "挑選土著之利有三: 一曰服水土, 二曰熟道路, 三曰顧身家. 計調兵一, 而當募勇之費十, 當土著之兵五. 以十丁之費募一丁, 以五兵之費養一兵. 練益精, 則調益寡, 調益寡, 則費益省. 以所省者練兵, 兵何患不精? 費何患不給?" 或曰: "戚繼光論選兵之法, 除城市柔猾奸巧之人必不可用外, 必選氣力, 選武藝, 選身軀, 選靈警, 而尤必以膽爲主. 無膽則氣力・武藝・偉岸・靈警皆無所用. 又曰: 選浙兵, 處州爲上, 義烏次之, 台州次之, 紹興又次之. 此外雖韓・白復生, 不可用. 選兵若是之難, 矍相之圃幾何人乎?" 曰: "此言專爲杭・嘉・湖・蘇・松之人而發, 又爲福建上四府而發. 至漳・泉・惠・潮之民, 械鬪則爭先赴敵, 頂凶則視死如歸矣, 舟戰則出沒風濤如履平地矣. 江北潁・亳・壽・泗・徐・沛之民, 家家延教師, 人人佩刀劍, 或一人能負放大砲矣. 儀徵下河販鹽小舟八桿舟, 持械冒險, 莫敢誰何矣. 此其膽何待選? 武藝何待教? 故選精兵於杭・嘉・蘇・松, 是求魚於山, 求鹿於原也. 選精兵於海南, 於江北, 則求柴胡・桔梗於沮澤也, 不可以勝收也. 一省且有可調不可調, 可募不可募, 況紛然徵調於數千里外哉? 故選兵先在選地."

募水勇之事, 天津・山東不如江・浙, 江・浙不如閩・廣. 以福建言之, 當夷艘初犯廈門, 大吏激厲水勇, 人人思奮, 故出洋立功. 及款議興, 俘夷釋, 軍賞遷延, 而氣一挫. 是秋所募赴浙水勇八百, 皆人人精悍, 及至浙而定海款議成, 水勇空往空返, 而氣再挫. 次年又募精銳千人赴粵, 及至粵而前數日款議成, 水勇空往空返, 而氣三挫. 顏制軍召募本省水勇八千, 聞粵東款議, 漫然散遣, 不擇其精銳撥補水師, 而氣四挫. 自是水勇人人離心, 及夷船再至, 無暇號召, 其猾者甚且內應, 而廈門不守矣. 廣東初年, 水勇五千, 前後出洋, 燒夷艇匪艇, 逆夷望風畏竄, 及款議興, 一朝散遣, 而氣一挫. 新至諸帥, 誤疑粵民盡漢奸, 無一可信, 又不約束客兵騷擾居民, 而氣再挫. 於是虎門不守, 而省城累卵矣. 及夷兵淫掠激民之怒, 於是一戰於三元里, 而夷酋大困, 一截燒於虎門橫檔, 而夷艘煨燼. 可見閩粵民風之勁悍, 各省所無, 外夷所慴, 而水戰火攻, 尤其絶技, 斷不可望於山東天津漁鹽之戶. 蓋東南長水, 西北長陸, 遷地弗良, 得人者昌.

今日沿海所患安在乎? 必曰: 械鬪之民也, 煙鹽私販也, 海盜也, 漁艇蛋戶也. 今日陸地所患安在? 必曰: 回匪也, 鹽匪也, 捻匪・紅湖匪・曳刀匪也. 官吏切齒爲亂民, 有事則目爲漢奸. 其中有一二人能號召數百二三千人者, 非有烏獲之力, 猗頓之財, 而信義意氣, 能豪一方. 其人皆偏裨將才, 其所屬皆精兵. 而自文法之吏視之, 則且謂亂民之首也. 夫兵者毒藥, 藥不毒則不能攻毒, 故『易』之「師」曰: "以此毒天下而民從之.", 『華事夷言』 英夷所著書 曰: "中國之兵若善調度, 卽爲第一精兵. 現在廣東岸上力作之人與水中漁販之人, 其技勇皆歐羅巴人所不及, 若挑練此等人爲兵卒, 可謂一等勇壯之兵." 雍正中西虜未靖, 詔各省選技勇送京師, 得數千人. 其最者能挽鐵弓及二十力弓, 以鳴鏑射其胸, 鏜然而墮, 擧巨石千百斤, 號勇健軍. 總督命史貽直領之, 屯巴里坤, 故一時北省盜賊絶踪, 此先朝牢籠猛士之成效. 道光回疆之役, 伊犁將軍奏選南北路遣犯二千爲死士, 屢挫賊鋒, 惜事平盡赦回籍, 未能收入營伍, 如雍正故事, 尙有待於推廣焉. 嘉慶中海賊蔡牽犯閩, 詔安有知縣某者, 傳四鄕總理四人, 各予銀千圓, 令團鄕勇, 日甫夕而每總理各以二千五百人至, 槍械籐牌畢具. 一日而得精兵萬, 賊望風遁, 其人卽皆械鬪之民也. 蔡牽又與朱濆窺臺灣後山, 地本化外. 有泉人吳沙者, 集四社棚民與熟番拒之, 一戰其前, 一攻其後, 牽大敗走. 事聞, 始詔卽其地立葛瑪蘭廳. 捍賊不煩官兵, 何以文法吏不肯收以爲用? 然此輩亦不肯爲用, 蓋綠營之餉不足以贍其身家也. 英夷攻粤東時, 募漢奸三千人, 每人給安家銀三十圓, 每月工食銀十圓. 而我守虎門兵, 月餉不及三兩, 提督關天培憫兵之窮苦, 自捐賞恤, 每兵銀二圓, 而議者且劾水師兵挾制提督要賞, 尙望其出死力乎? 閩・廣水師, 每省三萬有奇, 江・浙水師, 每省二萬有奇, 虛冒半之, 老弱半之, 未必有數千之可用. 誠能汰虛冒冗濫之缺, 幷兩兵以養一兵, 廣東約萬五千, 福建約萬五千, 專選惠・潮・漳・泉四府, 精訓練而嚴節制之. 以此推諸浙東・江北, 豈但國家增無數之精兵, 而且沿海銷無數之械鬪, 中原收無數之梟匪. 精氣化痰, 痰化精氣, 豈二物耶? 烏喙・附子, 以毒攻毒, 毒去而藥力亦銷, 顧用之者何如耳? 精兵出其中, 李長庚羅思擧之驍將, 亦出其中. 不此之圖, 而惟竊竊然曰無將無兵, 古人詎借才於異地哉?

言調兵言籌餉者, 動虞兵單費絀, 而今言幷兵幷餉, 則兵不愈少, 餉不愈費乎? 不知一省之兵, 本足守一省之地, 一省之餉, 本足養一省之兵. 卽有軍興一切格外之費, 而一省之財亦總足供一省之用. 請詳破其惑: 夫兵之多少, 視其實不視其名. 養兵數萬而無數千之可用, 視一千有一千之用者, 則不侔矣, 視一千可當數千之用者, 更不侔矣. 調外省之兵, 而置本省之兵於不練, 則本省之餉皆濫餉, 外調之費皆冗費. 今以額餉養額兵, 而不增一餉, 以全餉養半兵, 亦不裁一餉. 兵減而實多, 餉增而實省, 其可無惑者一. 戚繼光鴛鴦陣法, 或謂其止可馭三千, 不可馭十萬. 夫十萬皆三千所積也, 一鎭練三千, 十鎭卽練三萬, 大陣包小陣, 大營包小營, 豈數萬人之節制, 有異於三千人之節制? 且連大陣・辟戰場・決勝負者, 惟開創草昧之時, 及西北平原之地. 若承平東南勦寇, 溝洫縱橫, 坡坎交錯, 則用三千之處爲多. 英夷兵艘所載, 爲數幾何? 若各省有百練敢死之卒數千, 再團練沿海之漁船蛋戶以絶其羽翼, 何煩更調外兵? 其可無惑者二. 練兵之費取諸幷餉, 團勇之費將何出? 東南沿海, 殷富甲天下. 計自軍興以來, 粵・閩・江・浙, 每省商捐紳捐各數百萬. 以本地之富民, 養本地之勁民, 衛本地之身家, 但使用得其宜, 尙可撙節贏餘, 爲造船械, 修垣壘, 懸購賞之費, 何嘗盡煩外兵・外餉? 此可無惑者三. 沿海之利, 莫大魚鹽. 前此寧波試行票鹽兩月, 銷至七萬引, 及停止後, 歲銷僅二萬引. 閩鹽派簽殷戶充商, 有甘出十餘萬金求免簽者. 潮州之鹽運同, 歷任賠累, 虧空巨萬, 皆出官費・胥役費・捆工費, 層層蠹蝕, 不能減價敵私. 儻沿海皆行票鹽, 盡省浮費, 匪獨化私爲官以助餉, 幷可化梟爲良以助兵. 他若浙江之南田山, 福建之封禁山, 許民屯墾, 沿海之銀礦山許民開采, 境內自然之利, 用之不窮. 此可無惑者四. 至於兵分見寡之由, 由無戰艦, 別詳下篇.

匪特兵不宜多也, 卽砲臺亦不宜多. 今爲賊去關門之計者, 不過曰增砲臺, 移營汛. 增砲臺之說曰多一重門戶, 增一重保障. 夫人家禦賊, 非固守大門拒不使入, 卽固守腰門而開大門以延敵. 今無一門可恃, 而但多設重門以待賊之攻陷, 豈知一重失守, 重重膽破? 何如幷十重之費以修一重, 修必固, 幷十重之兵砲以守一重, 守必固? 以近事證之: 廈門舊止二砲臺, 而守禦屹然, 迨於口門內外峿嶼·青嶼·大檔·小檔, 增建各臺, 而賊至立破. 寶山有東西砲臺, 有海塘而失守, 松江城無砲臺, 而賊攻不入. 是知砲臺不在多而在固. 固之法如何? 曰: 建之得地, 修之得法, 守之得人. 福州城距五虎門二百里, 一潮不能達, 而潮退卽淺閣. 杭州城外, 潮退沙灘十餘里, 海口赭龕二山淤漲數十里, 故此二省城賊皆不犯. 廈門·寧波舊建砲臺, 本得形勢, 方當棄去舟山, 拆去青·峿各嶼砲臺, 安有更加增建之理? 惟廣州及江寧, 夷船可直抵城下. 粤東新城以外, 市廛櫛比, 旣無可築外郛之地, 惟獵得·大黃滘二處砲臺, 實省城內障, 與虎門外障竝重. 於此二處扼險, 果能阻遏夷艘, 則堂奧高枕, 而此外各港汊, 正可留爲出奇設伏之地. 安用處處設砲, 河河塡塞? 若此處不可恃, 則他處更可恃乎? 江蘇則吳淞口內, 惟江灣·東溝二處, 可扼要設砲以守上海. 福山口內, 惟君山 卽鵝鼻嘴·圌山二處, 可設砲以守長江. 方當徙寶山之城, 拆去東西砲臺, 內徙要害, 安有更加增建之理乎? 地勢旣得, 守必萬全. 萬全之策, 在乎奇正相生: 一, 固土城以禦大砲. 必三合土堅築女牆, 先以砲演試, 不破爲度. 二, 開淺池以備飛砲. 見上篇. 三, 沈椿石舟筏以遏衝突. 此法不可施於長江, 而可施於內河. 或臨河有大樹則伐倒沈之, 又或以大木爲籠, 長數丈, 內貯極大石, 橫亘水中, 視碎石舟筏, 尤堪禦潮刷, 而阻衝突. 四, 伏地雷·掘暗溝以防陸路. 五, 別伏奇兵以備陸戰, 甚或守臺之兵棄砲佯走以誘敵, 使敵但知全力攻臺, 而不知臺非我所顧惜. 又使敵卽知分路繞臺, 而不知臺外勁旅尚多. 初觀之以砲臺爲正, 伏兵爲奇, 至於奇正相倚, 變化不測, 致敵而不爲敵致, 誘敵而不爲敵誘. 則又反以伏兵爲正, 而以砲臺爲奇, 方盡兵行詭道之秘. 以視泥守砲臺, 有正無奇, 一處受創, 望風四潰者, 其巧拙不可同年語矣. 但所用之伏兵, 必須平日精選, 優養勤練而嚴節制之. 必使人人心靈膽壯, 技精械利. 且將士一心, 臂指呼應, 臨時方足出奇制勝. 此則全在訓練得人, 有非空言所能取效者.

주석

1 지원군: 원문은 '객병客兵'이다.

2 처주處州: 절강성 여수시麗水市의 옛날 명칭이다.

3 의오義烏: 옛날에는 '오상烏傷'이라 불리었다. 절강성 금화시金華市 관할 현급 시로, 절강성의 중부에 위치한다.

4 전류錢鏐: 중국 5대 10국 시대의 오월의 창건자이자 초대 국왕으로 자는 구미具美이다. 전류(재위 907~932)는 항주 출신으로 젊을 적에 소금의 밀매에 관여했다. 당나라 말기 황소의 난이 발발 후에 동창董昌이 만든 항주팔도杭州八都에 들어가 공적을 세워 887년 항주자사가 되었다. 907년 주전충이 세운 후량에 입조하여 오월왕에 봉해졌다. 농지 개발 및 수도 항주의 확대와 보수를 실시하고, 해상무역을 통해 고려와 일본과 교류했다.

5 왕심지王審知: 중국 5대 10국 시대 복건의 초대 국왕으로 자는 신통信通이다. 왕심지(재위 909~925)는 광주光州 고시固始(하남성 고시현) 사람으로 형 왕조王潮와 함께 당나라 말기 혼란 속에서 중앙의 혼란을 피해 복건으로 이주하여 이곳을 점령했다. 896년 왕조는 당나라로부터 무위군절도사武威軍節度使 자리를 인정받았고, 형의 사후 그 지위를 이어받았다. 907년 주전충이 세운 후량에 입조하여 복건의 왕에 봉해졌다. 내정에 힘을 기울이는 한편 남해에서 교역을 해 큰 이익을 취했다.

6 남한南漢: 5대 10국 가운데의 하나로, 광동과 광서 및 베트남 남부와 북부 일대를 다스렸다.

7 유은劉隱: 당나라 말기와 5대 10국 시대 초기의 인물로, 남한의 추존

황제이다. 아버지 유겸劉謙을 이어 남해군절도사南海軍節度使가 되어 광동 지방에서 할거했으며, 당나라 말기인 896년에 청해군절도사清海軍節度使에 제수되었다. 907년에 주전충이 세운 후량에 입조하여 검교태위檢校太尉 겸 시중侍中이, 908년에 정해군절도사靜海軍節度使 겸 안남도호安南都護가, 909년에 겸교태사 겸 중서령이 되었고, 911년에 남해왕南海王에 책봉되었으나, 같은 해 사망했다.

8 정예병: 원문은 '경병勁兵'이다.

9 척계광戚繼光: 자는 원경元敬, 호는 남당南塘이며, 시호는 무의武毅이다. 산동성山東省 등주부登州府 사람이다. 가정 28년(1549) 무과에 급제했다. 척계광(1528~1588)은 가정 34년(1555) 절강도사첨사浙江都司僉事에 임명되어 영파, 소흥, 태주 삼군의 방어를 담당했는데, 의용군을 조련해서 '척가군戚家軍'이라는 항왜 주력 부대를 양성했다. 이를 기반으로 유대유, 유현劉顯 등과 함께 동남 연안 지역에서 활개 치던 왜구를 토벌하는 데 혁혁한 공을 세워 민족 영웅으로 추앙받고 있다.

10 한신韓信과 백기白起: 한신은 유방劉邦을 도와 한나라를 개국한 공신이고, 백기는 전국 시대 사장四將 중 하나이다. 이 둘은 빼어난 용병술로 병칭된다.

11 확상矍相의 밭: 원문은 '확상지포矍相之圃'이다. 확상은 지명으로 산동성 곡부현曲阜縣의 성안 궐리闕里의 서쪽에 있다. 『예기』「사의射義」에 따르면, 공자孔子가 이곳의 동산에서 제자들과 활쏘기 연습을 했는데, 구경꾼이 담장처럼 둘러섰다고 한다.

12 복건 상사부上四府: 건녕建寧·연평延平·정주汀州·소무邵武를 말한다. 복건성은 원대에 와서 복주·흥화興化·건녕·연평·정주·소무·천주·장주 팔로八路로 나뉘었다가 명대에 팔부八府로 바뀌면서 팔민八閩이라는 명칭이 생겼다. 이 가운데 건녕·연평·정주·소무가 상사부이고, 복주·흥화·장주·천주는 하사부下四府이다.

13 흉악범을 대신해서 싸우면서도: 원문은 '정흉頂凶'이다.

14 팔한주八桿舟: 광서 2년본에는 '입한주入桿舟'로 되어 있으나, 악록서사

본에 따라 고쳐 번역한다. 팔한주는 대나무로 만든 배로 추정된다.

15 약초: 원문은 '시호柴胡'이다. 시호는 산이나 들판에서 자라는 다년생 초본식물로, 8~9월에 꽃이 피고, 그 뿌리는 약재로 사용된다.

16 안백도顔伯燾: 안백도(1792~1855)는 광동 연평連平 사람으로, 아편전쟁 때 주전파 중의 한 명이었다.

17 광동과 복건 연안의 수상민: 원문은 '단호蛋戶'로, 광동이나 복건의 연안 지방이나 강 위에서 수상생활을 하는 사람들을 가리킨다.

18 염군捻軍: 원문은 '염비捻匪'로, 청대 가경 연간에 일어났던 반청 무장 세력을 말한다. 염당으로 시작해 건륭, 가경을 거치면서 안휘, 산동, 하남, 호북 등 네 개 성의 변방에서 염당 활동을 벌였다.

19 홍호비紅湖匪: 위원의 『성무기聖武記』에는 '홍호비紅胡匪'로 되어 있다. 홍호비는 중국 동북 지역에서 활동하는 마적을 가리킨다.

20 오획烏獲: 전국 시대의 장사壯士이다. 『한서』 「사마상여전司馬相如傳」에 "힘은 오획이 최고이고, 민첩성은 경기가 최고이며, 용기는 맹분과 하육이 으뜸이다(力稱烏獲, 捷言慶忌, 勇期賁育)"라고 되어 있다.

21 의돈猗頓: 중국 춘추 시대의 노魯나라의 부호로, 도주陶朱와 함께 염철鹽鐵로 치부한 큰 부자이다. 지금은 '도주의돈陶朱猗頓'이 함께 사용되어 '큰 부자'나 '막대한 재산'을 지칭한다.

22 법률에 밝은 관리: 원문은 '문법지리文法之吏'이다.

23 옹정雍正: 청나라 제5대 황제인 세종世宗 애신각라윤진愛新覺羅胤禛(재위 1722~1735)의 연호이다.

24 사이직史貽直: 강소 율양溧陽 사람으로, 자는 경현儆弦, 호는 철애鐵崖이다. 사이직(1682~1763)은 강희 39년(1700) 진사에 급제한 뒤 검토檢討를 거쳐 시독학사侍讀學士까지 올랐다. 옹정 연간에 이부와 공부, 호부시랑을 역임했고, 민절총독閩浙總督을 지냈다. 병부상서에 오른 뒤 섬서순무陝西巡撫를 맡아 서정西征에 필요한 군량미를 확보하는 일을 맡았다. 건륭 연간에 호광湖廣과 직례直隸의 총독을 지냈고, 공부와 형부, 병부, 이부의 상서를 두루 역임한 다음 문연각대학사文淵閣大學士에 임

명되었다. 시호는 문정文靖이다.

25 파리곤巴里坤: 신강의 동북쪽에 위치하며, 북쪽으로 몽골국과 인접해 있다. 지형적으로 동남쪽이 높고 서북쪽이 낮으며, 높은 산과 고원, 구릉 지대를 중심으로 설산과 사막, 초원과 호수 등 다양한 지형이 발달되어 있다.

26 도광道光: 청나라의 제8대 황제인 선종宣宗 애신각라민녕愛新覺羅旻寧(재위 1820~1850)의 연호이다.

27 회강回疆: 청대 신강新疆의 천산남로天山南路를 지칭한다. 이 땅은 위구르족이 많이 모여 살며, 이슬람교를 믿는 소수민족을 대부분 회부回部라고 불렀다.

28 이리伊犁: 청대 신강부 이름이다.

29 채견蔡牽: 청나라 말기의 유명한 해적이다. 중국 남부 복건 동안 출신으로, 채건蔡騫이라고도 부른다. 채견(1761~1809)은 청대 건륭제 때 궁핍한 어민들을 이끌고 광동성 연해나 복건성의 장주, 천주 인근 지역에서 반란을 일으켰다. 그는 남부 해안의 해적 집단을 지휘하며 대만과 베트남 지역의 해적 세력까지 규합하여 청군의 포대를 습격하고 상인을 약탈하여 동남 해상의 무역에 큰 피해를 주었다. 1797년 1백여 척의 선박과 2만여 명을 통솔하며 남부 해안의 패권을 장악하여, 지역민들에게 대출해大出海라는 존칭으로 불리기도 했다. 채견은 당시 복건, 대만 사회에 커다란 영향을 끼쳤는데, 많은 호족 세력들이 안전을 위하여 그와 밀약을 맺었다. 그는 자신의 허가를 받은 배에 '면겁免劫(약탈을 면제한다)'이 쓰인 노란색의 깃발을 발급했다. 1799년 그는 영어를 구사하던 무기 전문가 임옥요林玉腰와 혼인했다. 그녀의 능력은 채견 집단의 재부 형성에 큰 역할을 했다. 1802년 복건성 하문 해안의 포대를 습격하고, 1804년에는 대만의 녹이문 지역까지 진출했다. 하지만 절강제독浙江提督 이장경의 공격으로 후퇴했다. 1805년 세력을 키워 대만 호미滬尾 지역을 근거로 반청 정권을 건립했다. 광명光明을 연호로, 스스로 진해위무왕鎭海威武王이라 칭하고,

광명정대光明正大를 새긴 옥새玉璽를 만들었다. 1807년 이장경과 복건 제독福建提督 장견승張見陞의 협공으로 광동성 해역(현재 홍콩 주변)에서 패배했다.

30 조안현詔安縣: 복건성 장주시漳州市 관할 현이다.

31 향병鄕兵: 원문은 '향용鄕勇'으로, 지방 각처에서 향토인으로 조직되어 훈련된 병력을 말한다.

32 방패: 원문은 '등패籐牌'로, 등나무 줄기에 대나무 껍질을 얽어서 방석같이 둥글게 틀어 만든 방패를 말한다.

33 주분朱濆: 주분(1749~1808)은 복건 출신으로, 해적 채견과 함께 대만을 습격하고 복건에서는 관군을 격파하기도 했다. 1806년 청나라 토벌군의 중심 인물인 이장경이 전사한 후 청 정부의 해안 방비나 상선 호위 등이 엄중해지자 투항자가 나오기 시작했고, 결국 1809년 정해에서 청군에게 대패했다.

34 오사吳沙: 복건성 장주 장포현漳浦縣 사람으로, 장주 · 천주 · 광동 사람들을 이끌고 대만으로 건너가 의란宜蘭을 개간한 인물이다. 대만은 당시 남부, 서부, 중부, 북부를 한창 개발하던 중이었으나, 동부에 위치한 의란은 독사나 맹수가 들끓고, 사나운 토착민들이 살고 있어 개발하기가 쉽지 않았다. 이에 오사(1731~1798)는 의란과 산 하나를 사이에 둔 삼초사三貂社에 살면서 토착민의 시장에 약초나 소금, 설탕, 칼 등의 물건을 내다 팔았다. 또한 그들의 신임을 얻어 그곳 여자와 결혼하고 나아가 그들의 대표가 되어 의란 개간에 큰 힘을 쏟았다.

35 사社: 행정구역의 단위이다. 매 사는 집이 몇 호부터 몇백 호에 이르기까지 다양하며, 우두머리를 사장이라고 한다. 『주례周禮』에서 25가를 '사'라고 한 데서 비롯되었으며, 원나라 때 들어서는 50가를 1사로 하고 최고 고령자를 수장으로 삼아 농사에 힘쓰게 했다. 또한 사는 정치, 군사적 단위로 사용되기도 한다.

36 붕민棚民: 산에서 움막을 짓고 사는 유민들을 말한다. 15세기 이후 조

세 제도의 문란, 토지 소유의 편중 등 다양한 원인에 의해 명초에 시행된 이갑제里甲制가 붕괴되면서 전국적인 규모의 인구 이동이 시작되었는데, 이 중 선진 농업 지역에서 미개발 지역, 특히 산간 지역으로 이주하여 옥수수 · 감자 · 고구마 등을 재배하며 생활을 영위한 집단을 말한다. 이들은 산악 지역에 임시거처인 움막을 짓고, 봄이 되면 산에 들어갔다가 가을이 되면 생활 도구나 농구를 산속 임시거처에 그대로 둔 채 하산했다. 청대에 옥수수가 보급되면서 붕민의 생활양식도 이에 따라 변화했는데, 1년 내내 산속에서 거주하며 식량 작물을 재배하고 산지를 개발했다. 명대 중기 붕민은 복건 사람들이 복건, 절강, 강서江西의 경계 지역에 걸쳐 있는 산악 지대에 분포했다면, 청대의 붕민은 사천四川에서 섬서, 복건에서 강서, 강서에서 안휘 · 강소 · 절강 · 호남 · 호북 산악 지대로 이동했다.

37 숙번熟番: 한족漢族에 동화한 야만족을 말한다.

38 갈마란청葛瑪蘭廳: 지명으로, 청나라 가경 16년(1811)에 설치되었다. 관할 소재지는 오위五圍(대만 의란)에 위치하고, 광서光緒 원년(1875)에 의란현宜蘭縣으로 이름이 바뀌었다.

39 녹영綠營: 청나라 때 상비군의 하나인 녹기의 주둔지를 말한다.

40 관천배關天培: 관천배(1781~1841)는 자가 중인仲因, 호는 자포滋圃이며 강소성 회안부淮安府 산양현山陽縣 사람으로, 청대의 애국 명장이자 민족 영웅이다.

41 남짓 되고: 원문은 '유기有奇'이다.

42 이장경李長庚: 이장경(1751~1807)은 복건 동안 사람으로, 건륭 36년에 무진사로 출발했다.

43 나사거羅思擧: 자는 천붕天鵬이고 사천 동향東鄉 사람으로, 청대의 장수이다. 나사거(1764~1840)는 어려서부터 담력이 있고 민첩했으며 나는 듯이 담을 뛰어넘었다. 집이 가난하여 진주秦州 · 예주豫州 · 천주川州 · 초주楚州 등에서 도적질했다. 후에 마음을 고쳐먹고 향용에 들어가 적을 죽이고 공을 세웠다.

44 원앙진법鴛鴦陣法: 명나라 장수 척계광이 고안한 진법으로, 원앙진은 진형을 이룬 형세가 원앙의 모습과 흡사하여 붙여진 이름이다. 원앙은 암수 한 쌍 중 한 마리가 죽으면, 남은 한 마리가 따라 죽기 때문에 붙여진 이름이라고도 하는데, 원앙진을 이룬 병사가 한 명이라도 죽으면 남은 진중의 모든 병사를 참수했다고 한다. 원앙진은 12명이 1대를 이룬다. 우선 등패와 요도를 든 등패수 2명이 앞에 서고, 그 뒤로 10명의 갖가지 무기를 든 병사가 2열 종대로 진을 갖춘다. 이 원앙진은 명나라 중기 절강성을 비롯한 동중국해 연안 일대에 출몰하는 왜구를 토벌하기 위해 만든 진법이라고 한다.

45 표염票鹽: 명청 시대에 일부 지역에서 표법票法을 시행할 때 염상들이 염세를 내면 정부에서 그 대가로 식염을 내다 팔 수 있게 했다. 순치 연간에는 표염의 할당액이 149,500장으로 1장당 1백 근이었지만, 시대별로 약간의 차이가 있다.

46 봉금산封禁山: 자바라라는 놋쇠로 만든 타악기와 비슷하게 생겨서 동발산銅鈸山이라고도 한다. 복건 · 절강 · 강서 3개의 성이 맞닿는 곳으로 면적이 사방 140리에 달하는데, 당나라 884년부터 청나라 1869년까지 천 년 동안 나라에 의해 봉금되어 사람의 발길이 닿지 않았던 지역이기 때문에 '천년봉금산千年封禁山'이라고도 한다.

47 삼합토三合土: 석회 · 모래 · 진흙을 물에 섞어 만든 건축 재료를 말한다.

海國圖志
卷二

해국도지 권2

소양邵陽 위원魏源 중집

본권에서는 「주해편」의 방어에 대해 논한 글을 이어 전쟁과 화친에 대해 논하고 있다. 전쟁에 대해 논한 글에서는 열강에 맞서기 위해서는 광동과 복건 등지에 조선소를 건설해서 군함을 비롯한 선박을 제조하고 인재를 양성해 수군을 강화할 필요가 있다고 주장한다. 화친에 대해 논한 글에서는 단지 열강과의 충돌이 두려워 그들의 요구를 수용(아편 무역을 허용)하기보다는 대체 무역을 통해 그들의 이익을 보장해 줌으로써 열강과 화친할 것을 주장한다. 또한 엄격한 법률에 입각해 아편 무역을 단속하면 아편으로 인한 해악은 저절로 사라질 것이라고 주장하고 있다.

주해편 3

전쟁에 대해 논함

내부의 방어가 견고해졌다면 이제 외부의 공격을 막아 내야 한다. 악비岳飛[1]는 "관군으로 해적[2]을 공격하는 것은 어려운 일이지만, 해적으로 해적을 공격하는 일은 쉬운 일이다"라고 했다. 오늘날 해적[3]을 이용해서 해적을 공격하는 방법은 어떠한가? 오랑캐에 대한 대책을 세우기 위해서는 반드시 오랑캐의 사정을 알아야만 하고, 오랑캐의 사정을 알기 위해서는 반드시 오랑캐의 형세를 알아야만 하니 우선 그 형세에 대해 살펴보기로 하자.

영국[4]이 꺼리는 적국은 셋으로 러시아, 프랑스, 미국이다. [영국이] 꺼리는 우리의 속국은 넷으로 구르카,[5] 미얀마, 태국, 베트남이다. 외적을 공격하는 방법에는 육상전과 해상전이 있다. 육상전은 인도[6]에서 적합하다. 인도와 국경을 접하고 있는 나라는 러시아와 구르카이다. 러시아와 영국의 수도 사이에는 몇 개의 나라가 있는데, 육로로는 연결되어 있지 않지만, 수로로는 지중해Mediterranean Sea와 발트해Baltic Sea[7]를 경유해 가면 아침에 출발해서 저녁에 도착할 수 있다.[8] 강희康熙[9] 30년(1691) 영국[10]은 일찍이 지중해를 거쳐 러시아를 공격했으나 패배하고서 돌아갔다. 이후 서로 접촉이 없었으나 유일하게 인도에서 군사 충돌이 있었다. 인도의 파미르고원[11] 서남부는 우리 중국의 후장後藏[12]·구르카·미얀마와 국경을 접하고 있으며, 영국 본토와는 수만 리 떨어져 있다. 영국이 군함으로 동인도·남인도·중인도 세 곳을 점거하자 러시아군은 흑해黑海[13]·카스피해Caspian Sea[14] 사이에 있는 여러 유목민족을 제압하고 역시 서인도·중인도와 국경을 접한 채 설산 하나를 경계로 해서 각각 중무장하고 대치했다. 동인도의 벵골Bengal,[15] 말와Malwa,[16] 남인도의 뭄바이Mumbai,[17] 마드라스Madras[18]에서는 아편이 성행해서 영국이 매년 천여만 냥의 세금을 거둬들이고 있었기 때문에 러시아도 그곳을 노리고 있었던 것이다. 영국은 인도에 있던 군함을 파견해 중국을 침범하면서도 러시아가 그 빈틈을 타고 힌두스탄Hindustan[19] 중인도.을 공격해 오지 않을까 매우 우려했다. 또한 러시아 사절로부터 이미 페테르부르크Peterburg[20] 페테르부르크는 동도東都[21]이다.를 출발해서 중국에 들어갔다는 소식을 듣고는 양동작전[22]을 몹시 우려했다. 무릇 강희 연간에 [청조는] 네덜란드를 이용해서 러시아와 조약[23]을 맺고 또한 러시아와 연합해서 준가르를 압박한 적이 있다. 영국이 러시아를 두려워하는 것은 자국에서가 아니라 인도에서이므로 이는 첫 번째로 시도해 볼 만한 기회였다.

구르카는 또한 후장의 서쪽에 있으며 동인도와 근접해 있는데, 바야흐로 건륭乾隆[24] 연간 우리 중국 군대가 구르카를 정벌할 때 영국과 인도의 군함도 역시 그 틈을 타고 동쪽 경계를 공격했다. 따라서 전년도 영국이 통상무역을 금지하자[25] 구르카가 역시 주장대신駐藏大臣[26]에게 아뢰어 군대를 보내 인도를 공격하겠다고 요청했다. 당시 만약 구르카가 인도의 동쪽을 공격하고 러시아가 그 서쪽을 공격했더라면 인도는 형세가 와해되었을 것이고 [중국을 침범한] 적(영국)의 군함도 자국 문제를 우려하게 되었을 것이다. 이는 두 번째로 시도해 볼 만한 기회였다. 따라서 시도해 볼 만한지 아닌지는 외국을 이용해야만 하니 외국을 잘 이해하고 다룰 수 있는 인재를 구해야 한다.

해상전에서는 프랑스와 미국을 당할 자가 없다. 프랑스는 영국과 하나의 항만을 사이에 두고 인접해 있으며 미국과 영국은 바다를 사이에 두고 있다. 명말 청초 시기 프랑스는 미국의 동북 지역을 개척해서 도시를 건설하고 항구를 열었는데, 영국이 기습 공격을 해서 이를 빼앗았기 때문에 프랑스와 영국은 철천지원수가 되었다. 후에 영국이 가혹하게 세금을 징수하자 미국의 13개 주가 의병을 일으켜 영국을 몰아내고 아울러 프랑스의 원조를 약속받았다. [이리하여] 3국(영국 · 미국 · 프랑스)의 전함 수백 척과 육해군 수십만 명이 수년간 전쟁을 계속했다. 미국이 [영국의] 군량 수송로를 차단하자 영국군은 굶주리게 되었다. 그래서 [영국이] 영토를 할양하면서 강화를 요구하자 미국은 마침내 옛 땅 27개 주를 모두 회복하게 되었다. 영국은 단지 동북쪽 4개 주를 시킬 뿐 감히 다시는 침범하지 못했다.

인도 지역 역시 네덜란드 · 프랑스가 개척했으나 영국이 이를 빼앗았다. 건륭 초기 인도의 수장은 프랑스 · 네덜란드 두 나라와 연합해서 영국에 저항한다는 약속을 맺었다. 몇 년간의 전쟁 끝에 비로소 동인도는 영국에 복속되었지만, 남인도는 서양 각 나라에 복속되어 항구가 세워졌으니 이것이 각 나라의 형세이다. 광동의 통상무역에서 영국은 가장 제멋대로였던 반면 프랑스 · 미국 두 나라는 대단히 규칙을 잘 준수했다. [중국이] 통상무역을 금지하자 영국은 군함으로 각 나라를 견제하면서 [중국과의] 통상무역을 허용하지 않았다. 각 나라는 모두 이를 원망하여 만약 영국이 장기간 군대를 철수하지 않는다면 반드시 각자 귀국해서 군함을 파견해 시비를 따질 것이라고 했다. 전년도에 독립 전쟁을 마무리한 미국의 대표[27]는 조정안을 냈다. 이에 찰스 엘리엇Charles Elliot[28]이 문서를 보내왔는데, "다른 것은 바라지 않고 단지 관례에 비추어 [중국과의] 통상만 바란다"라는 요청이 있었고 아울러 아편 가격이나 홍콩에 대해서는 아무런 요구를 하지 않았다. 이는 세 번째로 시도해 볼 만한 기회였다.

그러나 강화 담판이 아직 끝나지 않았는데, 우리(중국) 병사가 외국 공관을 갑자기 공격하는 바람에 잘못하여 미국의 몇몇 병사들에게 부상을 입혔다. 이에 미국 대표는 다시 조정에 나서지 않았다. 그런데 프랑스[29]가 영국과의 전쟁에서 재차 패한 이후 그 겨울 [프랑스]군 대표가 군함을 끌고 광동에 와서 장군을 만나 은밀히 군무에 대해 논의를 요구했다. 스스로 중국어에 능통한 2명의 선교사를 대동하고 와서는 통역사를 물리쳐 줄 것을 요청했다. 프랑스는 스스로 [중국을] 대신해 강소·절강에 가서 영국과 담판을 해서 반드시 굴복시켜 무리한 요구를 하지 못하게 할 수 있다고 했다. 또한 영국이 따르지 않는다면 이를 빌미로 전쟁도 불사하겠다고 했다. 이에 [프랑스는] 정월부터 총독[30]과 협상을 했는데, [중국은] 처음에는 대주代奏를 허락하지 않다가 상주를 하게 했지만, 그 말에 조리가 없어 오히려 프랑스의 진의를 헤아리지 못하고 의심만 했다. 그러다가 6월이 되어 절강에서 상주를 올려 화친을 요청하자 비로소 가는 것을 허락했다. 당시 영국의 군함은 이미 장강 깊숙이 들어와 강녕江寧[31]을 침범하고 있을 때였다. 이에 프랑스는 배를 몰아 상해에 이르러 우리 배가 인도해서 장강으로 들어가게 해 줄 것을 요청했는데, 상해 관리가 허락을 받느라 우왕좌왕하는 바람에 시간을 허비했다. 프랑스가 배를 갈아타고 장강에 들어갔을 때는 화친이 이미 끝난 지 며칠이 지난 뒤였기 때문에 프랑스는 본래의 목적을 달성하지 못하고 실망한 채 돌아갔다. 이것이 네 번째로 시도해 볼 만한 기회였다. 따라서 시도해 볼 만한지 아닌지는 외국을 이용해야만 하니, 외국을 잘 이해하고 다룰 수 있는 인재를 구해야 한다.

오늘날 진실로 서양 군함을 가져다 쓰자고 주장하면 반드시 외국의 힘을 빌리는 것은 [중국의] 약점을 노출할 염려가 있다고 할 것이다. 그러나 일단 몇 배의 약점을 노출하고 나면 달게 여기고 마다하지 않게 될 것이다. 가령 선박을 제조하는 기계를 설치하면서 외국의 장점을 배울 것을 주장하면 쓸모없는 낭비라고 할 것이다. 그러나 일단 이보다 10배를 낭비하고 나면 또한 편의상 위급한 상황을 구하기 위해서는 아까워하지 말라고 할 것이다. 진실로 외국 서적을 번역하고 외국 사정을 살필 것을 주장하면 반드시 쓸모없는 일이라고 할 것이다. 가경 연간 광동에서 한자와 외국어 발음을 대조해서 책 하나를 간행한 바 있는데, 중국인이 [외국] 문자를 이해하는 데 매우 편리했으나 광동의 관리가 [이 책의 사용을] 금지했다. 그러나 일단 유사시에 영국의 수도와 러시아의 수도가 서로 얼마나 떨어져 있는지, 혹은 영국은 어느 길로 회부回部[32]와 통할 수 있는지 물어도, 심지어 충직한 구르카가 인도를 공격하겠다고 요청해도 거절했으며, 프랑스·미국이 전함을 협조하고 협상을 중재하겠다고 해도 이를 의심했다. 2백여 년간 통상무역을 한 나라의 지리적 위치도 알지 못하고 모이고 흩어진 것도 다 알지 못하니 이러면서도 주변국의 사정에 주의를 기울였다고 할 수 있겠는가? 한나라 때 서역을 이용해 흉노를 공격하고, 당나라 때에는 토번吐番[33]을 이용해 인도를 공격했으며, 회흘回紇[34]을 이용해 토번을 공격했다. 강희제는 네덜란드의 협판선[35]을 이용해서 대만을 공격했으며, 또한 러시아와 연대해서 준가르를 압박했다. 자고로 외국을 통제한다는 것은 단지 외적들이 협력해서 우리(중국)를 공격하는 것을 방지하자는 것이지 우리가 그들과 협력해서 외적을 공격하는 것을 방지하자는 것은 아니다. 중국의 사정이 외국에 누설되는 것을 방지하고자 하는 것이지 외국의 사정이 중국에 누설되는 것을 금지한다는 것은 들어 보지 못했다. 그러므로 외국을 제어하려면 반드시 먼저 외국의 사정을 아는 것부터 시작해야 하며, 외국의 사정을 알려면 반드시 먼저 외국어 번역관을 세워서 외국의 서적을 번역하는 것부터 시작해야 한다. 변경을 다스릴 인재를 양성하려면 반드시 우선 변경의 사무에 관심을 지닌 총독과 순무를 등용하는 것부터 시작해야 한다.

혹자가 물었다. "화친을 맺은 이후에는 어떻게 해야 하는가?" 답하면 다음과 같다. 마땅히 군비를 강화해야 하는데, 이는 외국과 화친이 체결되었는지 여부와는 관계없는 일이다. 화친을 맺은 이후에도 외국은 우리의 허와 실을 염탐해서 우리의 기강이 문란함을 파고들 것이다. 따라서 군비를 엄중히 하고 침략의 야욕을 없애기 위해서는 화친을 맺지 않았을 때보다 더욱 배로 서둘러야 한다. 그러므로 문서 작성을 잘 살피고 사후 처리를 경계해야 하는 것은 마땅히 태평한 날보다 배는 더 신중하게 해야 한다. 화친을 맺기 전에는 마땅히 외국으로 외국을 공격해야 하고, 화친을 맺은 후에는 마땅히 외국의 우수한 기술을 배워 외국을 제압해야 한다. 외국의 우수한 기술에는 세 가지가 있다. 첫째는 전함, 둘째는 무기, 셋째는 군대 양성과 군대 훈련 기술이다. 국조(청조)의 전사前事에 관해 진술해 보자. 강희 초기 일찍이 네덜란드의 협판선을 이용해 대만을 소탕했었고, 서양인 페르디난트 페르비스트Ferdinand Verbiest[36]

에 명해 대포를 제작해 삼번의 난[37]을 진압했으며, 서양인을 불러서 흠천감欽天監에 들어가 역관曆官을 맡게 했다. 지금 영국은 이미 홍콩을 점거하고 재부를 축적해서 여러 나라 중에서 교만한 태도를 취하고 있으며, 또한 각지에 항구를 열고 세금을 거둬들이며 여러 나라에 생색을 내고 있다. 가령 영국이 덕을 베풀어 그 패거리를 확대하게 하느니 차라리 우리 스스로 덕을 베풀어 조력자를 포섭하는 것이 낫지 않겠는가? 생각하건대 동인도·중인도는 영국에게 점거되었지만, 남인도는 대서양 각 나라의 항구도시가 둘러싸고 있으니, 네덜란드 항구, 필리핀 항구, 포르투갈 항구, 프랑스 항구, 미국 항구, 영국 항구 등이 있다.[38] 각 항구의 면적은 수백 리에 이르는데, 각각 경계를 정하고 서로 침범하지 않았다. 각 항구에는 모두 조선소와 무기 제조국이 있었으며 아울러 다른 나라에 선박과 대포를 판매하고, 또한 때때로 군함과 화물선을 대여해 주기도 했다. 조선소에는 자재가 산처럼 쌓여 있고 숙련공들이 운집해 있어 20~30일이면 대형 전함을 제작해 돛을 달고 출항할 수 있었으니 주문만 하면 바로 처리했다. 숙련공들은 각각 서로 기술을 경쟁해서 제조하는 데 속도를 다투고 조종하는 데에도 속도를 다투어, 일 년 내내 선박을 제조하면서 그 불빛이 하늘을 밝히고 굉음은 지축을 흔들었다. 영국의 선박과 대포는 중국에서는 절묘한 기술로 보이지만, 서양 각 나라가 보기에는 매우 평범한 것이었다.

광동에서 통상무역을 한 지 2백여 년 동안 처음에는 기묘한 기술과 기물[39]을 받아들였다. 나중에는 사교邪教와 아편까지 받아들이면서도 유독 군사·무기 방면에서는 저들의 뛰어난 기술을 하나도 받아들이지 않았으니, 이는 단지 해로운 것은 기꺼이 받아들이면서 이로운 것은 받아들이지 않은 셈이다. 청컨대 광동 호문虎門[40] 밖의 사각沙角·대각大角[41]

두 곳에 조선소 한 곳, 무기 제조국 한 곳을 세운 뒤 프랑스와 미국 두 나라에서 각각 한두 명의 기술자를 초빙해 각자 서양의 숙련공들을 데리고 광동에 이르러 선박과 기계를 만들게 하자. 아울러 서양의 조타수를 초빙해 선박 운항과 함포 사격술을 가르치게 하되 흠천감 외국 관리의 예처럼 하고 복건과 광동에서 장인과 정예 병사를 선발해 이를 배우게 하자. 장인은 제조 기술을 배우고 정예 병사는 운항과 공격 기술을 배운다. 계산해 보면 중간 정도의 군함은 2만 냥 마카오 신문에 의하면 영국에서 무기를 장착한 바지선[42]은 한 척당 은 2만 냥 정도이며 세 개의 돛대를 단 대형 군함은 한 척당 은 4만 냥 정도라고 한다. 무릇 한 척당 10만 냥이 든다는 것은 모두 지나치게 황당한 이야기이다. 현재 광동의 한 의로운 인사가 미국인에게 돛대 두 개짜리 군함 제조를 주문했는데, 겨우 은 19,000냥이 들었다고 한다. 정도이니, 1백 척이라고 해 봐야 2백만 냥에 지나지 않는다. 다시 10만 냥을 들여 화륜선 10척을 제조하고 40만 냥을 들여 대포 장비들을 갖춘다 해도 소요 경비는 250만 냥에 불과하며 이로써 서양의 우수한 장점을 중국의 장점으로 다 만들 수 있는 것이다. 한 척당 병사 3백 명을 배치하면 1백 척이면 3만 명을 배치할 수 있으니 정역장군靖逆將軍 혁산奕山[43]의 상주에 의하면 외국의 돛대 세 개짜리 대형 군함에는 3백여 명, 두 개짜리 중간 군함에는 2백여 명, 화륜선에는 80~90명, 삼판선 큰 것은 60~70명, 작은 것은 20~30명이 승선할 수 있다고 한다. 광동에서 1만 명, 복건에서 1만 명, 절강에서 6천 명, 강소에서 4천 명이면 된다. 배치할 병사들은 반드시 엄격한 선발 과정을 거치는데, 연해의 어민과 용맹한 자 중에서 8할을 선발하고 예전 수군 부대에서 2할을 선발한다. 수군의 쓸데없는 지출을 모두 줄이고 통합해서 정예 병사를 모집하고 양성하는 비용으로 삼아 반드시 중국의 수군이 군함을 몰고 해외를 종횡무진할 수 있게 된다면, 해상에서 서양과 맞서 싸울 수 있을 것이다. 군량과 병사를 전혀 늘리지 않고 단지 쓸데없이 낭비되는 군비를 줄이자는 것이다.

이 방도를 널리 보급하는 데에는 또한 여섯 가지 방안이 있다. 우리도 주조국鑄造局을 보유해서 사람들에게 그 기술을 배우게 하면 1~2년 후에는 반드시 외국에 의지할 필요가 없게 된다. 가령 국내의 시계로도 역시 시각을 측정할 수 있으며 25년 후 대대적으로 수리 시기에 이르면 스스로 개조할 수 있을 것이니 이것이 첫 번째이다. 외국의 선박은 25년을 주기로 해서 수리를 한다. 주조국이 있으면 공정에 필요한 자재 및 임금의 가치를 알 수 있어 선박 1척, 대포 1문당 정가를 매긴 후에 구매할 수 있다. 무릇 외국에서는 선박이나 대포를 관에 납품하면서 저세抵稅[44]를 신청하면 받아 준다. 복건 · 광동 상인 중에 남양南洋[45]에 장사하러 갔다가 선박과 대포를 구매해서 돌아와 관에 납품하면 응당한 값을 지불한다. [이렇게 하면] 저급한 물건을 비싼 값에 사는 사기는 당하지 않게 되니 이것이 두 번째이다. 사각 · 대각에 이미 조선소 · 무기 제조국이 있으니 여기에 마카오처럼 서양식 건물을 짓고 포대를 설치하게 해 주자. 그러면 영국은 홍콩을 가지고 다른 나라에 우쭐대지 못하고 희망도 품지 못하게 될 것이다. 반면에 우리는 호문 밖의 보루를 접수해 마카오와 더불어 솥의 세 발처럼 대치하면 영국은 감히 쉽게 넘보지 못할 것이며, 광동도 이에 따라 편안해질 것이다.

가경嘉慶[46] 연간 포르투갈은 일찍이 두 척의 군함을, 영국은 네 척의 군함을 구비해 해적 소탕을 돕겠다고 제안한 바 있다. 지금도 프랑스와 미국 두 나라가 고분고분한 것은 저들이 통상무역의 이익을 탐해서이고 우리는 적절한 도움을 받아 사방의 외적들로부터 지키고 천하를 절충할 수 있으니 이것이 세 번째이다. 아편을 실은 바지선이 여기저기 널리 퍼져 있는 것은 우리 수군이 감히 단속하지 못할 것이라고 얕잡아 보기 때문이다. 지금 수군을 정비한다면 아편은 저절로 감히 들어오지 못할 것이며 은량도 자연히 유출되지 않을 것이다. 이는 재물을 이용해서 재물을 절약하는 것이니 이것이 네 번째이다. 정부에서 수군에 미정米艇[47]을 배치했는데, 한 척당 공식 가격(官價)이 4천 냥으로 서양 선박의 5분의 1에 지나지 않는다. 이리 떼고 저리 떼다 보니 공임은 그 절반에도 미치지 못한다. 정역장군 혁산이 상주해 아뢰기를 수군이 관례에 따라 선박을 정비하면서 새로이 두 척씩 건조해 등나무와 면으로 덮고 그 위에 소가죽을 덧대고 바깥에 어망을 일곱 겹 씌우고 나서도 천 근의 포로 실험사격하니 양면이 관통되어 사용할 수 없었다고 한다. 지금 제작하는 군함은 규정 가격에 구애받지 않고 있다. 만약 제대로 된 정관을 세우지 않는다면 향후 수리하거나 새로 건조하는 시기에 이르렀을 때에는 반드시 유명무실해질 것이다. 생각하건대, 서양 선박이 견고하다는 것은 모두 풍랑을 뚫고서도 먼 길을 쏜살같이 달릴 수 있기 때문이다. 지금[48] 정부의 선박은 일 년 내내 정박해 있다가 마침 순시라도 나오면 단지 문서만 들고 나올 뿐이다. 지금부터는 별일 없을 때에도 전함은 반드시 매년 해상으로 운반되는 미곡을 호송해서 천진에서 검수를 받게 해야 한다. 복건·광동에서는 태국 쌀·필리핀 쌀·대만 쌀을 호송 운반하고, 강소·절강에서는 각각 소주·송강·항주·가흥·호주 등지의 미곡을 호송하게 한다. 무릇 선박을 수주한 사람들은 모두 선박을 조종할 수 있어야 한다. 내지에서 바다로 출항하는 상인이 각각 화물을 보호해 주기를 요청하면 승낙한다. 수군 제독 관리들이 경사에 들어와 폐하를 알현할 때에는 반드시 군함을 타고 와야지 역참을 통해 육로로 오는 것을 허락해서는 안 된다. 그 부장·참유參遊(참장과 유격) 이하가 경사에 들어와 접견할 때에는 해운선을 타고 북상해야 하며 모두 육로를 통하는 것을 금지해야 한다. 문관들도 원하는 자는 배를 타고 경사에 들어오는 것을 허락한다. 다만 선박 제조를 맡고 있는 장인들은 허락하지 않으니 이것이 다섯 번째이다. 국가에서 무생武生・무거인武擧人・무진사武進士[49]를 선발하는 시험은 오로지 말을 타고 활을 쏘는 무예와 용기를 시험해서 육군 진영의 시험 과목은 있지만, 수군에 대한 과목은 없다. 서양에서는 오로지 선박 제조・선박 운항・무기 제조・특별한 기술을 가진 인재를 관리로 선발한다. 상부에서 선호하는 것은 하부에서 반드시 더 중시하고, 상부에서 하찮게 여기는 것은 하부에서 관심조차 기울이지 않는다. 오늘날 모름지기 복건・광동성의 무과 시험에 수군 과목을 증설할 필요가 있다. 가령 서양 전함・화륜선을 건조할 수 있고, 비포飛砲・불화살火箭・수뢰水雷・특별한 무기를 제조할 수 있다면 갑과甲科[50] 출신으로 인정해야 한다. 풍랑 속에서도 선박을 운항할 수 있고, 기후와 항로에 익숙하며, 총포를 수준급으로 다룰 수 있는 자라면 군인[51] 출신으로 인정해야 한다. 모두 수군 제독의 시험을 거치고 나서 총독과 함께 선발한 후에 경사로 보내 검증을 하고서 연해 수군에 파견해 기술을 가르치게 한다. 무릇 수군 장관은 반드시 조선소・군수 공장 출신으로 하고 그렇지 않으면 조타수・선원・포병 출신으로 한다. 이리하여 조정이 수군을 중시한다는 사실을 천하에 알려서 장인이나 조타수가 말타기나 활쏘기보다 지위가 낮지 않음을 보인다면, 분발해서 공명을 다투게 되어 반드시 뛰어난 재능을 지닌 인재들이 그중에서 나올 것이다. 예전 이장경李長庚[52]은 해적을 소탕할 때 언제나 몸소 배를 조종했는데, 일생동안 배를 조종한 사람이라 하더라도 그에게는 미치지 못했다. 이로 인해 수군이라면 선박과 기계를 내버려 두고 공허하게 용병술만을 논해서는 안 되며, 군비에서 선박과 대포를 내버려 두고 말타기와 활쏘기만을 중시해서는 안 된다는 것을 알게 되었으니 이것이 여섯 번째이다.

세상에서 강해질 수 없는 것에는 [어려움이] 세 가지 있다. 인재는 있으나 재력이 없는 것이 첫 번째 어려움이다. 재력은 있으나 인재가 없는 것이 두 번째 어려움이다. 인재도 있고 재력도 있으나 원료 즉 자원이다. 가 없는 것이 세 번째 어려움이다. 전쟁이 발발한 이래로 흔적도 없이 사라져 버린 비용이 수천만으로, 그중 1~2할만 있어도 군비를 정비하고도 남을 것이니 재력이 부족한 것이 아니라는 것은 명확하다. 해관에서 지출하는 비용은 정상적 세수의 몇 배나 되는데, 모두 오랜 세월 양상洋商과 관리들이 착복해 집안을 일으킨 자들이 헤아릴 수 없다. 그 비용은 모두 아편에서 나온 것인데, 어찌 수백만의 군향軍餉을 부과할 수 없다는 것인가? 그러므로 재물이 부족한 것이 아니란 것은 명확하다. 중국의 지혜로움은 미치지 않은 곳이 없으니 역학과 산학에서 일식과 월식, 윤달과 같은 계산은 조금도 어긋남이 없다. 측량기기로서 종표鐘表와 구각晷刻[53]도 서양에 뒤지지 않는다. 나침반·호루壺漏[54]는 중국에서 발명되어 서양에 전래되었다. 나침반이 중국에서 발명되었다는 것은 『화사이언』에 보인다. 화살을 쏘아 갑옷을 뚫고 무쇠솥도 들어 올릴 만큼 수군과 육군을 막론하고 모두 용기와 힘이 탁월하니 이로써 인재가 부족하지 않다는 것은 명확하다. 선박의 돛대나 선실을 만드는 데 필요한 쇠처럼 단단한 나무인 티크목(油木), 헌목櫶木,[55] 감나무 등은 모두 양광(광동·광서) 지역에서 나온다. 돛에 스며들어 불에도 잘 타지 않는 석면은 산서성에서 나오고 있다. 화약을 배합하면 물에서 더욱 잘 타오르는 석유는 감숙성에서 나온다. 관외 옥문현玉門縣 적금위赤金衛 남쪽에 있는 석유하石油河로, 올해 2월 섬감총독陝甘總督이 그것을 정제해 석유 3,600근을 얻었다. 불화살에 바르면 역풍에 더 잘 타오르는 고래기름[56]은 사천성에서 나온다. 이 모두는 군대에 명령을 내리면 하루 만에도 가지고 올 수 있다. 초석이 수차례 정제되면 흰색 결정체(화약)가 되며, 철은 여러 번 단련을 거치면 강철이 되어 모두 서양과 다를 바가 없으니 재료 역시 부족하지 않다는 것은 명확하다. 비포 · 화기는 모두 프랑스가 발명한 것을 영국이 모방한 것이고, 선박과 기계가 서로 비슷한 포르투갈 · 네덜란드 · 스페인 · 미국 등 나라는 모두 우리의 차와 황금을 탐내며 우리와 통상무역을 바라고 있다. 무리의 장점을 결집해서 하나의 장점으로 승화시키려면 사람들이 사력을 다해야 하고, 각 나라를 모아서 하나의 국가를 제어하고자 한다면 팔이 손가락 하나하나를 부리듯이 해야 한다. 진실로 우리의 군대[57]를 정비하고자 한다면, 단지 변방을 다스릴 재능 있는 양광총독을 얻으면 될 뿐이니 어떤 일이라도 할 수 없겠는가?

혹자는 이렇게 말한다. "50척의 선박과 기계를 제조 · 구매하는 데에는 1년이면 충분하고, 1백 척의 선박과 기계를 제조 · 구매하는 데에는 2년이면 다 끝낼 수 있다. 제조 및 사용 방법도 우리 무기 제조 장인에게 배우게 하면 역시 1년이면 익히고 2년이면 숙달할 수 있다. 1~2년 후에는 이미 주조할 일도 없고 또한 수리할 시기는 아직 멀었는데, 굳이 군수 공장을 세울 필요가 있겠는가?"

이에 이렇게 대답했다. 이게 무슨 말인가! 무릇 서양, 특히 영국의 군함은 5백여 척이고 프랑스의 군함은 3백여 척인데, 대체로 각 나라의 항구를 분산해서 지키기 위해 만든 것이다. 나머지 국가들의 전함 역시 각각 수십 척에 불과하지만 모두 조선소와 군수 공장을 보유해서 일 년 내내 쉬지 않고 있는 것은 왜인가? 대체로 조선소는 단지 전함을 제조하는 것만이 아니기 때문이다. 전함이 완성되면 복건 · 광동의 선박으로

남양으로 출항하는 자들은 반드시 앞다투어 모방할 것이다. 영파·상해에서 요동반도나 광동으로 무역하러 가는 상인들도 역시 반드시 집단으로 건조·구매할 것이며, 이리하여 내지의 상선 모두 풍랑의 위험을 두려워하지 않게 될 것이다. 서양의 화륜선으로 수천 섬을 실을 수 있는 것은 단지 멀리 대양을 건너기 위한 것이며, 본국 내의 하천이나 항구를 다니는 화륜선은 모두 5백 섬에서 9백 섬을 실을 수 있는 데에 불과하다. 공문이나 서한을 보낼 때 장강과 대하라도 하루 밤낮에 천 리를 갈 수 있으니 우편 배달의 번거로움을 줄일 수 있다. 조정의 대사로 시급해도 북쪽에서 알현하고 남쪽으로 돌아가는 데 10일이면 왕복할 수 있으니 산 넘고 물 건너는 고통을 면할 수 있다. 전함을 보조해서 좌초되거나 파손된 선박을 견인할 수 있으며, 신속한 화공으로 뛰어난 효과를 낼 수 있으며, 사구나 암초 등 험난한 지형을 탐사할 수도 있다. 진실로 크고 작은 선박을 증설할 수 있다면 군대와 나라의 각 방면 모두에 어찌 유용하지 않겠는가? 전함의 수요는 한계가 있지만, 상선의 수요는 한계가 없으니 이것이 조선소를 널리 추진해야 하는 첫 번째 이유이다. 무기 역시 단지 전함에만 배치하는 것은 아니다. 전함에는 공격용 대포를 사용하지만, 성루에서는 방어용 대포를 사용한다. 하물며 각 성의 녹영綠營[58]에서 사용하는 조총·불화살·화약은 모두 여기에서 제조할 수 있다. 이 외에 양천척量天尺[59]·망원경[60]·용미차龍尾車[61]·풍거風鋸·수거水鋸[62]·화륜기火輪機·화륜선·성냥[63]·제분기[64]·천근칭千斤稱[65] 등은 무릇 백성들이 사용하는 데 유익하며, 모두 여기에서 만들 수 있다. 대포를 제조하는 것은 숫자가 한정되어 있지만, 기계를 판매하는 것은 숫자가 한정되어 있지 않으니 이것이 군수 공장을 널리 추진해야 하는 두 번째 이유이다.

예전에 성인은 나무를 파고 깎아 배와 노를 만들어 통하지 못하던 곳을 통하게 하고 활과 화살을 만들어 천하에 위세를 떨쳤으니 또한 어찌 형기形器의 말단이 아니겠는가? 규괘睽卦[66]와 환괘渙卦[67]는 모두 역상易象(역의 괘에 나타난 형상)에서 가져온 것이고, 활쏘기와 말타기는 모두 육예六藝[68]에 올라가 있는데, 설마하니 화륜 · 화기가 활쏘기만 못하다는 것인가? 지남철은 주공이 만들었고 설호挈壺[69]는 『주례』에서 비롯되었으며, 유용한 물건은 기발한 기술이지 쓸모없는 잔재주는 아니다. 지금 서양의 기기는 풍력 · 수력 · 화력을 이용하는데, 이는 하늘의 조화를 벗어나 신묘한 지혜에 통달한 것으로 듣고 보고 생각하는 힘을 다하지 않음이 없으며 백성들이 사용하기 이전에 개발[70]된 것이다. 유용하기 때문에 사용하고, 유용하기 때문에 만드는 것이다. 이런 추세가 날로 더해지면서 [사람들의] 지혜도 날로 더해져 바야흐로 동양인들도 서양인들과 마찬가지로 [기기 제작에] 구름처럼 모여 달려가고 있는데, 또한 어찌 잠시 사용하다 그만둘 수 있겠는가? 예전 한나라 무제는 남월南越을 정벌하기 위해 곤명호昆明湖에서 누선樓船을 타고 수전水戰을 연습했다. 건륭 중기 금천金川 전투에서 [티베트군이] 요새와 같은 돌집(보루)에 의지한 것에서 금천의 포로들에게 명해 향산香山에 돌집을 짓게 했으며, 또한 서양인 선교사 페르비스트에게 명해 [자금성] 양심전養心殿에서 서양의 수리 기술[71]을 만들게 했다. 서양의 역사에서 러시아의 피터대제 Peter the Great[72]는 총명하고 뛰어난 인물로 묘사되고 있다. [당시] 러시아의 기술은 서양에 뒤처져 있었기 때문에 [그는] 은밀히 다른 나라의 주선소와 군수 공장을 방문해서 기술을 배운 후 돌아와 러시아에 전수해서 기계를 제조했는데, 오히려 서양보다 뛰어났다고 한다. 이로 말미암아 발흥하게 되어 마침내 유럽에서 가장 강대국이 되었다. 그러므로 국가는 사람이 일으키며, 그 성과는 요행으로 이루어지지 않는다는 사실을 알 수 있다. 오직 힘써 노력하고 의지를 굳건히 하는 자만이 나라를 풍족하게 하고 군사를 풍족하게 할 수 있는 것이다.

사람들은 단지 선박과 대포만을 서양의 장점으로 알고 있는데, 서양의 장점이 단지 선박과 대포에만 그치지 않는다는 것은 모른다. 매번 싸움터에 나가는 병사들에게는 은량 20원을 지불해 집안을 안정시키고, 상급 병사에게는 월급으로 은량 10원, 하급 병사에게는 은량 6원을 지불한다. 넉넉하게 부양하기 때문에 선발된 병사들도 뛰어나고, 훈련도 열심히 하기 때문에 지휘에 일사불란하다. 예를 들면 마카오의 외국 병사는 겨우 2백여 명에 불과하지만, 주야로 무기를 놓지 않고 비바람이 불어도 훈련을 멈추지 않는다. 해구를 공격하는 영국 병사들은 작은 배를 타고 와서 평지에 도달하면 곧 그 배를 버려 [스스로] 퇴로를 차단하고, 해안에 오른 뒤에는 줄지어 나아가는데, 행렬이 질서정연하니 [영국의 강성함이] 단지 선박의 견고함과 대포의 이로움에만 의지한다고 할 수 있겠는가? 절도가 없다면 견고한 선박과 대포를 가지고 있어도 없는 것이나 다를 바 없다. [서양처럼] 부양도 하지 않고 선발해서 훈련만 시키고자 한다면 역시 불가능할 것이다. 따라서 병사를 선발해서 훈련시키고자 한다면 먼저 병사를 부양할 계획을 세워야 하는데, [이를 위해서] 군비를 추가할 필요는 없고 단지 줄이고 통합하면 된다. 광동성 수군이 거의 4만 명에 이르나 불필요한 병사를 제외하고 계산하면 3만 명도 채 안 될 것이다. 불필요한 병사를 줄이고 정예병을 보완해서 15,000명으로 제한한다. 그러면 3만여 명의 군량으로 15,000명을 거느리는 것이므로 군량을 늘리지 않더라도 충분하다. 5천 명의 병사를 분산해서 각 해구의 포대를 방어하고 육군과 함께 서로 참여하게 하고, 1만 명의 병사는 전함에 나누어 배치하면 30여 척을 운영할 수 있다. 평상시에는 외양外洋에 나가 순찰을 돌면서 해적을 체포하거나 아편 밀매를 단속한다. 유사시에는 외적이 인근 성에 있으면 연합해 가서 지원하고, 외적이 본성에 있으면 전함을 나누어 양동작전을 전개하면 남해를 제압할 수 있을 것이다.

혹자는 이렇게 말한다. "광동 앞바다는 해안선이 3천여 리나 되어 수군 수만 명으로도 또한 두루 미치지 못하는 것을 우려하고 있는데, 지금 그 대부분을 삭감한다면 형세가 더욱 빈약해지는 것은 아닌가?"

이에 이렇게 대답했다.

수군이 많아도 두루 미치지 못했던 것은 전함이 없었기 때문이다. 바다에 나갈 전함이 없으니 해안 곳곳마다 방어해야 해서 수군을 육군처럼 사용했기 때문에 병사가 분산되어 부족하게 보였던 것이다. 지금은 정예병이 견고한 전함을 몰아, 주야로 천 리를 가서 아침에 출발해서 저녁에 도착할 수 있고 동서를 순찰할 수 있으니, 어찌 두루 미치지 못함을 근심하겠는가? 병력이 집중되면 많아 보이는 법이다. 영국의 각 개항장은 대서양에서 중국에 이르기까지 그 길이가 수만 리에 이르는데, 어찌 9만 명에 불과한 수군으로 각 나라에 분산해서 지킬 수 있는 것인가? 또한 어찌 침략해 온 병사들은 50척에 불과한데 연해 지역이 난리가 날 수 있었겠는가? 하물며 수군 외에도 본성의 녹영병은 수만 명에 이르는데, 어찌 병사를 분산해서 지키지 못할까 근심하겠는가? 전년도에 참찬參纂 양방楊芳[73]이 수군을 육군으로 개조하자는 상주를 올렸는데, 나는 해안의 수군을 통합해 전함의 수군으로 만드는 것만 못하니 이러하면 적은 힘을 들여 커다란 효과를 거둘 수 있을 것이라고 생각한다.

혹자는 이렇게 묻는다.

"서양과 서양이 전쟁을 해도 또한 서로 이기고 지고 하는데, 우리의 전함과 대포, 병사들이 아무리 정비되었다고 해도 반드시 이긴다고 보장할 수 있는가?"

이에 이렇게 대답했다.

이는 두 상대가 서로 공격하는 경우를 말하는 것이지 공격 측이 방어 측을 공격하는 경우를 말하는 것은 아니다. 무릇 힘이 균등하지 않고 기술이 동등하지 않은 양측이 서로 공격하면 힘이 강하고 기술이 뛰어난 쪽이 승리한다. 힘이 균등하고 기술이 동등한데 공격 측이 방어 측을 공격하고 방어 측이 공격 측을 맞이해 싸우면 방어 측이 승리하니 공격은 힘들고 방어는 쉽기 때문이다. 이 상황을 분석해 보자. 무릇 해상전은 오로지 유리한 고지를 다투는데, 전함이 없으면 유리한 고지에서도 승세를 잡을 수 없다. 그러나 전함이 있더라도 가령 두 상대가 해상에서 교전하게 되면 서로 유리한 고지를 다투어 [어느 쪽이] 이긴다는 보장을 할 수 없다. 만약 전함과 전략 무기가 서로 대등하고 또한 방어 측이 공격 측을 맞이해 싸운다고 하자. 풍향과 조수가 불리하면 우리 군함은 내지 항구로 피신할 수 있으나 적은 공격할 수 없고 일단 풍향과 조수가 모두 순조로워지기를 기다렸다가 우리가 즉시 나가서 공격하면 적은 피할 수가 없을 것이다. [이리하면] 우리는 적에 대한 승기를 잡을 수 있고 적은 우리에 대한 승기를 잡을 수 없을 것이니 이것이 방어 측이 공격 측을 이기는 첫 번째 이유이다. 전함이 없으면 적군의 보급선을 차단할 수 없지만, 지금 전함이 있다면 적군의 보급로를 차단해서 우리는 배부른 군대로 배고픈 적군을 맞이하니, 이것이 방어 측이 공격 측을 이기는 두 번째 이유이다. 전함이 없으면 적군이 과감히 해안에 상륙해도 그 후방을 공격할 수가 없다. 만약 전함이 있다면 적군이 해안에 상륙한 후 선박에 사람이 적은 틈을 타서 우리 병사가 그 허점을 공격하고 육군과 함께 협공을 할 수 있으니 이것이 방어 측이 공격 측을 이기는 세 번째 이유이다. 전함이 없으면 적군은 수 척의 배로 여러 성의 항구를 나누어 봉쇄해서 열흘이면 각 성의 지역을 두루 혼란에 빠트릴 수 있다. 전함이 있다면 적군의 배가 감히 집결해 분산되지 못하고 우리 병사가 도착해서 인근 성의 전함과 더불어 협공할 수 있으니 이것이 방어 측이 공격 측을 이기는 네 번째 이유이다. 그러므로 서양 각 나라의 전쟁사를 살펴보면, 무릇 영국이 미국 본토로 건너가 공격했을 때에는 미국이 승리했고, 영국이 러시아 본토로 건너가 공격했을 때에는 러시아가 승리했다. 만약 영국과 각 나라가 서로 해상에서 공격과 방어 구분 없이 싸웠더라면 유리한 고지를 차지한 쪽이 승리했을 것이다.

혹자는 이렇게 묻는다.

"조선소 · 군수 공장을 광동에 설치하면 복건 · 상해 · 영파 · 천진에도 장차 세워야 하는가? 세우지 말아야 하는가? 전함 1백 척으로 과연 연해 7개 성에서 두루 사용할 수 있는가?"

이에 이렇게 대답했다.

연해 지역 상인이 스스로 공장을 세워 선박과 무기를 제조해서 사용하거나 혹은 판매를 원할 경우에는 허락한다. 정부가 주관하는 조선소 · 군수 공장은 광동에 설립하면 그만이다. 설립한 이후에는 각 해안으로 이동하면 되니 도처에 세울 필요는 없다. 대체로 단지 한 곳에 집중하면 기술도 쉽게 정교해질 수 있지만, 도처에 세우면 전부 정교해질 수는 없다. 한 곳에 세우면 책임자 한 명으로 충분하지만, 도처에 세우게 되면 반드시 모두 적절한 인재를 얻을 수는 없다. 전함이 이미 건조된 이후에는 내륙에서 이를 모방해 건조되는 상선이 날로 늘어날 것이므로 전함은 반드시 건조를 늘릴 필요는 없다. 왜 그런가? 서양의 화물선과 전함은 동일하게 견고하며 크기도 같다. 단지 무기를 장착했느냐 아니냐의 차이만 있을 뿐이다. 화물선 역시 포안砲眼을 갖고 있어 철판을 제거하면 대포를 설치할 수 있다. 내지에서 평상시 해적을 소탕할 때 복건·광동의 상선을 동원[74]했는데, 하물며 후일 상선은 모두 서양 선박과 동일해서 유사시에는 즉시 징발하면 되니 어찌 전함을 보좌해서 사용하기 어렵겠는가? 단지 수군은 반드시 복건·광동을 주력으로 하고 강소·절강을 보좌로 하면 된다. 왜 그런가? 복건 전투에서 적함이 남오항에 정박해 있을 때, 민절총독 등정정鄧廷楨[75]은 수군을 모집해서 상선으로 가장해 바람이 불지 않는 틈을 타 공격했다. 적함이 눈치를 챘을 때는 이미 우리 수군이 배의 후방을 공격해 돛대를 매단 줄[76]을 불태우고 조타수와 선원들에게 타격을 가한 뒤였다. 적함은 바람이 불지 않아 닻을 올리고 떠날 수도 없었고, 근접해 있어서 대포를 쏠 수도 없었다. 또한 작은 배는 외부에 젖은 천막을 둘렀기 때문에 총탄도 뚫을 수 없었다. 한참 후 바람이 불고 나서야 비로소 적함은 달아날 수 있었다. 이는 강소·절강의 수군으로는 불가능하다. 광동 전투를 보면, 관군이 바야흐로 성 밖에서 패배하자 무거武擧 양체군梁體群은 야밤에 화주火舟[77] 3개대를 거느리고 천비양穿鼻洋[78]에서 적의 후방을 차단 공격하고는 조류를 타고 호문의 횡당橫檔 포대[79]에 이르렀다. 적함이 대포 사격을 개시했지만, 우리 화주가 이미 그 후미에 접근해서 화약고를 폭파시키자 두 개의 돛대가 공중으로 날아가며 선박이 완전히 파괴되었다. 불산佛山[80]의 의용군은 또한 구강龜岡 포대에서 적군을 포위 차단하고 바람이 불어오는 방향에서 에워싸고 독가스를 뿜어 적들의 눈을 교란시킨 후 적군을 섬멸했다. 아울러 지원하러 오는 삼판선도 공격해 격파했는데, 이는 강소·절강의 수군으로는 불가능하다.

정역장군 혁산이 상주해서 아뢰길 "광동의 수군 8명이 작은 배를 타고 노를 저어 나는 듯이 지그재그로 달립니다. 적의 대포가 닿을 만한 거리에 이르면 배를 뒤집어 물속으로 들어가 배를 머리에 이고 전진하다 적함에 이르면 다시 배를 바로 세워 올라타 불덩어리와 분통噴筒[81]으로 돛대를 매단 줄을 불태웁니다. 기회가 되면 적함에 올라타고 그렇지 않으면 다시 물로 들어가 배를 뒤집어 가니 적군의 총포가 모두 미치지 못하는데, 이미 [이러한 수군을] 2백여 명 모집했습니다"라고 한다. 이는 강소·절강에서는 있을 수 없는 일이다. 적함이 사포乍浦[82]를 침범했을 때, 일부 선박은 진해鎭海 초보산招寶山에 남아 있었다. 한 관리가 복건인 3백여 명을 모집했는데, 화주는 적에게 발각되기 쉽다고 해서 다음과 같은 계책을 올려 커다란 기름 광주리에 각각 화약 2백 근을 담아 작은 대나무로 만든 뗏목에 싣고 쇠사슬로 뗏목의 네 귀퉁이에 고정해서 목에 걸치고 손으로 광주리와 뗏목을 잡고 수면에 바싹 붙어 잠수해 가니 멀리서는 보이지 않았는데, 적함의 후미에 이르러 자맥질해서 조타 위에 걸쳐 놓고 불을 붙여 터트리니 배 전체가 즉시 파괴되었다. 얼마 뒤에 저지하는 자가 있어 격문을 돌려 중지했다. 이 또한 강소·절강에서는 있을 수 없는 일이다. 이는 모두 전함이 없을 때 사용할 수 있는 것이다. 하물며 전함을 배치해서 그 장점을 이용한다면 외적도 두려워할 것인데, 이것이 어찌 다른 성에서 할 수 있는 일이겠는가? 그러므로 강소·절강의 수군은 오로지 해운을 보호해야 하고 복건·광동의 수군은 오로지 해적을 소탕해야 한다. 한구漢口·과주瓜洲·전당강錢塘江에도 역시 잠수해서 강 밑을 기어갈 수 있는 사람이 있지만, 각 지역마다 겨우 20~30명에 불과해 많다고는 할 수 없다.

혹자는 이렇게 묻는다.

"그대는 「의수편」에서 오로지 내지의 강이나 근해 연안을 방어해서 적함과 적의 대포가 그 장기를 발휘하지 못하게 한다면 안남이 적을 타격한 것 같은 공적을 거둘 수 있을 것이라고 했는데, 또한 어찌 선박과 무기를 배울 필요가 있으며, 조선소와 군수 공장을 세울 필요가 있다는 것인가?"

이에 이렇게 대답했다.

적군이 대양을 횡행하는 것은 일상적이지만, 해안에 상륙하거나 내지의 하천으로 들어오는 것은 어쩌다가 일어나는 일이다. 적들은 천성이 교활하고 의심이 많아서 가령 우리 해안 병사들이 방비하고 있는데, 저들이 해안에 상륙하지 않는다면 어찌하겠는가? 내지 하천을 방비하고 있는데, 저들이 내지 하천으로 들어오지 않는다면 어찌하겠는가?

[적군이] 처음 이르렀을 때를 살펴보자. 광동에서 원한을 품고도 공격하지 않았고, 이어서 하문에서도 원한을 품었으나 힘들여 공격하지 않았다. 갑자기 주산 지역에 쳐들어왔을 때도 반년 동안 주위만 맴돌았지 깊숙이 들어오지는 못했다. 이는 내지의 허와 실을 파악하지 못해 아직 두려운 바가 있었기 때문이다. [그런데] 광동이 주체적으로 협상을 하면서 방어 체제를 해제하고 나자 [적군은] 호문을 격파하고 도시를 포위해서는 거리낌 없이 방자하게 굴기 시작했다. 다시 하문·정해를 격파하고 영파로 이동해서는 더욱 거리낌이 없었다. 다시 사포·보산·상해를 격파하고 장강으로 이동해서는 더욱 거리낌이 없었다. 가령 광동에서 초기에 방비했던 것같이 적군이 내지의 하천이 방비되어 있고 훈련된 수군과 화주를 갖추고 있다는 것을 알았다면, 감히 사지로 깊숙이 들어오려 했겠는가? 예전 광동에서는 초기에 적군을 섬멸할 준비를 하고 있었지만, 그 기회가 없었다.[83] 강소·절강에서는 근래 외적을 섬

멸할 수 있는 기회가 있었으나 준비가 되어 있지 않았다. 또한 적의 군함은 50척, 화물선 20여 척, 화륜선 10척인데, 주강·용강·황포강에 침입한 것은 모두 군함 7~8척, 화륜선 2~3척, 소형 삼판선 10여 척일 뿐이고 나머지는 바다에 정박해 있었다. 그러므로 내지의 하천에서 적함을 섬멸한다고 하더라도 기묘한 전술로는 누차 승리를 장담할 수 없고 교활한 적군 역시 재차 실수를 범하지는 않을 것이다. 또한 적들은 중국 항만의 이점을 탐하고 있고 안남·일본의 경우처럼 관계가 끊어지는 것을 원하지 않기에 차후에는 해상전이 반드시 일어날 것이다. 아편을 실은 바지선이 먼바다에 정박해 있으니 군함이 없다면 무엇으로 이를 공격할 수 있겠는가? 그러니 해상전을 피할 수는 없다. 적함 수십 척 전부가 편대를 이루어 들어올 수 있는 곳은 장강이 유일하다. 장강은 강폭이 비록 해양에 비해 좁지만 다른 항구에 비해 배나 넓어 적함은 각 항구에 흩어져 정박해서 한곳에 모이지 않는다. 따라서 올출兀朮의 기발한 화공[84]을 사용하더라도 기후나 풍향을 맞추기가 매우 어려워 섬멸한다 해도 3분의 1에 불과하다. 결국 적함 대부분이 달아나지 않을까 우려되니 역시 추격해서 소탕해야만 한다.

실제로 적군은 우리 내지의 하천을 두려워해 동에 번쩍 서에 번쩍, 아침에는 남쪽 저녁에는 북쪽에 나타나 오로지 소요만 일으키는데, 적군은 뱃길로 하루면 갈 수 있는 것을 우리 병사들은 육로로 며칠을 가야 비로소 도착할 수 있다. 적군이 절강성을 공격하면 각 성의 병사를 징발해서 절강성을 방어해야 한다. 적군이 강소성을 공격하면 각 성이 병사를 징발해서 강소성을 방어해야 한다. 같은 성안에서도 오늘은 사포를 공격하고 내일은 오송吳淞[85]을 공격하며 다음 날은 다시 돌아와 진해를 어지럽힐 수 있다. 그러면 우리 병사는 또 정신없이 사방에서 차출되어 일일이 맞설 틈이 없을 것인데, 어찌 곳곳마다 병사를 파견해 때맞춰 방어할 수 있겠는가? 하물며 전함과 무기는 곧 군비의 필수품으로 2백만~3백만 냥이면 충분하고 이것은 군비의 10분의 1도 되지 않는데, 무엇을 꺼려서 시행하지 않고 사방의 적들에게 무시를 당하는가? 게다가 서양식 전함과 대포를 가졌다고 해서 아무 때나 전쟁을 할 수 있는 것은 아니다. 적군이 속도전을 무기로 한다면 우리는 신중함을 무기로 한다. 서로 싸우는 것이 아니라 단지 서로 대치하면서 적군이 움직이면 우리도 같이 움직이고, 적군이 멈추면 우리도 같이 멈춘다. [적군은] 마실 물을 길을 곳이 없고 소나 양을 약탈할 데도 없으며, 탄약을 배급받을 데도 없고 철물도 구매할 수 없으며, 손상된 돛줄을 정비할 수도 없고 담배나 잡화를 살 곳도 없으며, 방향키나 총을 수리할 곳도 없다. 또한 [우리] 수군이 잠수해서 은밀히 기습 공격을 하기에 편안히 정박할 수도 없다. 총알 한 발을 쏘면 총알 한 발이 줄어들고, 적군 한 명을 사살하면 적군 한 명이 줄어들며 배 한 척을 격파하면 배 한 척이 줄어든다. 그래서 우리 연해의 주요 지역은 이미 전함이 외부를 보호하고 있기 때문에 내지의 하천이나 연안 근처는 두 다리 뻗고 편안히 잘 수 있다. 그러므로 우리가 취할 수 있는 대응책은 다음과 같다. 휴식을 충분히 취하고서 피로한 적군을 맞이하고, 배불리 먹고서 굶주린 적군을 맞이하며 많은 병사로 소수의 적군을 맞이하는 것이니, 이리하면 전함 수십 척을 가지고 수백 척에 맞먹게 활용할 수 있을 것이다. 하물며 적군은 큰 군함을 본체로 하고 소형 삼판선을 사족四足으로 삼고 있는데, 어선과 쾌속선을 많이 모집해 소형 삼판선을 집중적으로 파괴해서 소형 배가 섬멸되면 대형 군함도 역시 우리의 손에 들어온 것이나 다름없다. 따라서 [중요한 것은] 유능한 지도자를 얻는 것이다! 유능한 지도자를 얻는 것이다!

籌海篇三

議戰

內守旣固, 乃禦外攻. 岳飛曰: "以官軍攻水賊則難, 以水賊攻水賊則易." 今以海夷攻海夷之法如何? 籌夷事必知夷情, 知夷情必知夷形, 請先陳其形勢.

英夷所憚之仇國三: 曰俄羅斯, 曰佛蘭西, 曰彌利堅. 憚我之屬國四: 曰廓爾喀, 曰緬甸, 曰暹羅, 曰安南. 攻之之法: 一曰陸攻, 一曰海攻. 陸攻在印度. 逼壤印度者, 曰俄羅斯與廓爾喀. 俄與英之國都中隔數國, 陸路不接, 而水路則由地中海與洲中海, 朝發夕至. 康熙三十年間, 英吉利曾由地中海攻俄羅斯, 敗績遁歸. 自後不相往來, 而兵爭專在印度. 印度者, 葱嶺西南, 與我後藏·廓爾喀·緬甸接壤, 去英夷本國數萬里. 英夷以兵艄據東·南·中三印度, 而俄羅斯兵, 則由黃海·裏海間, 取遊牧諸部, 亦與西·中二印度接壤, 止隔一雪山, 各以重兵拒守. 自東印度之孟阿臘之麻爾注, 南印度之孟邁之曼達喇薩, 鴉片盛行, 英夷歲收稅銀千餘萬, 俄羅斯覬覦之. 及英夷調印度兵艘, 入犯中國, 深恐俄羅斯乘其虛以搗温都斯坦. 中印度. 又傳聞俄夷使者已自比特革起程入中國 比特革, 其東都也, 惴惴懼其犄角. 蓋康熙中用荷蘭以款俄羅斯, 又聯俄羅斯以逼準噶爾. 故英夷之懼俄羅斯者, 不在國都而在印度, 此機之可乘者一.

廓爾喀者, 亦在後藏之西, 與東印度逼處, 方乾隆中, 我師征廓夷時, 英夷印度兵船, 亦乘勢攻其東境. 故上年英夷罷市後, 廓夷亦即禀駐藏大臣, 願出兵攻擊印度. 當時若許廓夷攖其東, 俄羅斯搗其西, 則印度有瓦解之勢, 寇艘有内顧之虞, 此機之可乘者二. 故可乘而不乘, 非外夷之不可用也, 需調度外夷之人也.

海攻之法, 莫如佛蘭西與彌利堅. 佛蘭西國逼近英夷, 止隔一海港, 彌利堅與英夷則隔大海. 自明季國初之際佛蘭西開墾彌利堅東北地, 置城邑, 設市埠, 英夷突攻奪之, 於是佛夷與英夷深讐. 及後英夷横徵暴斂, 於是彌利堅十三部起義驅逐之, 兼約佛蘭西爲援. 三國兵船數百艘, 水陸數十萬, 不解甲者數載. 彌利堅斷其餉道, 英軍饑困. 割地請和, 彌利堅遂盡復故地二十七部. 英夷止守東北隅四部, 不敢再犯.

即印度地亦荷蘭・佛蘭西开之, 而英夷奪之. 乾隆初, 印度上酋約佛蘭西・荷蘭二國, 合拒英夷. 連兵數載, 始分東印度屬英夷, 而南印度屬西洋諸夷, 立市埠, 此各國之形也. 其互市廣東, 則英夷最桀驁, 而佛・彌二國最恪順. 自罷市以後, 英夷并以兵艘防遏諸國, 不許互市. 各國皆怨之, 言英夷若久不退兵, 亦必各回國, 調兵艘與之講理. 去年靖逆出師以後, 彌利堅夷目即出調停. 於是義律來文 有"不討別情, 只求照例通商"之請, 并煙價香港亦不敢索. 此機之可乘者三.

款議未定, 而我兵突攻夷館, 反誤傷彌利堅數夷. 於是彌利堅夷目不復出力. 而荷蘭西於英夷再次敗盟之後, 是冬有兵頭兵船至廣東, 求面見將軍, 密禀軍務. 自携能漢語之二僧, 請屏去通使. 自言願代赴江・浙與英夷議款, 必能折服, 不致無厭之求. 倘英夷不從, 亦可借詞與之交兵. 乃自正月與大帥晤商, 始則不許代奏, 及奏又支離其詞, 反以叵測疑佛蘭西. 延至六月, 聞浙江奏請款撫, 始許其行. 時英夷兵船, 已深入長江犯江寧. 於是佛蘭西船駛至上海, 請我舟導其入江, 而上海官吏, 又往返申請稽時. 迨佛蘭西易舟入江, 則款事已定數日, 盡飽溪壑, 佛蘭西悵然而返. 此機之可乘者四. 故可乘而不乘, 非外夷之不可用也, 需調度外夷之人也.

今日之事, 苟有議徵用西洋兵舶者, 則必曰借助外夷恐示弱. 及一旦示弱數倍於此, 則甘心而不辭. 使有議置造船械, 師夷長技者, 則曰糜費. 及一旦糜費十倍於此, 則又謂權宜救急而不足惜. 苟有議翻夷書, 刺夷事者, 則必曰多事. 嘉慶間, 廣東有將漢字夷字對音, 刊成一書者, 甚便於華人之譯字, 而粵吏禁之. 則一旦有事, 則或詢英夷國都與俄羅斯國都相去遠近, 或詢英夷何路可通回部, 甚至廓夷效順, 請攻印度而拒之, 佛蘭西・彌利堅願助戰艦, 願代請款而疑之. 以通市二百年之國, 竟莫知其方向, 莫悉其離合, 尚可謂留心邊事者乎? 漢用西域攻匈奴, 唐用吐番攻印度, 用回紇攻吐番. 聖祖用荷蘭夾板船攻臺灣, 又聯絡俄羅斯以逼準噶爾. 古之馭外夷者, 惟防其協寇以謀我, 不防其協我而攻寇也. 止防中華情事之泄於外, 不聞禁外國情形之泄於華也. 然則欲制外夷者, 必先悉夷情始, 欲悉夷情者, 必先立譯館, 翻夷書始. 欲造就邊才者, 必先用留心邊事之督撫始.

問曰: "既款之後, 如之何?"

曰: 武備之當振, 不係乎夷之款與不款. 既款以後, 夷瞰我虛實, 藐我廢弛. 其所以嚴武備, 絶狡啓者, 尤當倍急於未款之時. 所以徵具文・飾善後者, 尤當倍甚於承平之日. 未款之前, 則宜以夷攻夷, 既款之後, 則宜師夷長技以制夷. 夷之長技三: 一, 戰艦, 二, 火器, 三, 養兵・練兵之法. 請陳國朝前事: 康熙初, 曾調荷蘭夾板船以剿臺灣矣, 曾命西洋南懷仁制火砲以剿三藩矣, 曾行取西洋人入欽天監以司曆官矣. 今夷人旣以據香港, 擁厚貲驕色於諸夷, 又以開各埠·裁各費, 德色於諸夷. 與其使英夷德之以廣其党羽, 曷若自我德之以收其指臂? 考東·中二印度據於英夷, 其南印度則大西洋各國市埠環之, 有荷蘭埠, 有呂宋埠, 有葡萄亞埠, 有佛蘭西埠, 有彌利堅埠, 有英吉利埠. 每一埠地各廣數百里, 此疆彼界, 各不相謀. 各埠中皆有造船之廠, 有造火器之局, 幷鬻船鬻砲於他國, 亦時以兵船貨船, 出租於他國. 其船廠材料山積, 工匠雲輳, 二三旬可成一大戰艦, 張帆起舵, 嗟咄立辦. 其工匠各以材藝相競, 造則爭速, 駛又爭速, 終年營造, 光燭天, 聲殷地. 是英夷船砲在中國視爲絶技, 在西洋各國視爲尋常.

廣東互市二百年, 始則奇技淫巧受之. 繼則邪教毒煙受之, 獨於行軍利器, 則不一師其長技, 是但肯受害不肯受益也.

請於廣東虎門外之沙角·大角二處, 置造船廠一, 火器局一, 行取佛蘭西·彌利堅二國, 各來夷目一二人, 分携西洋工匠至粵, 司造船械. 幷延西洋柁師, 司教行船演砲之法, 如欽天監夷官之例, 而選閩·粵巧匠精兵以習之. 工匠習其鑄造, 精兵習其駕駛·攻擊. 計每艘中號者, 不過二萬金以内 英夷有軍器之躉船, 每艘値銀二萬餘員, 大兵船三桅者每艘値銀四萬員, 見澳門新聞紙. 凡侈言每艘需十萬金者皆妄也. 現在廣東義士, 請彌利堅人造二桅兵船, 果僅費銀萬九千兩. 計百艘不過二百萬金. 再以十萬金造火輪舟十艘, 以四十萬金造配砲械, 所費不過二百五十萬, 而盡得西洋之長技爲中國之長技. 每艘配兵三百人, 計百艘可配三萬人 靖逆將軍弈山奏: 夷三桅大兵船三百人, 二桅中號兵船二百餘人, 火輪船八九十人, 杉板船大者六七十人, 小者二三十人. 廣東一萬, 福建一萬, 浙江六千, 江蘇四千. 其所配之兵, 必憑選練, 取諸沿海漁戶梟徒者十之八, 取諸水師舊營者十之二. 盡裁幷水師之虛粮·冗粮, 以爲募養精兵之費, 必使中國水師可以駛樓船於海外, 可以戰洋夷於海中. 不增一餉一兵, 而但裁幷冗濫之兵餉.

此其章程可推廣者尙有六焉. 我有鑄造之局, 則人習其技巧, 一二載後, 不必仰賴於外夷. 如內地鐘表亦可以定時刻, 逮二十五年大修之期, 卽可自行改造, 一也. 夷艘例二十五年一修. 有鑄造之局, 則知工料之値, 工食之値, 每艘每砲有定價, 然後可以購買. 凡外夷有願以船砲售官抵稅者聽. 閩商·粵商出販南洋, 有購船砲歸, 繳官受値者聽. 不致以昂價贋物受欺, 二也. 沙角·大角, 旣有船廠·火器局, 許其建洋樓, 置砲臺, 如澳門之例. 英夷不得以香港驕他夷, 生觖望. 而我得收虎門之外障, 與澳門鼎峙, 英夷不敢倔强, 廣東從此高枕.

嘉慶中, 澳夷曾備兵船二, 英夷備兵船四, 願助剿海盜. 今更得佛·彌二夷效順, 彼貪市舶之利, 我收爪牙之助, 守在四夷, 折衝萬里, 三也. 鴉片躉船敢於蔓延者, 欺我水師之不敢攻剿. 今水師整飭, 鴉煙自不敢來, 紋銀自不透漏. 以用財爲節財, 四也. 官設水師米艇, 每艘官價四千, 已僅洋艘五分之一. 層層扣蝕, 到工又不及一半. 靖逆將軍弈山奏言: 水師例修之船, 新造二隻, 覆以藤棉, 加以牛皮, 外施魚網七層, 演試千斤之砲, 打穿兩面, 不能適用. 今製海艦, 不拘例價. 若不善立章程, 則將來修造之期, 必然有名無實. 考洋艘所以堅固, 皆由駛犯風濤, 遄行萬里. 今官艘終歲停泊, 會哨徒有具文. 自後卽無事之期, 而戰艘必歲護海運之米, 驗收天津. 閩·廣則護運暹米·呂宋米·臺灣米, 江·浙則各護蘇·松·杭·嘉·湖之米. 凡承造之人, 卽皆駕駛之人. 凡內地出洋之商, 願稟請各艘護貨者聽. 凡水師提鎭大員入京陛見, 必乘海艘, 不許由驛陸進. 其副將參遊以下入京陛見, 或附海運之舟北上, 總禁由陸. 其文吏願乘海艘入京者聽. 惟不許承辦船工, 五也. 國家試取武生·武擧人·武進士, 專以弓馬技勇, 是陸營有科而水師無科. 西洋則專以造船·駕船, 造火器·奇器取士掄官. 上之所好, 下必甚焉, 上之所輕, 下莫問焉. 今宜於閩·粵二省武試, 增水師一科. 有能造西洋戰艦·火輪舟, 造飛砲·火箭·水雷·奇器者, 爲科甲出身. 能駕駛颶濤, 能熟風雲沙線, 能槍砲有準的者, 爲行伍出身. 皆由水師提督考取,會同總督拔取送京驗試, 分發沿海水師教習技藝. 凡水師將官, 必由船廠・火器局出身, 否則由舵工・水手・砲手出身. 使天下知朝廷所注意在是, 不以工匠・柁師視在骑射之下, 則爭奮於功名, 必有奇材絶技出其中. 昔李長庚剿海賊, 皆身自持柁, 雖老於操舟者不及. 故知水師不能舍船械而空談韜略, 武備不能舍船砲而專重弓馬, 六也.

天下有不可强者三. 有其人, 無其財, 一難也. 有其財, 無其人, 二難也. 有其人, 有其財, 無其材, 謂材料. 三難也. 自用兵以來, 所糜費數千萬, 計出其十之一二, 以整武備有餘, 則財非不足明矣. 海關浮費, 數倍正稅, 皆積年洋商與官吏所肥囊, 起家不貲. 其費皆出自鴉片, 豈不當派數百萬之軍餉? 則財又非不足明矣. 中國智慧, 無所不有, 曆算則日月薄蝕, 閏餘消息, 不爽杪毫. 儀器則鐘表晷刻, 不亞西土. 至羅針・壺漏, 則創自中國, 而後西行. 羅針始自中國, 見『華事夷言』. 穿札扛鼎, 則無論水陸, 皆擅勇力, 是人才非不足明矣. 船桅船艙所需鐵力之木, 油木・櫁木・柹木, 皆産自兩廣. 蓬帆浸以晉石, 火不能焚, 出自山西. 火藥配以石油, 得水愈熾, 出自甘肅. 關外玉門縣赤金衛迤南之石油河, 本年二月陝甘總督解至石油三千六百斤. 火箭參以江豚油, 逆風更猛, 出自四川. 軍符所下, 旦夕可至. 硝提數次而煙白, 鐵經百鍊而鋼純, 皆與西洋無異, 則材料又非不足明矣. 飛砲・火器皆創自佛蘭西, 而英夷效之, 以及船械相等之葡萄亞・荷蘭・呂宋・彌利堅等國, 皆仰我茶・黃, 貪我互市. 欲集衆長以成一長, 則人爭效力, 欲合各國以制一國, 則如臂使指. 誠欲整我戎行, 但得一邊才之兩廣總督, 何事不可爲哉?

或曰: "五十艘之船械, 且造且購, 一年而可集, 百艘之船械, 且造且購, 二年而畢集. 卽其制造施用之法, 以我兵匠學之, 亦一年而可習, 二年而可精. 是一二年後, 已無鑄造之事, 尙遠重修之期, 更何局廠之設乎?"

曰: 是何言也! 夫西洋惟英吉利國兵船五百餘艘, 佛蘭西國兵船三百餘艘, 蓋爲分守各國埠頭而設. 其餘各國戰艦, 亦各不過數十艘, 而皆有船廠·火器局, 終年不息者, 何哉? 蓋船廠非徒造戰艦也. 戰艦已就, 則閩·廣商艘之泛南洋者, 必爭先效尤. 寧波·上海之販遼東·販粤洋者, 亦必群就購造, 而內地商舟皆可不畏風颶之險矣. 西洋火輪舟之受數千石者, 止爲遠越重洋, 其在本國內河·內港之火輪舟, 皆不過受五百石至九百石而止. 以通文報, 則長江·大河, 晝夜千里, 可省郵遞之煩. 以驅王事, 則北覲南旋, 往還旬日, 可免跋涉之苦. 以助戰艦, 則能牽淺滯損壞之舟, 能速火攻出奇之效, 能探沙礁夷險之形. 誠能大小增修, 詎非軍國交便? 戰艦有盡, 而出鬻之船無盡, 此船廠之可推廣者一. 火器亦不徒配戰艦也. 戰艦用攻砲, 城壘用守砲. 況各省綠營之鳥銃·火箭·火藥, 皆可於此造之. 此外量天尺·千里鏡·龍尾車·風鋸·水鋸·火輪機·火輪舟·自來火·自轉碓·千斤稱之屬, 凡有益民用者, 皆可於此造之. 是造砲有數, 而出鬻器械無數, 此火器局之可推廣者二.

古之聖人, 刳舟剡楫, 以濟不通, 弦弧剡矢以威天下, 亦豈非形器之末? 而睽渙取諸易象, 射御登諸六藝, 豈火輪·火器不等於射御乎? 指南制自周公, 挈壺創自『周禮』, 有用之物, 卽奇技而非淫巧. 今西洋器械, 借風力·水力·火力, 奪造化, 通神明, 無非竭耳目心思之力, 以前民用. 因其所長而用之, 卽因其所長而制之. 風氣日開, 智慧日出, 方見東海之民, 猶西海之民, 雲集而鶩赴, 又何暫用旋輟之有? 昔漢武欲伐南越, 爰習樓船水戰於昆明湖. 乾隆中以金川恃碉險, 爰命金川俘卒建碉於香山, 又命西洋人南懷仁制西洋水法於養心殿. 而西史言俄羅斯之比達王聰明奇傑. 因國中技藝不如西洋, 微行遊於他國船廠·火器局學習工藝, 反國傳授, 所造器械, 反甲西洋. 由是其興勃然, 遂爲歐羅巴洲最雄大國. 故知國以人興, 功無倖成. 惟厲精淬志者, 能足國而足兵.

人但知船砲爲西夷之長技, 而不知西夷之所長不徒船砲也. 每出兵以銀二十員安家, 上卒月餉銀十員, 下卒月餉銀六員. 贍之厚故選之精, 練之勤故禦之整.

卽如澳門夷兵僅二百餘, 而刀械則晝夜不離, 訓練則風雨無阻. 英夷攻海口之兵, 以小舟渡至平地, 輒去其舟, 以絶反顧, 登岸後則魚貫肩隨, 行列嚴整, 豈專恃船堅砲利哉? 無其節制, 卽僅有其船械, 猶無有也. 無其養贍, 而欲效其選練, 亦不能也. 故欲選兵練兵, 先籌養兵, 兵餉無可議加, 惟有裁弁之而已. 粤省水師將及四萬, 去虛伍計之, 不及三萬. 汰其冗濫, 補其精銳, 以萬五千人爲率. 卽以三萬有餘之糧, 養萬五千之卒, 則糧不加而足. 以五千卒分防各口砲臺, 與陸營相參, 以萬人分配戰艦, 可得三十餘艘. 無事日, 令出哨外洋, 捕海盜, 緝煙販. 有事寇在鄰省, 則連䑸赴援, 寇在本省, 則分艘犄角, 可以方行南海矣.

或曰: "粤洋綿長三千餘里, 水師數萬, 尙虞不周, 今裁汰大半, 不彌形单寡乎?"

曰: 水師多而不敷, 以無戰艦也. 無戰艦出洋, 則口岸處處出防, 以水師當陸師之用, 故兵以分而見寡. 今以精兵駕堅艦, 晝夜千里, 朝發夕至, 東西巡哨, 何患不周? 是兵以聚而見多. 英夷各處市埠, 自大西洋至中國, 首尾數萬里, 何以水師不過九萬卽能分守各國? 又何以入寇之兵不過五十艘, 而沿海被其騷動? 況水師外, 尙有本省綠營數萬, 何患其無兵分守? 前年楊參贊有請水師改爲陸兵之奏, 吾謂不如弁岸上之水師爲船上之水師, 用力少而收效廣.

問: "西洋與西洋戰, 亦互有勝負, 我卽船砲士卒一切整齊, 亦何能保其必勝?"

曰: 此爲兩客相攻言之, 非爲以客待主言之也. 夫力不均, 技不等而相攻, 則力强技巧者勝. 力均技等而以客攻主, 以主待客, 則主勝, 攻勞守逸. 請言其狀. 夫海戰全爭上風, 無戰艦則有上風而不能乘. 卽有戰艦而使兩客交鬪於海中, 則互爭上風, 尙有不能操券之勢. 若戰艦戰器相當, 而又以主待客. 則風潮不順時, 我艦可藏於內港, 賊不能攻, 一俟風潮皆順, 我卽出攻, 賊不能避. 我可乘賊, 賊不能乘我, 是主之勝客者一. 無戰艦, 則不能斷賊接濟, 今有戰艦, 則賊之接濟路窮, 而我以飽待饑, 是主之勝客者二. 無戰艦, 則賊敢登岸, 無人攻其後. 若有戰艦, 則賊登岸之後, 舶上人少, 我兵得襲其虛, 與陸兵夾擊, 是主之勝客者三.

無戰艦, 則賊得以數舟, 分封數省之港, 得以旬日遍擾各省之地. 有戰艦, 則賊舟敢聚不敢散, 我兵所至, 可與鄰省之艦夾攻, 是主之勝客者四. 故歷考西洋各國交兵, 凡英吉利往攻彌利堅本國, 則彌利堅勝, 以英吉利往攻俄羅斯本國, 則俄羅斯勝. 若英吉利與各國互戰於海中, 無分主客, 則舵師得上風者勝.

問曰: "船廠·火器局設於粤東矣, 其福建·上海·寧波·天津, 亦將倣設乎? 不倣設乎? 戰艦百艘, 果足敷沿海七省之用乎?"

曰: 沿海商民有自願倣設廠局以造船械, 或自用·或出售者聽之. 若官修戰艦·火器局則止需立於粤東. 造成之後, 駛往各岸, 無事紛設. 蓋專設一處則技易精, 紛設則不能盡精. 專設則責成一手, 紛設則不必皆得人. 戰艦旣成以後, 内地商艘倣造日廣, 則戰艘不必增造. 何者? 西洋貨船與兵船堅固同, 大小同. 但以軍器之有無爲區别. 貨船亦有砲眼, 去其鐵板, 卽可安砲. 内地平時剿賊, 尙動雇閩·廣商艘, 況日後商艘盡同洋船, 有事立雇, 何難佐戰艦之用? 惟水師則必以閩·廣爲主, 而江·浙爲輔. 何則? 福建之役, 夷船泊於南澳港, 鄧制軍所募水勇, 佯作商舟, 乘無風攻之. 夷艘甫覺, 我水勇已逼其後艄, 焚其帆索, 傷其柁師水手. 夷艘無風不能起椗, 逼近不能開砲. 且小舟外障濕幔, 銃彈不能入. 良久風起, 夷船始遁. 此江·浙水勇所不能也. 粤東之役, 官軍方失利於城外, 而我武擧梁體群, 夜以火舟三隊, 從穿鼻洋截攻其後, 乘潮至虎門橫檔. 夷船甫開一砲, 而我火舟已逼其後梢, 火藥艙轟發, 兩桅飛起空中, 全艘俱毁. 佛山義勇, 又圍截夷兵於龜岡砲臺, 繞出上風, 縱毒煙以眯夷目, 盡殲夷兵. 并擊破其應援之杉板舟, 此江·浙水勇所不能也.

靖逆將軍奏言: "粤中水勇以小舟八人蕩槳, 旋折如飛. 將及夷砲所沂之處, 卽覆舟入水, 戴之而行, 及至夷船, 仍翻舟而上, 以火球噴筒焚其帆索. 得勢卽躍上夷船, 不得勢卽仍下水覆舟而行, 銃砲皆不能及, 已募得二百餘人." 此江·浙所無也. 夷船犯乍浦時, 餘艘留踞鎭海招寶山. 有委員雇閩勇三百餘, 以火舟易使賊覺, 獻策用大油簍各裝火藥二百斤, 載以小竹筏, 以鐵索拴筏四角, 套於項頸, 手扶簍筏, 貼水潛行, 遠望不見, 及至夷船後, 潛挂柁上, 火發轟烈, 全船立毁. 旣而有尼之者, 飛檄中止. 此亦江・浙所無也. 此皆在無戰艦之時, 可用若是. 況配入戰艦, 用其所長, 外夷尙且畏之, 豈他省所及? 故江・浙舟師宜專護海運, 而閩・粤舟師宜專剿海寇. 漢口・瓜洲・錢塘江, 亦有没水之人, 能伏行江底, 然每處僅二三十人, 不能多也.

問: “子於「議守篇」, 專守內河, 守近岸, 使夷船夷砲失其所長, 已可收安南創敵之功, 則又何艘械之足學, 而廠局之足設耶?”

曰: 夷兵之橫行大洋者, 其正也, 其登岸及入內河者, 其偶也. 夷性詭而多疑, 使我岸兵有備而彼不登岸, 則若之何? 內河有備, 而彼不入內河, 則若之何? 觀其初至也. 以結怨之廣東而不攻, 繼以結怨之厦門而不力攻. 及突陷舟山, 徘徊半載而不敢深入. 是猶未測內地之虛實, 尙有所畏也. 自廣東主款撤防, 破虎門, 圍省會, 而夷始肆然無忌矣. 再破厦門・定海, 駛入寧波, 而益無忌矣. 再破乍浦・寶山・上海駛入長江, 而益無忌矣. 使夷知內河有備, 練水勇, 備火舟, 如廣東初年之事, 其肯深入死地哉? 故廣東初年有殲夷之備, 而無其機. 江・浙近年有殲夷之機, 而無其備. 且夷兵舶五十艘, 貨船二十餘艘, 火輪舟十艘, 其闖入珠江・入甬江・入黃埔江者, 皆不過兵艦七八艘, 火輪二三艘, 杉板小舟十餘而已, 其餘仍寄椗大洋. 卽使殲其內河諸艇, 而奇功不可屢邀, 狡夷亦不肯再誤. 且夷貪戀中國市埠之利, 亦斷不肯卽如安南・日本之絶交不往, 此後則非海戰不可矣. 鴉片躉船仍泊外洋, 無兵艦何以攻之? 又非海戰不可矣. 夷船全帮數十艘, 駛入者惟長江. 江面雖狹於外洋, 而倍闊於他港, 夷艘散泊各岸, 不聚一處. 卽用兀朮之火攻, 而天時風色難必, 亦不過殲其三分之一. 究恐有竄出大半之艦, 則亦非追剿不可矣.

苟夷畏我內河, 專肆驚擾, 聲東擊西, 朝南暮北, 夷人水行一日可至者, 我兵陸行必數日方至. 夷攻浙則調各省之兵以守浙. 夷攻江, 則又調各省之兵以守江. 卽一省中, 而有今日攻乍浦, 明日攻吳淞, 後日又回擾鎭海. 我兵又將雜然四出, 應接不暇, 安能處處得人, 時時設備? 況戰艦火器, 乃武備必需之物, 二三百萬, 乃軍需十分之一, 何憚不爲而見輕於四夷? 況有洋艦洋砲之後, 亦非漫然浪戰也. 客兵利速戰, 主兵利持重. 不與相戰, 而惟與相持, 行與同行, 止與同止. 無淡水可汲, 無牛羊可掠, 無硝藥可配, 無鐵物可購, 無蓬纜可補, 煙土貨物無處可售, 柁槍無處可修. 又有水勇潛攻暗襲, 不能安泊. 放一彈卽少一彈, 殺一夷卽少一夷, 破一船卽少一船. 而我之沿海腹地旣有戰艦爲外衛, 則內河近岸, 高枕無虞. 所至接濟策應. 逸待勞, 飽待饑, 衆待寡, 是數十艘可當數百艘之用. 況夷兵以大艘爲身, 以杉板小舟爲四足, 但多募漁舟快艇, 專毁其杉板小舟, 小舟盡則大舟亦可爲我有. 在得人而已! 在得人而已!

주석

1 악비岳飛: 악비(1103~1141)는 남송 초기의 무장으로 자는 붕거鵬擧이며, 하남성 탕음현湯陰縣 사람이다. 남송을 공격하는 금나라와 싸워 여러 차례 승리를 거두었으나 금나라와 화친을 주장하는 재상 진회秦檜에게 죽임을 당했다. 진회가 죽은 후 명예가 회복되어 악왕鄂王으로 추존되었다.

2 해적: 원문은 '수적水賊'이다. 『송사』 「악비전岳飛傳」에는 '수구水寇'로 되어 있다.

3 해적: 원문은 '해이海夷'이다.

4 영국: 원문은 '영이英夷'이다.

5 구르카: 원문은 '곽이객廓爾喀'으로, 즉 네팔Nepal이다.

6 인도: 원문은 '인도印度'로, 오늘날 인도, 파키스탄, 방글라데시 등의 나라를 포함한다.

7 발트해Baltic Sea: 원문은 '주중해洲中海'로, 세계 최대의 염해이다.

8 아침에 출발해서 저녁에 도착할 수 있다: 원문은 '조발석지朝發夕至'이다. 실제로 수로의 거리는 매우 멀기 때문에 아침에 출발해서 저녁에 도착할 수 있다는 것은 다소 과장된 것이다.

9 강희康熙: 청나라 제4대 황제 성조聖祖 애신각라현엽愛新覺羅玄燁(재위 1661~1722)의 연호이다. 강희제는 중국 역사상 가장 오랫동안 제위에 있었던 인물로 저명하다. 삼번의 난과 정성공 세력을 진압함으로써 청조 지배의 기틀을 다졌다.

10 영국: 원문은 '영길리英吉里'이다.

11 파미르고원: 원문은 '총령葱嶺'이다.

12 후장後藏: 티베트의 시가체日喀則 지구를 가리킨다. 티베트는 라사拉薩 지구인 전장前藏과 가다커噶大克 지구인 아리阿里와 함께 세 지역으로 구분했다.

13 흑해黑海: 광서 2년본에는 '황해黃海'로 되어 있으나, 악록서사본에 따라 고쳐 번역한다.

14 카스피해Caspian Sea: 원문은 '리해裏海'로, 중앙아시아와 동유럽 경계에 있는 세계 최대의 내륙호이다. 면적은 371,000㎢로서 한반도보다도 넓다.

15 벵골Bengal: 원문은 '맹아랍孟阿臘'이다. 오늘날 방글라데시 및 인도의 서벵골주를 포함한다. 당시 아편의 최대 산지는 인도 비하르주Bihar의 파트나Patna와 우타르프라데시주의 바라나시Varanasi(전 Benares)를 가리키는데, 이 두 지역에서 생산된 아편을 서양에서는 벵골 아편Bengal Opium이라고 불렀다.

16 말와Malwa: 원문은 '마이와麻爾洼'이다. 남인도에 위치하며, 당시 아편의 주요 산지 중 세 번째에 해당한다.

17 뭄바이Mumbai: 원문은 '맹매孟邁'이다. 지금은 맹매孟買라고 표기하며, 당시 아편의 최대 수출 항구였다. 영국 동인도 회사를 통해 뭄바이에서 수출된 벵골 아편은 중국 및 동남아시아로 판매되었다.

18 마드라스Madras: 원문은 '만달라살曼達喇薩'이다.

19 힌두스탄Hindustan: 원문은 '온도사탄溫都斯坦'이다. 펀자브의 5개 강 유역과 갠지스평야가 이루는 분지 지역으로 토지가 비옥해서 인구가 밀집해 있으며, 인도의 주요 중심지이다.

20 페테르부르크Petersburg: 원문은 '비특혁比特革'이다. 광서 2년본에는 '비혁특比革特'으로 되어 있으나, 악록서사본에 따라 고쳐 번역한다. 페테르부르크는 지금의 상트페테르부르크Sankt Peterburg이다.

21 동도東都: 동러시아의 도성을 의미한다.

22 양동작전: 원문은 '의각犄角'이다. 사슴을 잡을 때 뒷발을 잡고 뿔을 잡는다는 뜻에서 앞뒤에서 적을 공격하는 것을 의미한다.

23 조약: 네르친스크조약을 가리킨다.

24 건륭乾隆: 청나라 제6대 황제 고종高宗 애신각라홍력愛新覺羅弘曆(재위 1735~1795)의 연호이다.

25 통상무역을 금지하자: 원문은 '파시罷市'이다. 1840년 6월, 광주에 도착한 영국 함대가 해상 봉쇄를 선언하면서 광동에서의 통상무역을 금지한 것을 가리킨다.

26 주장대신駐藏大臣: 티베트에 주재하는 대신이다. 17세기 후반 준가르의 갈단(噶爾丹)이 오이라트의 패권을 장악하고 고비사막 북방에 있는 할하부를 공격하자 할하부의 제후가 1693년 강희제에게 보호를 요청해 왔다. 강희제는 이를 계기로 대군을 거느리고 갈단을 공격해 대파하고 고비사막 북방까지 영역을 확장했다. 갈단이 사망한 후 서북쪽에서 다시 체제를 정비한 준가르가 1717년 티베트를 침공했다. 강희제는 1720년 군대를 파견해 준가르 세력을 몰아내고 1728년에는 주장대신을 파견해 티베트 지도자인 달라이라마와 협력해서 티베트를 통치하는 체제를 확립했다.

27 대표: 원문은 '이목夷目'이다. 청나라 말 외국의 대표자를 오랑캐의 두목이라는 의미에서 지칭한 말이다.

28 찰스 엘리엇Charles Elliot: 원문은 '의율義律'로, 바로 사리의율査理義律이다. 찰스 엘리엇(1801~1875)은 영국의 외교관으로서 대청 무역의 전권을 지닌 상무총감으로 근무했으며, 1841년 홍콩의 초대 행정관을 역임해 영국 식민지로서 홍콩을 건설한 인물이다.

29 프랑스: 원문은 '하란서荷蘭西'인데, 프랑스를 가리키는 '불란서佛蘭西'의 오류로 보인다.

30 총독: 원문은 '대수大帥'이다. 청대 지방 군대의 총책임자인 총독을 가리킨다.

31 강녕江寧: 남경의 주요 도시이다.

32 회부回部: 청대 중국 신강新疆의 천산天山 이남 지역이다. 청대 이 지역에는 거주민을 회인回人(현재의 위구르인)이라고 했기 때문에 회부라고

불렀다.

33 토번吐番: 티베트고원의 중앙에 성립된 고대 왕국으로 7세기 손챈감포에서 9세기 중순 랑다르마에 이르기까지 2백여 년간 지속된 티베트 지역 역사상 국력이 가장 강했던 왕조이다. 당은 이 시기 티베트에서 존속한 왕조를 '토번'이라고 불렀고, 이 명칭은 14세기 중순까지 티베트의 통칭으로 사용되었다.

34 회흘回紇: 회골回鶻이라고도 한다. 위구르족이 세운 제국으로 몽골고원에서 준가르분지 동부에 걸쳐 세력을 떨쳤던 유목국가이다.

35 협판선: 원문은 '협판선夾板船'으로, 갑판이 2층으로 이루어진 대형 범선이다.

36 페르디난트 페르비스트Ferdinand Verbiest: 원문은 '남회인南懷仁'으로, 벨기에 출신의 예수회 선교사이다. 1659년 중국에 온 페르비스트(1623~1688)는 서양의 천문학과 수학에 통달해 처음에는 예수회 수사 아담 샬Adam Schall을 도와 흠천감(국립천문대)에서 근무했다. 강희 원년(1662) 양광선楊光先을 중심으로 하는 보수파의 반대 운동에 부딪혀 아담 샬과 함께 북경 감옥에 갇혔다. 이어 보수파가 실각하자 다시 흠천감의 일을 맡게 되었으며, 궁정의 분수 등을 만들어 강희제의 신임을 받아 공부시랑工部侍郎의 직위를 하사받았다 또한 서양풍의 천문기기를 주조하고 그것을 해설한 『영태의상지靈台儀像志』(1674) 16권을 출판했으며, 같은 해에 『곤여도설坤輿圖說』이라는 세계 지도를 펴냈다.

37 삼번의 난: 원문은 '삼번三藩'으로 청나라 강희제 시기 1673년에 일어난 한인 무장에 의한 반란이다. 삼번이란 운남의 오삼계吳三桂, 광동의 상지신尙之信, 복건의 경정충耿精忠을 가리킨다. 이들 삼번은 번 내에서 군사권을 비롯해 재정, 인사 등을 장악해 청나라 중앙정부로부터 거의 반독립적인 상태에 있어, 청조의 위협이 되었다. 이에 청조가 번의 철폐를 결정하자 반발해서 반란을 일으킨 것이다. 반란군은 '반청복명'을 내걸었으나 명나라의 황족을 옹립한 것도 아니고, 또한 오삼계는 명나라의 망명정권을 멸망시킨 장본인이었기 때문에 한인

들의 지지를 얻지 못했다. 삼번의 난으로 청나라는 한때 국가적 위기 상황에 처하기도 했으나 반란을 진압하고 나서 중국 지배의 기틀을 확보하게 되었다.

38 남인도는 … 등이 있다.: 스페인과 미국은 인도에 식민지를 두지 않았다.

39 기묘한 기술과 기물: 원문은 '기기음교奇技淫巧'이다. 『서경書經』「태서편泰誓篇」에 나오는 말이다.

40 호문虎門: 광동성 동완시東莞市 서남부, 주강珠江의 동쪽 기슭에 위치한 진鎭이다. 아편전쟁 당시 임칙서는 이곳 호문에 포대를 설치해서 영국과의 전쟁에 대비했으며, 현재 아편전쟁 박물관이 있다.

41 사각沙角 · 대각大角: 호문진 외곽에 위치한 포대로서 사각 포대와 대각 포대는 호문해구의 첫 번째 방어선이었다.

42 바지선: 원문은 '돈선躉船'이다. 무동력 선박으로 통상 연안에 고정해 놓고 화물을 적재해 놓거나 승하차용으로 사용했다. 잔교棧橋라고도 하며, 청말 영국 상인은 이 바지선에 아편을 쌓아 놓고 해상에서 거래를 했다.

43 혁산奕山: 혁산(1790~1878)의 자는 정헌靜軒, 만주 양람기인鑲藍旗人이다. 청조 황실의 종친으로 도광제의 조카뻘이다. 시위侍衛로 출발해 이리참찬대신伊犁參贊大臣 · 이리장군伊犁將軍 등의 관직을 역임했다.

44 저세抵稅: 기업이 자기가 생산한 재화에 소모되는 원재료 · 부품 · 연료 등에 포함된 세금계산서의 부가가치를 공제받는 것으로 '매입세액공제'를 말한다.

45 남양南洋: 널리 현재의 동남아시아Southeast Asia 일대 및 그 해역을 가리킨다. 위원은 본서에서 『지리비고地理備考』의 '오세아니아주Oceania'를 '남양'이라고 수정했는데, 『지리비고』에서 언급하는 인도네시아 · 필리핀 등 나라의 해역을 '남양'이라고 부른 것 외에 현재는 보편적으로 태평양의 해역 역시 '남양'으로 부르고 있다.

46 가경嘉慶: 청나라 제7대 황제 인종仁宗 애신각라옹염愛新覺羅顒琰(재위

1796~1820)의 연호이다.

47 미정米艇: 청대 광동 일대를 항해하던 상선의 일종으로 견고하고 신속하기로 유명하다. 대형 미정은 미곡 2,500섬을 실을 수 있고 중형은 2천 섬, 소형은 1,500섬을 실을 수 있었다고 한다. 『경주부지瓊州府志』에 의하면 가경 4년(1799), 광동 수군의 주력선인 간증선赶繒船과 거선艍船이 선체가 너무 무겁고 미정보다 신속하지 못했기 때문에 수군 선대의 절반을 미정으로 교체했다고 한다. 대형 미정은 선체 길이가 30여 미터이고 구식 대포 30문을 탑재할 수 있었다.

48 지금: 원문은 '금今'이다. 광서 2년본에는 '영令'으로 되어 있으나, 악록서사본에 따라 고쳐 번역한다.

49 무생武生 · 무거인武擧人 · 무진사武進士: 청조는 역대로 시행했던 무과 제도를 계승했는데, 문과와 마찬가지로 동시童試, 향시鄕試, 회시會試, 전시殿試 4단계로 나누어 거행했다. 여기에서 동시에 합격한 사람을 무수재武手才 혹은 무생武生이라고 했고, 향시에 합격한 사람을 무거인武擧人, 회시에 합격한 사람을 무진사武進士라고 했다. 전시에 합격한 사람은 성적에 따라 삼갑三甲으로 나뉘었는데, 그중 1등을 무장원武狀元, 2등을 무방안武榜眼, 3등을 무탐화武探花라고 불렀다.

50 갑과甲科: 과거 시험에서 가장 우수한 성적으로 급제하는 것을 가리킨다. 송대 이래 진사 시험을 갑과, 거인 시험을 을과라고도 했다.

51 군인: 원문은 '항오行伍'이다.

52 이장경李長庚: 청대 무관으로, 복건성 동안현同安縣 사람이다. 이장경(?~1807)은 무진사 출신으로 가경 2년(1797)에 팽호 수군 부장에 임명되어 대만해협을 지키면서 수천 명의 수군을 통솔했다. 그 후 공적을 세워 절강제독으로 승진했으나, 가경 12년(1807) 해적 채견蔡牽과의 해상전 중에 전사했다.

53 종표鐘表와 구각晷刻: 시간을 측정하는 기기이다. '구각'은 해시계(구)와 물시계(각)를 말한다.

54 호루壺漏: 예전에 시간을 측정하던 기기의 일종으로 조선 시대의 자격

루와 유사하다.

55 헌목櫶木: 중국에서 산출되는 상록교목의 일종으로 재질이 매우 단단해서 조선용으로 사용된다.

56 고래기름: 원문은 '강돈유江豚油'이다. 해돈유海豚油라고도 한다. 돌고래의 지방 조직에서 뽑아낸 기름이다.

57 군대: 원문은 '융항戎行'이다.

58 녹영綠營: 청나라 상비군 중의 하나이다. 순치順治 초기 청나라는 전국을 통일하는 과정에서 편입된 명나라 군대 및 한족 군인을 명나라의 옛 군제에 따라 영營을 기본 단위로 해서 조직, 재편했는데, 녹색 깃발을 표지로 했기 때문에 이를 녹영 또는 녹기병이라고 했다.

59 양천척量天尺: 태양 · 달 · 별과 같은 천체와 지평선 사이의 각을 측정하는 기구로 '육분의六分儀'라고도 한다.

60 망원경: 원문은 '천리경千里鏡'이다.

61 용미차龍尾車: 강물을 끌어올리는 데 사용하는 수차로 용골차龍骨車라고도 한다.

62 풍거風鋸 · 수거水鋸: 풍거는 공기압을 이용한 절단기이며, 수거는 수압을 이용한 절단기를 말한다.

63 성냥: 원문은 '자래화自來火'이다.

64 제분기: 원문은 '자전대自轉碓'이다.

65 천근칭千斤稱: 천근정千斤頂이라고도 하는데, 공작물이나 구조물 등을 들어 올리기 위하여 사용되는 기구로 지금의 기중기에 해당한다.

66 규괘睽卦: 역경의 64괘 중 38번째 괘이다. 세상의 사물은 어긋남이 오래되면 반드시 합쳐진다는 것으로 나와 상반되는 존재야말로 감응해 새로운 생명과 가치를 창조하는 소중한 짝임을 강조한다.

67 환괘渙卦: 역경의 64괘 중 59번째 괘이다. 이산된 인심을 수습하는 방도, 또는 험난함을 극복하는 방도에 관해 말하고 있다.

68 육예六藝: 주周나라 시대 행해지던 교육 과목으로 예禮(예절) · 악樂(음악) · 사射(활쏘기) · 어御(말타기) · 서書(글 읽기) · 수數(셈하기)가 있다.

69 설호挈壺: 설호씨挈壺氏 혹은 설호정挈壺正의 약칭으로 주나라 시대 시각을 맡은 관직명이다.

70 백성들이 사용하기 이전에 개발: 원문은 '이전민용以前民用'이다. 『주역』 「계사전」 상에 "이로써 하늘의 도에 밝고 백성의 연고를 살펴서 이 신물을 일으키니 백성들이 사용하기 이전에 개발한 것이다(是以明於天之道而察於民之故, 是興神物, 以前民用)"라는 글이 있는데, 서양의 기기 역시 백성들을 살펴서 필요한 것을 미리 개발한 것이라는 의미이다.

71 수리 기술: 원문은 '수법水法'이다.

72 피터대제Peter the Great: 원문은 '비달왕比達王'이다. 러시아 역사상 가장 뛰어난 통치자이자 개혁자로 칭송받는 로마노프 왕조의 표트르 1세Pyotr I(재위 1682~1725)이다.

73 양방楊芳: 양방(1770-1846)은 청대의 명장으로 아편전쟁 시기 광주에서 영국군을 물리친 바 있다.

74 동원: 원문은 '동動'이다. 광서 2년본에는 '칙勅'으로 되어 있으나, 악록서사본에 따라 고쳐 번역한다.

75 민절총독 등정정鄧廷楨: 원문은 '등제군鄧制軍'이다. 자는 유주維周 또는 해균嶰筠이고, 강소성 강녕 사람이다. 등정정(1776~1846)은 1801년 진사에 급제해 한림원 편수가 되었다. 1840년 민절총독에 취임해 아편전쟁이 발발하자 복건성 해방을 강화해, 7월 2일에는 하문에서 영국군을 격퇴한 바 있다.

76 돛대를 매단 줄: 원문은 '범삭帆索'이다. 선박의 돛을 올리거나 내리는데 쓰는 돛대에 매어 놓은 줄을 가리키는데, 용총줄 또는 마룻줄이라고도 한다.

77 화주火舟: 화공 장비를 갖춘 전선을 가리킨다.

78 천비양穿鼻洋: 광주시 남사구南沙區와 동완 그리고 심천深圳 사이에 위치한 바다를 가리킨다.

79 호문의 횡당橫檔 포대: 호문 포대는 명나라 때 왜적의 침략에 대응하기 위해 설치되었다. 아편전쟁 당시 호문의 양쪽 연안에는 11개 포

대와 3백여 개의 대포가 설치되어 3개의 방어선이 구축되었다. 첫 번째는 대각·사각 포대, 두 번째는 횡당, 영안永安, 위원威遠, 정원靖遠 등 포대, 세 번째는 대호大虎 포대이다. 이 중 횡당 포대가 있는 두 번째 포대가 가장 중요한 방어선이었다.

80 불산佛山: 광주시의 남서쪽에 위치한 도시이다. 수륙 교통의 요충지에 위치해 전통적으로 상공업이 발달해 18세기에는 한구漢口와 맞먹는 중국의 4대 상업도시 가운데 하나로 번성했다.

81 분통噴筒: 대나무통에 화약을 넣고 심지에 불을 붙여 폭발시키는 무기이다.

82 사포乍浦: 절강성 가흥시에 위치한 항구도시이다.

83 예전 광동에서는 … 없었다: 1840년 2월 영국의 원정단은 군함 16척, 무장선 5척, 수송선 28척의 함대와 약 4천 명의 병사를 거느리고 중국으로 향했다. 함대는 그해 6월, 광주에 도착해 해상 봉쇄를 선언했다. 당시 흠차대신 임칙서는 광동에서 호문 포대를 정비하는 등 전쟁에 대비해서 철저하게 준비하고 있었다. 이에 영국군은 만반의 준비를 갖춘 광동에서의 일전은 피하는 것이 상책이라고 생각하고 북상해 대고大沽·천진을 포격했다.

84 올출兀朮의 기발한 화공: 올출은 완안종필完顔宗弼(?~1148)로, 금나라 태조太祖, 즉 아골타의 넷째 아들이다. 그는 황천탕 전투에서 한세충의 군에 포위되었으나 기발한 화공을 사용해서 탈출한 것으로 유명하다.

85 오송吳淞: 상해시 북부에 위치한 항구도시로 황포강이 양자강으로 합류하는 지점에 있다.

주해편 4

화친에 대해 논함

우리는 외적의 강함을 근심하고 외적은 우리의 이점을 탐해 양측이 서로 견제하면서 무사하길 바라는 것이 오늘날 화친을 주관하는 자들의 은밀한 계략이 아니겠는가? 아편으로 인해 매년 소모되는 중국의 재정은 수천만 냥을 헤아리는데, 우리의 재정이 고갈될수록 저들은 더욱 강해지니 이를 어찌할 것인가? 그러면 [화친을 주관하는 자들은] 이렇게 말한다. "단지 내지에서 [아편의] 흡입을 금지하면 그만이다." 그러한 견해를 가진 사람들에게 과연 내지에서 [아편의] 흡입을 엄금할 수 있는지 묻고 싶다. 그러면 또 말할 것이다. "[이런 일은] 급하게 서두르지 말고 느긋하게 해야 한다. 급하게 서두르면 외국의 침략을 유발하고 내란을 일으킬 수 있다." 아아! 슬프다. 주변의 강하고 악랄한 외적들은 나날이 항구에 도박장을 개설해서 우리 자제들을 유혹하고 우리 경제 기반을 무너트리며 우리 미풍양속을 해치고 있는데, 하루아침에 관계를 끊고 통상을 거부하면 우리를 공격하며 도발할 것이다. 줏대 없이 조정하려는 자들은 말한다. "한시적으로 도박장 개설을 허가하자. 하루 도박을 하면 하루가 무사하고 백 년 도박을 하면 백 년이 무사하다. 우리의 재정이 소모되든 말든 신경 쓰지 말자. 우리의 경제가 파탄이 나든 말든 신경 쓰지 말자. 우리의 자제가 망가지든 말든 신경 쓰지 말자." 외적의 우환을 해결하기 위해서는 반드시 외적의 사정을 헤아려야 한다. 그렇다면 우선 외적의 사정을 설명한 후에 저들의 말을 증명해 보자.

중국은 차와 생사[1]로 외적을 제어하고 외적은 아편으로 중국을 어지럽히는데, 이는 모두 유사 이래 없었던 일로 본조(청조)에서 비롯된 것이다. 차가 서양에 전래된 것은 강희제 시기부터이며 아편이 중국에 들어온 것 역시 강희제 시기부터이다. 처음에는 약재에 준해서 세금을 거두었으며 건륭 30년(1765) 이전에는 매년 2백 상자에 불과했으나 가경 원년(1796)에 이르러 [아편을] 즐기는 자들이 날로 늘어남에 따라 비로소 수입을 금지했다. 가경 말기 매년 밀매되는 아편은 3천여 상자에 이르렀다. 처음에는 마카오에 적재해 놓다가 이어서 황포黃埔[2]로 옮겼다. 도광道光[3] 초기 황제의 명을 받들어 단속을 실시하자 다시 영정양零丁洋[4]의 바지선으로 옮겼다. 영정양은 노만산老萬山[5] 안쪽에 있는데, 수로가 사통팔달해 국내외 모든 상선이 외양으로 출입할 때에 반드시 거치는 곳이다. 외적선이 도착하면 모두 우선 아편을 바지선에 싣고 나서 화물로 수입된다. 처음에는 바지선도 4~5척에 불과하고 아편도 많아야 4천~5천 상자[6]에 불과해 소각할 수 있을 정도여서, 지방 장관이 은밀히 상주하길 "청컨대 잠시 회유해 보다가 서서히 금지해 보겠다"라고 했다. 이에 미적거리다 날로 심해져서 급격히 증가해 [바지선이] 25척에 이르렀고 아편 양도 2만 상자[7]에 이르니, 곧 도광 6년(1826) 순찰선을 설치한 이후 순찰선 수병들이 매달 정기적으로 뇌물을 받고 밀매를 눈감아 주면서 금기가 무너졌다. 도광 12년(1832)에 이르러 비로소 순찰선을 폐지했지만, 그 적폐는 이미 돌이킬 수 없는 지경이 되었다.

도광 17년(1837) 순찰선을 다시 설치했는데, 1천 상자마다 보답 차원에서 몇 상자를 수군에게 바치기로 합의해서 아편은 마침내 4만~5만 상자에 이르렀다. 도광 17년(1837) 광동에서 영국과의 무역 수지 통계는 다음과 같다. 생사 은가 6,590,000원, 차 은가 14,000,000원, 백반白礬 · 구슬 공예품 · 장뇌樟腦 · 계피 · 자기 · 대황大黃 · 사향 · 적포赤布 · 백당白糖 · 빙당冰糖 · 우산 등 1,226,000원 해서 모두 영국 측이 광동에서 구매한 물품은 21,816,000원이다. 수입으로는 면화 8,220,000원, 677,000섬. 쌀 238,000원, 210,000섬. 나사羅紗[8] 1,550,000원, 우사羽紗[9] 400,000원, 서지Serge[10] 800,000원, 우단羽緞[11] 50,000원, 양포洋布 700,000원, 면사 730,000원, 1,800섬. 수은 230,000원, 2,000섬. 주석 295,000원, 15,000섬. 납 89,000원, 14,000섬. 철 48,000원, 16,000섬. 초석 75,000원, 10,000섬. 단향 · 흑단 · 상아 · 진주 · 후추 · 야모과野木瓜[12] · 빈랑 · 상어 지느러미 · 생선 부레 · 화건花巾 · 양건洋巾 등 합계 710,000원 해서 영국에서 수입한 물품은 14,478,000원으로 수출액보다 7백여만 원이 적다. 가령 아편을 제외하고 이상의 물품만 교역했다면 중국은 영국으로부터 매년 은 7백여만 원의 이익을 올렸을 것이다. 그러나 영국의 그해 아편 수출량은 22,000,000원으로 합계 아편 40,000상자를 팔았다. 이 수치는 믿을 만하다. 그해 미국에 대한 수출 품목으로는 비단 7,500,000원, 차 5,198,000원, 12만여 섬. 면사 · 갈포葛布[13] · 자기 · 석당席糖 579,000원으로 모두 13,277,000원이다. 수입으로는 양화 3,670,000원 쌀 860,000원, 양포 450,000원, 백은 420,000원 포함해서 액수가 가장 많다. 으로 [수출액보다]

9,600,000원 적다. 그런데 어찌 이익을 남겼다는 소식을 듣지 못하는가? 이는 대체로 아편 무역량을 제외한 숫자이기 때문이다. 영국이 들여온 아편은 인도산이고 미국이 들여온 아편은 터키Turkey[14]산이다. 기타 서양 각 나라의 수출입액은 약 2,000,000원이다. 매년 중국이 외국으로부터 수입하는 물품은 은 20,148,000원이고 수출하는 물품은 35,093,000원으로 이상의 품목만 교역했다면 중국은 매년 은 14,945,000원의 이익을 올리게 된다.

가령 아편의 해악이 없었다면 서양의 은량은 들어오는 일은 있어도 나가는 일은 없었을 것이며, 중국의 은가 또한 날로 떨어져 그 이익은 말로 다 할 수 없었을 것이다. 총체적으로 영국이 수입하는 물품으로는 차가 가장 많고 그다음이 생사이다. 수출 품목으로는 아편이 가장 많으며 면화가 그 뒤를 잇는다. 대황은 몽골에서 필요한 것이지 서양에서 꼭 필요한 것은 아니어서 매년 수출되는 대황은 5만여 원에 불과하다. 그러므로 러시아가 대황을 사 가는 것은 단지 염색용이지 치료용은 아니다. 송균松筠『수복기략綏服紀略』에 보인다. 차는 비록 서양에서 유행하지만, 프랑스에서는 그다지 수요가 없다. 그 나라는 모두 화이트와인을 마시고 차를 마시지 않기 때문에 프랑스 선박이 광동에 오는 일은 비교적 적다. 그러나 이전 시대의 무역에서 차가 외국으로 수출되었다는 일은 들어 본 적이 없다. 차가 수출된 것은 명말 네덜란드가 중국과 통상을 시작하면서부터이다. 강희 2년(1663) 영국 상인이 네덜란드로부터 [차] 100근을 사 가지고 가서 마신 후 그 맛에 반해 차를 마시는 사람들이 해를 거듭할수록 늘어만 갔다. 강희 49년(1710)에는 140,000근에 이르렀고, 옹정 2년(1724)에는 280,000근에 이르렀으며, 건륭 24년(1759)에는 2,290,000근, 건륭 37년(1772)에는 5,470,000근, 건륭 50년(1785)에는 마침내 13,000,000근에 이르렀다. 가경 18년(1813)에는 21,280,000근, 도광 2년(1822)에는 23,760,000근, 도광 12년(1832)에는 3천여만 근에 이르렀다. 영국 동인도 회사[15]의 독점이 폐지된 이후 각 상인이 자유롭게 운송하면서 차 판매량은 더욱 늘어갔다. 도광 17년(1837) 광동에서 수출되는 차는 30여만 섬으로 그 가격은 1400여만 원에 달했다. 또한 미국은 도광 17년 차 3,690,000냥어치 합계 차 12만여 섬. 를 구매했다.

네덜란드는 매년 차 2,800,000근 정도, 프랑스는 230,000근 정도를 필요로 했다. 프랑스는 각 나라를 지나면서 차를 팔았기 때문에 막상 본국에 도착했을 때에는 얼마 되지 않았다. 기타 서양 각 나라는 대략 2,000,000근 정도였는데, 오직 러시아만이 몽골을 경유해 매년 차 640여만 근을 구매했다. 서양에서 차를 마시는 것은 중국인들이 아편을 마시는 것과 유사했다. 비록 [아편과 차를 마시는 현상은] 해롭고 이롭다는 점에서 커다란 차가 있었지만, 모두 근래에 시작된 것으로 예전부터 있었던 것은 아니다. 그러므로 내지에 흘러들어 온 양전洋錢[16]은 모두 아편이 성행하기 이전에 서양 상선이 가져다준 것이다. 아편이 성행한 이후에는 화물을 교역해서 전혀 이득을 보지 못했다. 오히려 아편 대금을 지불해야 했기 때문에 양전과 문은紋銀[17]은 날이 갈수록 급등했다.[18] 이로 인해 조운 업무 · 염정 업무 · 변방 업무는 모두 나날이 곤란해졌다. 만약 수십 년 전에 이런 종양을 키우지 않았더라면, 순찰선으로 종양을 궤멸시켰더라면 어찌 이 지경에 이르렀겠는가? 단지 종양을 절개한 사람에게 허물을 돌리고 종양을 키우거나 퍼트린 사람은 문제 삼지 않았기 때문에 지금에 와서 더욱 종양을 키우는 것을 계책으로 삼으니 이 변경의 우환은 마땅히 발본색원해야 하는 첫 번째이다.

광동에서 통상무역을 하는 서양 10여 개국은 모두 개별 상인[19]으로 회사가 없었으나 오직 영국만은 회사를 가지고 있었다. 회사란 수십 명의 상인이 자본을 투자해 운영하는 것으로 나가서는 힘을 모아 일을 하고 돌아와서는 투자금에 따라 이익을 나누었는데 규모가 크고 조직적이었다. 개별 상인은 각자가 자본을 내서 스스로 운영하는 것으로 이익과 손실을 모두 혼자서 감당했기 때문에 그 형세는 독단적이되, 분산되어 있었다. 바야흐로 외국과 통상무역을 하려면 선박과 대포를 만들고 하천과 수로를 정비하며 항구를 세우고 숙소를 지어야 했다. 여기에는 대단히 많은 비용이 들어가 한두 상인이 혼자 감당할 수는 없었다. 따라서 반드시 여러 사람이 힘을 모아야만 했고 심지어는 국왕의 재정 지원을 받아 도모해야 했기 때문에 회사를 설립하지 않으면 사업을 할 수 없었다.

통상무역의 기간이 길어지면서 다른 상인의 길을 농단하고 공적 재산을 낭비함에 따라 지출 비용은 점점 많아지고 이익은 줄어들었다. 이는 국가와 민생 모두에게 불리했기 때문에 회사의 폐해를 징계해서 개별 상인이 독자적으로 [무역을] 할 수 있게 허락했다. 중국과 비교해서 예를 들어 보자. 회사를 광동 13행에 비유한다면, 개별 상인은 각 성에서 광동으로 화물을 운반해 온 객상과 같다. 회사를 회남淮南 염법의 곤총滾總[20]·정륜整輪[21]에 비유한다면 개별 상인은 표염票鹽·산륜散輪[22]과 같다. 도광 13년(1833) 이전 광동에서는 한 회사가 무역을 했는데,[23] 처음에는 인도에 거점을 두고 있었으나 이어서 광동에도 세워졌다. 설립 초기 회사는 30년간 유지하기로 논의되었으나 기한이 다 되자 회사는 이익을 독점하고자 해서 거점을 해산하지 않고 본국에 군사비 지원을 빌미로 해서 다시 30년[24]을 더 연장해 달라고 요청했다. 그런데 예산을 낭비하고 횡령하거나 또한 운송해 온 화물을 쌓아 놓고 가격이 오르기를 기다리는 바람에 온갖 물건들의 판로가 정체되었다. 이에 국민들은 모두 참지 못하고 여러 차례 국왕에게 호소해서 회사를 해산하고 자유롭게 무역할 수 있도록 요청했는데, [회사는] 타이판Taipan[25] 몇몇에 의해 좌우되었기 때문에 전국 개별 상인의 원성이 자자했던 것이다. 이 회사의 자본금은 30,000,000원이고 주무 책임자는 24명의 상인이며 최고경영자 2명이 오로지 기밀을 장악하고 각 상인이 은 2,500원씩을 투자해서 충당했다.

도광 10년(1830) [이 회사가] 본국(즉 영국)의 회계에 납입해야 할 공금이 은 105,000,000원, 공사公使 비용이 은 90,000,000원, 결손액이 은 15,000,000원[26]으로 회사의 영업 이익은 전무했다. 도광 12년(1832) 본국과 인도에서 모두 약 30,000,000원가량의 화물을 싣고 출발했지만, 판매한 것은 겨우 16,000,000원에 불과해 회사의 판매액은 개별 상인보다 6배나 적었다. 이리하여 도광 13년(1833) 회사를 해산하고 국왕은 자본금을 다 회수한 후 상인들에게 자유롭게 경영을 일임하고 단지 세금을 징수했다. 이것이 광동에서 회사가 설립되었다가 해산하기까지의 정황이다. 광동의 회사가 아직 해산하지 않았을 때, 각 타이판들은 자신들의 세력과 자금력을 믿고 중국 관리에 대항하곤 했다. 모두 타이판들의 소행이었는데, 회사가 해산하자 세력과 제도가 변했다. 양광총독 노곤盧坤[27]은 부임한 지 얼마 되지 않아 양상의 말을 잘못 알아듣고 영국 회사가 비록 해산하더라도 광동에서 업무를 맡을 사람이 없어서는 안 된다고 여겨 오히려 영국에게 광동에 영사를 파견해 달라고 요청했다.[28] 도광 14년(1834) 비로소 윌리엄 존 네이피어William John Napier[29]가 파견되어 있는데, 갑자기 광동성 내륙 하천으로 들어와 병력을 배치해 시장을 폐쇄하고는 철수했다.

도광 16년(1836) 다시 부임해 온 엘리엇은 단지 양상들의 이익만을 도모할 줄 알았지 어찌 [그가] 변방에서 오늘날 전쟁의 도발자가 될 것이라 생각이나 했겠는가! 광동에서 통상무역을 하는 서양 10여 개국 중에 일찍이 그 나라의 관리가 광동에 주재한 적이 있었던가? 가령 영국의 화물이 많고 업무가 복잡해서라면 미국에서 매년 광동에 오는 화물선 역시 영국에 버금가는데, 어찌 2백 년간 오만불손한 적이 없었는가? 살펴보건대, 아편을 금지한다는 새로운 명령이 반포되었을 때 각 나라는 명령을 준수했고, 영국의 새로 입항한 화물선 역시 규율에 따라 [아편을 판매하지 않겠다는] 서약서를 제출했는데, 엘리엇은 군함을 끌고 와서 그 입구를 막아 버렸다. 진실로 당시 회사의 영사가 없었다면 영국의 각 상인들도 역시 다른 나라와 마찬가지로 서약서를 제출하고서 단지 하역 작업을 빨리하고 더 많은 이익을 남기는 것만을 노심초사했을 것이니, 어찌 법령을 어기고 체제에 저항할 여유가 있었겠는가? 어찌 병력을 동원해 대포를 쏘고 무역을 정지시킬 수 있었겠는가? 또한 그 나라의 왕에게 호소해 군함을 요청해서 머나먼 곳까지 군사를 끌고 와서 몇 년간에 걸쳐 분쟁을 유발할 수 있었겠는가? 따라서 변방을 통제하려면 우선 외국의 사정을 파악해야 한다. 회사의 해산은 중국 영해에 하나의 좋은 기회였는데, 이를 중국의 변경 관리가 놓쳐 버리고 만 것이 두 번째이다.

아편 금지에 대해서는 두 가지 주장이 있다. 하나는 내부 금지이고 다른 하나는 외부 금지이다. 외적 선박이 침범한 이래 사람들은 모두 외부 금지는 반드시 시행할 수 없다고 하는데, 과연 시행할 수 없는 것인가? 또한 외적이 변란(아편전쟁)을 일으킨 원인이 아편을 몰수했기 때문이라고 하는데, 과연 아편 몰수 때문인가? 왜 5월에 아편을 몰수했는데, 이후 반년 동안이나 주변을 맴돌면서 행동에 나서지 않았는가? 왜 선박 화물을 몰수하는 서약에 동의했는가? 왜 현상금을 내걸고 범죄를 고발하게 했는가? 왜 노만산 밖으로 쫓겨나서 다시 『대청률』을 따르겠으니 마카오로 돌아가게 해 달라고 사정했는가? 이 격변은 절대로 아편을 몰수했기 때문이 아니라 무역을 정지했기 때문이라는 것이 명확하다. 영국은 외국에서 독주를 조금만 들여와도 금지했다. 어느 프랑스 외교관이 그 나라에 갔을 때 영국은 금지 물품을 휴대하고 있다는 정보를 입수하고 그 외교관을 감금해서 금지 물품을 모두[30] 압수한 후에 비로소 석방했으니 광동에서 강제로 아편을 몰수한 것과 무엇이 다른가? 또한 영국의 법률에 의하면 무릇 다른 나라의 상인이 금지 물품을 휴대하고 입국하면 그 화물 가격의 3배를 벌금으로 부과한다. 이는 그 나라의 법률로 부과하는 것이지만 역시 거부할 도리가 없다. [따라서] 이는 아편 몰수로 인한 것이 아니라 무역을 정지했기 때문이라는 것이 명확하다. 그러므로 무역을 정지하지 않는다면 전쟁을 피할 수 있고 아편을 금지해서 오지 못하게 할 수 있다는 것인가? 대답하자면 어찌 불가한 것이 있겠는가! 우선 외국의 사정을 살펴보고 나서 이 말을 증명해 보겠다.

영국에는 이런 말이 있다. "인도인이 양귀비[31]를 재배하지 않으려면 오직 중국인이 아편을 피우지 말아야 하며, 중국인이 아편을 구매하지 않으려면 오직 인도에서 양귀비를 재배하지 않아야 한다. 중국인이 만일 아편 무역에 대한 상황을 영국 국왕에게 들려준다면 영국 국왕은 아편의 운송 판매를 금지할 것이다. 그러면 인도에서 양귀비를 재배하는 일 역시 중지될 것이고 아편 대신 다른 것을 재배해서 여전히 무역 이익에 대한 세금은 징수할 것이다."『오문월보澳門月報』. 또한 말한다. "어떤 사람이 아편 무역을 중단하고 남쪽 항구에서 무역하길 원한다면 가능하겠는가? 나는 아마 반드시 어려울 것으로 생각한다."『화사이언』. 이 외부 금지에 대해서는 영국 역시 일찍이 시도한 바 있다. 다만 외적은 오직 이익만을 도모하고 권위를 두려워하니 반드시 권위로 두렵게 하고 덕으로 위무한 이후에 머리 숙여 명을 따르게 해야 한다. 그러므로 상책으로는 군비를 엄격히 정비해서 저들이 바지선을 가지고 있으면 공격을 가하고, 저들이 사심을 갖고 응당 무역을 중지하면 즉시 중지하며, 우리가 저들에 두려움을 갖지 않는다면 저들도 우리를 협박하지 못할 것이니 자연스럽게 감히 [아편 무역을] 시도하지 못할 것이다.

그다음으로는 [아편 무역을] 대신해서 생계를 도모할 수 있게 해야 한다. 가령 저들이 아편 무역을 중지하더라도 정부는 세수 감소가 없고 민간에서는 재산상 손해가 없다면 무엇 때문에 기꺼이 밀수를 명분 삼을 것이며, 또한 자연스러운 이익을 추구하지 않겠는가?

구체적으로 살펴보자. 영국의 아편은 모두 인도에서 생산되어 광동에서 소비되는데, 동인도에서 아편을 재배하는 토지는 모두 정부 소유지로, 중국의 염장과 같이 관을 설치해 세금을 징수하고 사사로운 판매를 허가하지 않았다. 아편 지세는 은 4백여만 원을 제외하고도 [양귀비를] 파종할 때 · 개화할 때 · 즙을 채취할 때 · 출하할 때 4차례에 걸쳐 또한 5백여만 원의 세금을 징수하니 벵골의 세수는 모두 9,684,000여 원이 되었다. 또한 남인도 뭄바이의 아편세 역시 백여만 원으로 인도의 군수 비용 외에 해마다 영국에게 모두 3백여만 원을 납입해야 하니 이는 그 나라의 최대 수입원이었다. 강희 · 건륭 연간의 기록에 따르면 상선에 필리핀 · 태국에서 쌀 수입을 허가했는데, 1만 섬당 선박 화물세의 5할을 감면해 주고 5천 섬 이상인 경우에는 3할을 감면해 주며, 5천 섬이 채 안 될 경우에는 2할을 감면해 주었다.[32] 아울러 2천 섬 이상의 태국 쌀을 운반해 오는 상인에게 서훈해서 정대頂戴[33]를 하사하기로 허가했다.[34] 이 두 나라는 쌀을 생산하지, 아편을 생산하지 않으니 이로움만 있고 해로움은 없다. 이후 [광동] 항구에 진출한 인도 상선[35]은 전례에 따라 매년 인도 · 싱가포르 · 클라파Kelapa[36]의 쌀을 40만 섬 이상 수입했는데, 대부분은 아편을 바지선에 적재해 놓고 쌀이라고 해서 수입했다. 이로 말미암아 광동해관에서는 이를 단속해서 수입하는 쌀에 대해서만 면세할 뿐, 수출 화물에 대해서는 면세를 하지 않았다.

지금 영국과 조약을 체결해 과연 그들이 아편 밭을 갈아엎고 오곡을 심는다면 더 많은 쌀을 운반해 수입할 것을 허락할 것이다. 아울러 전례에 따라 참작해서 화물에 대한 세금을 면제한다면 그들은 땅이 황폐화되지 않은 이로움을 기뻐할 것이니 이것이 반드시 기꺼이 따르게 되는 첫 번째 이유이다. 광동에서 수출되는 화물은 양행회관洋行會館에서 내지 상인에게 화물 백 냥당 3푼의 세금을 징수하는데, 3푼은 반드시 화물 가격에 따라 증가한다. 수입 화물은 각 대형 선박이 황포에 도착하면 관비 및 도선비, 통역비로 약 은 5천 원이 소요되는데, 모두 정세正稅를 벗어나는 것이다. [영국은] 비록 아편을 취급한다고 밝히지는 않지만, 정세 외 손실을 아편 무역으로 채운 것이고 우리는 실속을 채우면서 [아편을 수입한다는] 명분을 피했던 것이다. 지금 영국과 조약을 체결해 아편을 가져오지 않는다면 모든 불필요한 지출을 다 면제해 주자. 그리고 이전에 조공 사신이 여러 차례 요구했던 것이나 타이판이 여러 차례 호소한 것을 일단 그대로 들어주면 매년 수백만 원을 절약하는 셈이 되니, 이것은 영국이 기꺼이 따를 수밖에 없는 또 하나의 이유이다. 영국이 [중국에서] 수입하는 화물은 생사 · 차가 제일 많으며 수출하는 화문[37]은 면화 · 쌀 · 모직물과 견직물이 제일 많은데 지금 중국에서 이미 불필요한 지출을 삭감하고 쌀 관세를 면해 주면 상인들의 자본은 경감할 것이므로 저 나라는 차 · 생사를 수입하는 데 지장이 없을 것이고 면 ·

쌀 · 모직물과 견직물을 수출해서 그 세수를 증대하면 이전 아편 판매 수익을 보충할 수 있을 것이다. 이 외 납 · 철 · 초석 · 포 등은 중국에도 유익한 물건이므로 역시 대대적으로 운송해서 판매할 수 있으니 영국이 반드시 따를 수밖에 없는 또 하나의 이유이다. 위엄은 족히 위압감을 줄 수 있고 이로움은 족히 달랠 수 있으며 공정하면 승복하니, 먹이는 주지 않고 올빼미에게 울음소리만 내라고 하면 되겠는가?[38] 수군이 뇌물을 엄벌하지 않고 상인과 관리 사이 부패의 고리를 끊지 않고 전함의 군비를 경쟁하지 않은 채 단지 외적에게 조급하게 요구만 한다면 가령 요구사항이 받아들여지더라도 또한 오래가지 못할 것이다. 하물며 황하가 붕괴되고 물고기가 문드러지며 새나 짐승조차 놀라 흩어지니[39] 이 지경이 돼서 어찌 아편 금지를 논의할 여유가 있겠는가! 장환張奐[40]이 서강西羌을 복속시키고, 반초班超[41]가 임상任尙[42]에게 고한 것은 모두 기회를 잘 탄 것으로 오히려 너무 조급하면 기회를 잃어버리는 것이 세 번째 이유이다.

이상은 모두 아직 변란이 일어나기 전의 일이다. 변란이 일어난 이후에는 서양 오랑캐를 이용해 서양 오랑캐를 공격해야 할 뿐만 아니라 서양 오랑캐를 이용해 서양 오랑캐와 화친을 맺어야 한다. 국초에 러시아가 흑룡강 지역을 쟁탈하기 위해 여러 해 군사 도발을 하자 강희제는 네덜란드에 명해 러시아에 서신을 보내게 해서 [러시아가] 성을 바치게 되었다. 할하족Khalkha[43] 두 부족이 서로 피 흘리며 싸우자 달라이라마에게 명해 사신을 보내 회유하게 하니 할하족이 귀순해 왔다. 미얀마가 조공을 바치지 않았으나 태국이 책봉을 받았다는 소식을 듣고는 즉시 조공을 바쳤다. 구르카는 투항하지 않다가 영국의 군사적 도움이 있을 것이라는 소식을 듣고는 즉시 투항했다. 그러므로 화친을 맺는 일은 사지에 내몰린 목숨으로 하여금 머리를 숙이고 애원하게 만드는 것이 상책이다. 그렇지 않으면 기피하는 나라와 연계해서 중간에서 설득해서 복속시키는 것이 차선책이다. 작년에 정역장군 혁산이 광동에 도착하기 전 미국의 대표가 화친을 조정했는데, 이에 엘리엇이 문서를 보내 "다른 요구사항은 없고 단지 예전대로 통상을 요구하며 또한 금지 물품을 휴대했을 경우에는 배의 화물을 몰수해도 좋다"는 말을 하고 아울러 "호문을 떠난다"라는 약속을 했다. 무릇 출사出師를 명령한 것은 영국이 아편 가격[44]을 요구하고, 항구의 땅을 요구하며, 호문을 점거했기 때문인데, 현재 세 가지 일은 모두 감히 명령을 거슬러서는 안 되는 것이다. 전쟁을 치르지 않고 외적을 굴복시키는 것은 또한 조정이 천 리를 절충하는 권위를 지녔음을 증명하는 것이지만, 미국이 중간에서 조정을 하지 않았다면 어찌 이런 결과가 있었겠는가? 그런데 이해관계도 명확히 밝히지 않았고 상주문도 적절하지 않았는데, 이런 상황에서 영국은 협상을 강요했고 또한 이런 상황 때문에 영국은 협상을 깼다. 그해 겨울 프랑스군은 다시 함선을 이끌고 광동에 이르러 장군을 만나기를 요구해 은밀히 군사에 관한 일을 진술하고 화친을 중재하고 군사를 지원하겠다고 요청했다. 오랑캐로 오랑캐를 공격하고 오랑캐로 오랑캐와 화친을 맺는다는 것은 바로 이를 두고 한 말이다. 그러나 주저하며 결정을 내리지 못한 채 반년을 끌다가 비로소 강녕에 들어가게 했는데, 영국과의 화친이 끝난 지 이미 며칠이 지났고 미국이 원래 제시했던 논의와도 하늘과 땅 차이가 났다. 따라서 화친할 수 있을 때 화친하지 않고 모두 화친해서는 안 될 때 화친하는 것은 기회를 잘 타지 못한 네 번째 이유이다.

이 네 번의 기회에서 처음 기회에 근신했더라면 아편의 독이 [중국에]

퍼지지는 않았을 것이며, 두 번째 기회를 탔더라면 회사는 포악하고 오만방자하지 않았을 것이며, 세 번째 기회를 탔더라면 시장이 폐쇄되고 전쟁이 일어나지는 않았을 것이며, 네 번째 기회를 탔더라면 화친을 논의할 때 체면을 잃지는 않았을 것이다. 첫 번째, 두 번째, 세 번째까지의 오류는 사태가 일어나기 전이고 네 번째 오류는 사태가 일어난 후로, 이 네 번의 잘못을 거치면서 아편을 외부에서 금지하는 것은 불가능해졌다. 현재 상황에서는 내부에서 금지하지 않으면 안 된다. 내부 금지를 위해서 다음 세 가지는 효과가 없다. 첫째는 고발을 하지 못하게 하는 것이다. 둘째는 [금연] 기한을 서두르지 않는 것이다. 셋째는 묵형을 먼저 하고 사형을 뒤로하지 않는 것이다. 고발하지 못하게 하는 것은 모함을 방지하기 위해서이다. 대체로 아편을 흡입하는 사람은 중독되어 있고 아편을 판매하는 사람은 토지가 있으니 고발이 사실이 아니라면 반대로 처벌하면 되는데, 어찌 모함을 근심하는가? 또한 고발을 허락하게 되면 하인이나 주변 이웃들은 경계하는 마음을 갖게 되어 관공서에서 내당에까지 모두 마음이 흔들릴 것이다. 이리하여 비록 [아편 판매로] 이익을 탐내는 무리라고 해도 감히 다시는 엄두를 내지 못하게 될 것이니 반드시 효력이 있는 첫 번째이다. 기한을 서두르지 않는 것은 사형이 너무 많을 것을 우려해서인데, 이것은 기한을 늦출수록 범죄가 더욱 많아진다는 것을 모르는 것이다. 예전 송나라 대신 종택宗澤[45]이 변경汴京[46]을 수비하는데, 전란이 일어난 뒤 모든 물가가 폭등하자 종택은 백성들에게 시급한 것은 오직 곡식이라고 생각해 이에 떡을 파는 자들의 목을 효수하고 물가 안정을 명령하니 삼 일이 지나지 않아 물가가 안정을 되찾았다. 무릇 [법 집행이] 빠르면 한 사람의 목을 효수해도 만 명을 숙청한 것과 같고, 늦게 되면 수천 수백 명을 형벌에 처해도 천하가 얕잡아 볼 테니 그 결과는 다를 것이다. 또한 아편 중독에는 기한이 있겠지만, 아편 판매에 무슨 기한이 있겠는가? 연해 각 군현에서 각 성에 즉시 아편 판매자 한두 명의 목을 효수하면 명령이 내려진 날부터 얼마 지나지 않아 엄하고 신속하게 집행될 것이니 반드시 효력이 있는 두 번째이다. 아편을 흡입해도 기한에 이르지 않으면 그 죄가 죽을 지경은 아니라는 것은 무엇인가? 말하기를 『대청률』에는 묵형에 처하는 법이 있다고 한다. 지금 다시 명령을 내려 3개월간 금연하지 못하면 묵형에 처하고 묵형을 당한 후 3개월 동안 금연하지 못하면 사형에 처하기로 한다. 금연 명령을 내리고 나서 17개 성에서 각각 순연어사巡煙御史 1명씩을 선발해서 오로지 죄를 범하면 반드시 묵형에 처하는 일을 담당하게 한다. 신사층이나 부호 중에 묵형을 피하려고 애걸하는 경우 금전을 받고 죄는 용서해 주지만 얼굴 대신 손에 죄명을 새기고, 손에 새긴 후에도 기한 내에 금연하지 못하면 더 이상 속죄할 수 없게 한다. 이와 같이 하면 법은 쉽게 집행되고 반드시 시행될 것이다. 또한 앞서서도 기한이 있었는데, 어찌 기한이 급박하다고 더 논할 수 있겠는가? 이는 반드시 효력이 있는 세 번째이다. 총괄적으로 말하면, 법에 믿음이 있고 명령이 반드시 시행된다면 비록 곤장을 치더라도 충분히 징계할 수 있지만, 법에 믿음이 없고 명령이 반드시 시행되지 않는다면 비록 법률을 엄격하게 하더라도 백성들은 경계하지 않는다는 것이다. 먹고 마시는 사소한 일도 쌓이게 되면 송사와 전쟁을 초래하게 된다. 소형小刑의 기구로 처리하지 못하면 대형大刑이 전쟁을 초래하게 된다. 성인은 드리워진 우현만으로도 후세를 계도하였으니 어찌 심오하지 아니한가! 어찌 심오하지 아니한가!

籌海篇四

議款

我患夷之強, 夷貪我之利, 兩相牽制, 幸可無事, 非今日主款者之秘略乎? 鴉片歲耗中國財數千萬計, 竭我之富, 濟彼之強, 何以處之? 則曰: "但禁內地吸食." 試問持議之人, 果嚴禁內地吸食乎? 則又曰: "宜緩不宜急. 急之恐觸外侮而生內變." 嗟乎! 強鄰惡少, 日設賭博於門, 誘我子弟, 匱我基業, 敗我教化, 一朝絶不與通, 攻門索鬪. 婞婀調停者曰: "姑聽其仍開博場. 一日賭博, 一日無事, 百年賭博, 百年無事. 我産之耗不耗, 勿計也. 我業之完不完, 勿計也. 我子弟之敗類不敗類, 勿計也." 欲制夷患, 必籌夷情. 請先陳夷情而後效其說.

中國以茶葉・湖絲馭外夷, 而外夷以鴉片耗中國, 此皆自古所未有, 而本朝有之. 茶葉行於西洋自康熙始, 而鴉片之入中國亦自康熙始. 初準以藥材上稅, 乾隆三十年以前, 歲不過二百箱, 及嘉慶元年, 因嗜者日衆, 始禁其入口. 嘉慶末, 每年私鬻至三千餘箱. 始則囤積澳門, 繼則移於黃埔. 道光初, 奉旨查禁, 復移於零丁洋之躉船. 零丁洋者, 在老萬山內, 水路四達, 凡中外商船之出入外洋者, 皆必由焉. 夷艘至, 皆先以鴉片寄躉船, 而後以貨入口. 始躉船不過四五艘, 其煙至多不過四五千箱, 可用火攻, 而大吏密奏: "請暫事羈縻, 徐圖禁絕." 於是因循日甚, 其突增至二十五艘, 煙二萬箱者, 則在道光六年設巡船之後, 巡船水師受月規, 放私入口, 於是藩籬潰決. 及道光十二年始裁巡船, 而積習已不可挽.

道光十七年, 復設巡船, 議定每千箱以若干箱送水師報功, 而鴉片遂歲至四五萬箱矣. 今以道光十七年廣東與英夷貿易出入之數計之. 湖絲價銀六百五十九萬員, 茶葉價銀千有四百萬員, 二十一萬石. 白礬・串珠・樟腦・桂皮・磁器・大黃・麝香・赤布・白糖・冰糖・雨繖, 百二十二萬六千員, 共計英吉利船所購出廣東之貨二千一百八十一萬六千員. 其入口者, 棉花八百二十二萬員, 六十七萬七千石. 洋米二十三萬八千員, 二十一萬石. 大呢百五十五萬員, 羽紗四十萬員, 嗶嘰八十萬員, 羽緞五萬員, 洋布七十萬員, 棉紗七十三萬員, 千有八百石. 水銀二十三萬員, 二千石. 錫二十九萬五千員, 萬五千石. 鉛八萬九千員, 萬四千石. 鐵四萬八千員, 萬六千石. 硝七萬五千員, 共萬石. 檀香・烏木・象牙・珍珠・胡椒・沙藤・檳榔・魚翅・魚肚・花巾・洋巾, 計七十一萬員, 共英夷進口貨千四百四十七萬八千員, 少於出口貨價銀七百餘萬員. 使無鴉片而以貨易貨, 則英夷應歲補中國銀七百餘萬員. 乃是歲鴉片價銀, 反出口二千二百萬員, 計銷鴉片四萬箱. 此數之確然可考者. 彌利堅國是歲出口之貨, 綢緞價七百五十萬員, 茶葉五百十九萬八千員, 十二萬餘石. 絲棉・葛布・磁器・席糖, 五十七萬九千員, 共計千有三百二十七萬七千員. 入口洋貨三百六十七萬員, 內有洋米八十六萬員, 洋布四十五萬員, 白銀四十二萬員, 價最鉅. 計少銀九百六十萬員. 何以不聞補銀? 蓋亦鴉片價內開除之數. 英夷所運者, 印度鴉片, 彌夷所運者, 都魯機鴉片. 他西洋諸國出口入口者, 約計二百萬員. 共計外夷歲入中國之貨, 僅値銀二千十四萬八千員, 而歲運出口之貨, 共値銀三千五百有九萬三千員, 以貨易貨, 歲應補中國價銀千四百九十四萬五千員.

使無鴉片之毒, 則外洋之銀有入無出, 中國銀且日賤, 利可勝述哉. 綜計英夷所購出之貨, 莫大於茶, 而湖絲次之. 所售入中國之貨, 莫大於鴉片, 而棉花次之. 至大黃則蒙古所需, 非西洋所急, 故每歲出洋大黃, 不過値五萬餘員. 卽俄羅斯市大黃歸, 亦僅用以染色, 非用以治病, 見松筠『綏服紀略』. 茶葉雖西洋所盛行, 而佛蘭西國不甚需之. 以其本國皆飮白酒, 不甚飮茶, 故佛蘭西到粤之船較少. 然前代市舶, 從不聞茶葉出洋. 茶葉出洋, 自明季荷蘭通中國始. 及康熙二年, 英吉利商又自荷蘭購歸百斤, 飮而甘之, 國人飮者歲增一歲. 康熙四十九年, 至十四萬斤, 雍正二年, 至二十八萬斤, 乾隆二十四年, 二百二十九萬斤, 三十七年, 五百四十七萬斤, 五十年, 遂至千三百萬斤. 嘉慶十八年, 二千一百二十八萬斤, 道光二年, 二千三百七十六萬斤, 十年後, 三千餘萬斤. 及英夷公司散後, 各商自運, 銷茶愈廣. 十七年, 廣東出口茶葉三十餘萬石, 共價銀千有四百餘萬員. 又彌利堅國, 道光十七年購茶價銀三百六十九萬兩. 共茶十二萬餘石.

荷蘭歲需茶二百八十萬斤不等, 佛蘭西二十三萬斤不等. 佛蘭西茶, 沿途售與各國, 其到本國者無幾. 此外西洋各國, 大約二百萬斤, 惟俄羅斯由蒙古運往茶葉歲六百四十餘萬斤. 是西洋之飮茶, 亦猶中國人之吸鴉片. 雖損益懸殊, 皆始自近日, 非古昔所有. 故知洋錢流入內地, 皆鴉片未行以前夷船所補之價. 至鴉片盛行以後, 則絶無貨價可補. 而但補煙價, 洋錢與紋銀皆日貴一日矣. 漕務·鹽務·邊務, 皆日困一日矣. 使非養癰於數十年之前, 潰癰於設巡船之後, 何以至是? 今但歸咎割癰之人, 而養癰·潰癰者不問, 故至今益以養癰爲得計, 此邊患宜溯其源者一.

西洋互市廣東者十餘國, 皆散商無公司, 惟英吉利有之. 公司者, 數十商輳資營運, 出則通力合作, 歸則計本均分, 其局大而聯. 散商者, 各出已貲, 自運自售, 利害皆一人獨當之, 其勢專而散. 方其通商他國之始, 造船砲, 修河渠, 占埠頭, 築廛舍. 費輒巨萬, 非一二商所能獨任. 故必衆力易擎, 甚至借國王貲本以圖之, 故非公司不爲功.

及通市日久, 壟斷他商之路, 揮霍公家之帑, 費愈重, 利愈微. 國計與民生兩不利, 則又懲公司流弊, 而聽散商自爲之. 以中國比例. 公司如廣東十三家洋行, 而散商則如各省赴粤之客貨也. 公司如淮南鹽法之滚總, 之整輪, 而散商則如票鹽, 如散輪也. 道光十三年以前, 粤東貿易一出公司, 其局初立於印度, 繼立於廣東. 初議公司止設三十年, 及限滿而公司欲專其利, 不肯散局, 復以助本國兵餉爲詞, 請再展三十年. 而糜費開支, 浮冒乾没, 且運回之貨, 居奇踊貴, 百物滯銷. 國人皆不服, 屢控國王, 請散公局, 各自貿遷, 皆爲大班數人把持, 與通國散商爲怨敵. 其公司資本銀三千萬員, 主事二十四商, 首領二人, 專司機密, 每商捐銀二千五百員以贍之.

道光十年, 本國會計入公帑銀萬有五百萬員, 公使費銀九千萬員, 公欠項銀一千五百萬員, 公司貿易無利. 道光十二年載資出本國, 出印度國者, 置價共三千萬員, 而所售回之價, 僅千有六百萬員, 公司不如散商者六倍. 故道光十三年遂散公司之局, 國王盡收帑本, 任商自運, 而第征其稅. 此粤中公司合散之情形也. 方廣東公司未散時, 各大班恃其勢大多金, 凡抗衡中國官吏. 皆公司大班所爲, 公司散則勢渙易制. 而盧制軍莅任未久, 誤聽洋商言, 以英夷公司雖散, 而粤中不可無理夷務之人, 反飭令彼國派領事來粤. 十四年始來者曰勞律卑, 突入省河, 罷市調兵而後退.

十六年再至者卽義律也, 祇便洋商一日之私圖, 豈期邊疆今日之戎首! 試問粤中互市, 西洋十餘國, 何嘗有夷官駐粤? 若謂英夷貨多事賾, 則彌利堅國每年貨艘至粤之多, 亦亞於英吉利, 何以二百載從無桀驁? 觀禁煙新令初頒, 各國遵令,卽英國新至貨船, 亦遵例具結, 而義律駛兵船阻其入口. 苟當時無公司領事, 則英夷各商亦不過隨同各國具結, 惟恐卸貨之不早, 騖利之不先, 何暇抗文法, 爭體制? 何至開兵砲, 停貿易? 又何至訴國王請兵艦, 連兵萬里, 搆衅數年? 故馭邊在先悉夷情. 公司散局, 此海疆一大機會, 而中國邊臣失之者二.

禁鴉片之議有二: 一內禁, 一外禁. 自夷船犯順, 人皆謂外禁必不可行, 果必不可行乎? 又以夷變歸咎於繳煙, 果由於繳煙乎? 何以五月繳煙之後, 旁徨半年而未動? 何以尙肯出船貨充公之結? 何以尙懸購告犯之賞? 何以逐出老萬山外, 復尙有願遵『大淸律』乞回澳門之禀? 是其激變絶不由繳煙, 而由於停貿易明矣. 英夷國禁濃酒小帶. 有佛蘭西使者至其國, 英夷聞其携違禁貨物, 因監禁其使, 令盡繳出禁物始釋之, 與廣東之勒繳煙土何異? 又英夷國律例, 凡他國商携違禁貨物入境者, 罰其貨價三倍. 是卽科以彼國之法, 亦無可辭. 其非因繳煙而由停貿易又明矣. 然則不停貿易, 固可免用兵, 亦可禁鴉片使不來乎? 曰: 奚不可之有! 請先陳夷情而後效其說.

英夷之說曰: "若要印度人不栽波畢, 除非中國人不食鴉片, 若要中國人不買鴉片, 除非印度不栽波畢. 中國人若以鴉片貿易同英國講論, 英吉利國王定肯禁止販運. 卽印度栽種波畢之事, 亦可停止, 而栽種別物仍可得稅餉貿易之利. 『澳門月報』." 又曰: "有人言情願斷止鴉片一物, 別開南邊港口貿易可乎? 我恐未必能行. 『華事夷言』." 是外禁之事, 英夷亦未嘗不籌畵及之. 但外夷惟利是圖, 惟威是畏, 必使有可畏懷, 而後俯首從命. 故上者嚴修武備, 彼有躉船則我能攻之, 彼有夾私應停貿易則立停之, 使我無畏於彼, 彼無可挾於我, 自不敢嘗試.

次者代籌生計. 使彼卽停鴉片, 而上無缺稅, 下無缺財. 則亦何樂走私之名, 而不趨自然之利? 請得而詳之. 夷煙産自印度而銷於廣東, 其東印度种鴉片之地皆官地, 如中國鹽場, 置官收稅, 不得私煎. 除鴉片地稅銀四百餘萬員外, 加以栽種時・開花時・取汁時・出口時四次收稅, 又凡五百餘萬員, 共計孟阿臘歲稅九百六十八萬四千餘員. 又南印度之孟邁鴉片稅亦百餘萬員, 除印度兵餉支用外, 歲解英吉利國都者三百餘萬員, 此其國最大之利藪. 考康熙・乾隆中, 準商船運呂宋・暹羅米入口者, 每米萬石, 免其船貨稅十分之五, 米五千石以上免稅十分之三, 卽不及五千石亦免稅十分之二. 幷許商人運暹米二千石以上, 議敍頂戴. 此二國産米不産鴉片, 有利無弊. 自後港脚夷船, 援例歲運印度・新嘉坡・葛留巴米入口者, 不下四十萬石, 多以鴉片寄躉船, 而以米入口. 由是粵海關裁抑之, 但免入口米稅, 不免出口貨稅.

今與夷約, 果能鏟除鴉片之地改種五穀者, 許其多運洋米入口. 幷援例酌免其貨稅, 則夷喜於地利之不荒, 其必樂從者一. 粵東出口之貨, 是洋行會館, 每百兩抽內商三分, 而三分必增諸貨價. 其入口之貨, 則每一大洋艘至黃埔, 官費及引水通事使費約需銀五千員, 皆在正稅之外. 雖不明取於鴉片, 而夷則失諸彼者償諸此, 我則收其實而避其名. 今與夷約, 果鴉片不至, 則盡裁一切浮費. 擧以前此貢使所屢求, 大班所屢控者, 一旦如其意而豁除之, 俾歲省數百萬, 夷必樂從者又一. 彼國入口之貨, 莫大於湖絲・茶葉, 出口之貨, 莫大於棉花・洋米・呢羽, 今中國旣裁浮費, 免米稅, 商本輕省, 則彼國不妨於進口之茶・絲, 出口之棉・米・呢羽, 酌增其稅, 以補鴉片舊額. 此外鉛・鐵・硝・布等有益中國之物, 亦可多運多銷, 夷必樂從者又一. 威足慴之, 利足懷之, 公則服之, 有不食桑葚而革鴞音者乎? 水師之通賄不懲, 商胥之浮索不革, 戰艦之武備不競, 而惟外夷操切是求, 縱獲所求, 且不可久. 矧乃河潰而魚爛, 鳥驚而獸駭, 尙何暇議煙禁哉! 張奐之服西羌, 班超之告任尙, 此機會可乘反以過急失之者三.

此皆未變以前事也. 旣變以後, 則不獨以夷攻夷, 幷當以夷款夷. 國初俄羅斯爭黑龍江地, 搆兵連年, 聖祖命荷蘭寄書俄羅斯而獻城歸地. 喀爾喀兩部爭衅搆兵, 詔命達賴剌嘛遣使往諭, 而喀部來庭. 緬甸不貢, 聞暹羅受封而立貢. 廓爾喀未降, 聞英吉利助兵而卽降. 故款夷之事, 能致其死命, 使俯首求哀者上. 否則聯其所忌之國, 居閑折服者次之. 上年靖逆將軍未至粵時, 彌利堅夷目卽出調停講款, 於是義律來文有“不討別情, 只求照例通商, 倘帶違禁貨物, 船貨充公”之語, 幷許“退出虎門”之說. 夫命將出師, 不過因夷之索煙價, 索埠地, 踞虎門, 今三事皆不敢違命. 是不戰屈夷, 亦足以徵朝廷折衝千里之威, 非彌利堅居間豈能有是? 而利害未能陳明, 章奏未能凱切, 於是而英夷要盟, 又於是而英夷敗盟. 是冬佛蘭西兵帥復以兵艘至粵, 求面見將軍密陳軍事, 請代款, 請助兵. 以夷攻夷, 以夷款夷, 在此一擧. 而又遲疑之, 支詘之, 延及半載始令赴江寧, 則英夷款議已成數日, 視彌利堅原議相去天淵. 故不款於可款之時, 而皆款於必不可款之時, 此機會可乘不乘者四.

此四機者, 謹其始機, 則鴉片不至流毒, 乘其二機, 則公司不致桀驁, 乘其三機, 則不以罷市興兵, 乘其四機, 則不致款議失體. 一誤・再誤・三誤於事前, 四誤於事後, 經此四誤, 而鴉片之外禁不可行矣. 今日之事, 非內禁不可矣. 內禁之不效有三. 一曰不許告發也. 二曰不速限期也. 三曰不先黥後僇也. 不許告發之故, 在防誣陷. 夫吸煙有癮, 販煙有土, 告不實有反坐, 何患其誣? 且有告發之令, 則雇工鄰右, 人懷戒心, 大厦深堂, 皆無固志. 雖有貪欲貪利之徒, 不敢再爲嘗試, 其必效一. 限期不速者, 恐死刑太多也, 不知期愈寬, 犯愈衆. 昔宋臣宗澤守汴京, 承兵燹之後, 百物昂價倍蓰, 澤念小民所急惟食, 乃梟一餠師之首, 下令平價, 不三日而市價盡平. 夫速則梟一人而萬人肅, 遲則刑千百而四海玩, 果不果之異也. 且煙癮有限期, 販煙有何限期? 但使沿海各郡縣, 每城立梟販煙之首一二人, 以令下之日爲始, 不俟限期, 風行雷厲, 其必效者二. 吸煙未至限期, 罪不至死奈何? 曰有『大淸律』刺面之法在. 今再下令, 三月不戒者黥, 黥後再三月不戒者死. 以下令爲始, 十七省各出巡煙御史一人, 專司有犯必黥之事. 其縉紳富戶, 哀求免黥者, 許以金贖, 不黥面而仍黥手, 黥手逾期不戒, 毋得再贖. 如此, 則法易行, 法必行. 且在前次限期之外, 豈得更議其期迫乎? 此必效者三. 總之, 法信, 令必, 雖枷杖足以懲奸, 法不信, 令不必, 雖重典不足儆衆. 飮食不已, 釀爲訟 · 師. 小刑之刀鋸不肅, 釀爲大刑之甲兵. 聖人垂憂患以詔來世, 豈不深哉! 豈不深哉!

주석

1 생사: 원문은 '호사湖絲'로 절강성 호주부湖州府에서 생산하는 생사를 가리킨다.

2 황포黃埔: 광동성 주강珠江 북쪽 해안에 있는 항구이다.

3 도광道光: 청나라 제8대 황제 선종宣宗 애신각라민녕愛新覺羅旻寧(재위 1820~1850)의 연호이다.

4 영정양零丁洋: 영정양伶仃洋이라고도 하며, 광동성 주강 입구 지역으로 이곳에는 내영정도內伶仃島와 외영정도外伶仃島가 있다. 아편전쟁 이전 이곳에 정박한 바지선에서 아편 밀매를 했다.

5 노만산老萬山: 노만산魯萬山, 노만산열도老萬山列島, 만산군도萬山群島, 만산열도萬山列島라고도 하는데, 주해珠海 동쪽에 위치한다. 라드로네스섬Great and Little Ladrone, 즉 해적들의 섬으로 불리다 후에 마리아나제도Mariana Islands로 이름이 바뀌었다. 대만산大萬山·소만산小萬山·대포대大浦臺·소포대小浦臺·동오東澳 등의 섬이 있으며 모두 주강만 밖에 위치한다.

6 4천~5천 상자: 이는 가경 말년의 숫자이고 도광 5년(1825)에는 이미 9천여 상자에 달했다.

7 2만 상자: 도광 10년(1830)의 숫자이다.

8 나사羅紗: 원문은 '대니大呢'로 양털에 무명이나 인조견 등을 섞어서 짠 두터운 혼성 모직물이다.

9 우사羽紗: 양털에 면을 혼합해서 짠 얇은 혼성 모직물이다.

10 서지Serge: 원문은 '필기嗶嘰'이다. 라틴어로 비단을 의미하는 Serica에서 유래하며, 고급 직물을 가리킨다.

11 우단羽緞: 우모단羽毛緞이라고도 하며 외투를 제작할 때 사용하는 모직물이다.

12 야모과野木瓜: 원문은 '사등沙藤'이다. 줄기와 뿌리를 이뇨제로 사용한다.

13 갈포葛布: 칡의 껍질을 이용해 짠 포이다.

14 터키Turkey: 원문은 '도로기都魯機'이다.

15 회사: 원문은 '공사公司'이다. 광서 2년본에는 '공사公私'로 되어 있으나, 악록서사본에 따라 고쳐 번역한다.

16 양전洋錢: 서양에서 유입된 은화이다. 18세기 후반 스페인의 카를로스 3세는 은화의 디자인을 자신의 초상화로 변경했는데, 중국인은 이를 부처의 상으로 착각해 '불두은佛頭銀'이라 불렀다.

17 문은紋銀: 순도가 높은 은덩어리를 가리킨다.

18 날이 갈수록 급등했다: 원문은 '일귀일일의日貴一日矣'이다. 중국의 화폐는 크게 은량과 동전을 사용했다. 일반적으로 은 1냥은 동전 1천 문에 교환되었으나 19세기 말 아편 대금으로 은량이 대외로 유출됨에 따라 은 1냥은 동전 1,300문을 넘길 정도로 가치가 올라갔다.

19 개별 상인: 원문은 '산상散商'으로, 지방무역상인Country trader을 가리킨다.

20 곤총滾總: 청대 식염 판매에 관한 용어이다. 청대 양회兩淮에는 4개의 대총상大總商과 12개의 소총상이 있는데, 상인들이 소금을 판매할 때는 총상의 보증을 받고 소금을 판매할 수 있었다. 곤총은 바로 여기서 말하는 총상으로 추정된다.

21 정륜整輪: 청대 식염 판매에 관한 용어이다. 양주에서 선박으로 무한武漢 등의 항구로 소금을 싣고 가서, 상인들이 배를 정박하고 순서대로 소금을 판매하는 것을 말한다.

22 산륜散輪: 청대 식염 판매에 관한 용어이다. 정륜이 원칙이나, 적체 현상이 일어남에 따라 일시적으로 개별 상인에게 소금 판매를 허용한 것을 의미한다.

23 도광 13년(1833) … 한 회사가 무역을 했는데: 이 회사는 영국의 동인도 회사를 가리킨다. 1833년까지 영국의 대중국 무역은 동인도 회사가 독점하고 있었는데, 이해에 동인도 회사는 대중국 무역의 독점권을 상실함에 따라 상업 활동이 정지되면서 사실상 해체하게 된다.

24 30년: 인도에서의 동인도 회사 전매권은 1813년에 폐지되었다. 다만 중국의 전매권은 20년 더 연장되어 실제로 도광 14년(1834) 3월까지 연장되었으나 단지 아편은 여전히 회사의 전매 아래 있었다. 이른바 30년 기한을 30년 더 연장했다는 것은 이 일을 가리킨다.

25 타이판Taipan: 원문은 '대반大班'이다. 18~20세기 초엽에 걸쳐 중국이나 홍콩에서 활동한 외국 기업의 경영자를 가리킨다.

26 15,000,000원: 광서 2년본에는 '75,000,000원'으로 되어 있으나, 악록서사본에 따라 고쳐 번역한다.

27 노곤盧坤: 자는 정지静之, 호는 후산厚山이며 순천부 탁주涿州(지금의 하북성 탁주시) 사람이다. 노곤(1772~1835)은 가경 4년 진사에 급제해서 서길사庶吉士, 병부주사, 광서순무 등을 역임하고 1833년 양광총독 겸 광동순무에 부임했다가 얼마 후 임지에서 사망했다.

28 노곤은 … 요청했다: 노곤은 통지에서 '다른 책임자를 파견하라'라고 하였지 '영사'라고 하지는 않았다. 미국 외교부에서 파견한 상무감독이 광동에 왔는데, 이는 중국을 침략하기 위한 예정된 계획에 의한 것이지 노곤의 통지와는 아무런 관계가 없었다.

29 윌리엄 존 네이피어William John Napier: 원문은 '노율비勞律卑'인데, 이는 당시 광동어 '율노비律勞卑'를 음역한 것이다. 네이피어(9th Lord Napier, 1786~1834)는 1833년 영국의 동인도 회사의 독점권 폐지로 인하여, 1834년 초대 대중국 무역 수석감독관으로 임명받아 대중국 무역의 보호·개선을 도모하기 위하여 마카오에 도착, 그곳을 근거지로 삼았다. 이어 광동에서 영국의 대중국 무역 보호·촉진에 노력했으나 중국 측의 강력한 반대에 부딪혀, 그 대책에 고심하다 마카오에서 병사했다.

30 모두: 원문은 '진盡'이다. 광서 2년본에는 '금禁'으로 되어 있으나, 악록서사본에 따라 고쳐 번역한다.

31 양귀비: 원문은 '파필波畢'이다. 이는 양귀비를 의미하는 'Poppy'를 음역한 것이다.

32 1만 섬당 … 감면해 주었다: 『해국도지』 권5에 상세히 보인다.

33 정대頂戴: 청대 관원의 품계를 구별하기 위해 사용한 모자이다.

34 아울러 … 허가했다: 『해국도지』 권5에 상세히 보인다.

35 [광동] 항구에 진출한 인도 상선: 원문은 '항각이선港脚夷船'이다. 인도와 광주 사이를 왕래하는 인도 상선이다.

36 클라파Kelapa: 원문은 '갈류파葛留巴'이다. 현재 인도네시아 수도 자카르타Jakarta이다. 이 명칭은 또한 자와섬Pulau Jawa을 가리키기도 한다.

37 화물: 원문은 '화貨'이다. 광서 2년본에는 '비費'로 되어 있으나, 악록서사본에 따라 고쳐 번역한다.

38 먹이는 … 되겠는가?: 원문은 '유불식상심이혁효음자호有不食桑葚而革鴞音者乎'이다. 『시경』, 「노송 · 반수」 편에 "훨훨 날아다니는 올빼미가 반궁 숲에 내려앉았네. 우리 뽕나무의 오디를 먹고서는 나에게 듣기 좋은 소리로 노래해 주네(翩彼飛鴞, 集于泮林, 食我桑葚, 懷我好音)"라는 구절이 있다. 올빼미는 본래 목소리가 좋지 않지만, 오디를 먹고 감화되어 좋은 소리를 낸다는 것에서 영국을 올빼미에 비유하고 있다.

39 황하가 … 흩어지니: 다시 회복할 수 없는 지경에 이른 것을 비유한 말이다.

40 장환張奐: 후한의 무장이다. 자는 연명然明이고 섬서성 안서현安西縣 사람이다. 장환(104~181)은 단경段熲, 황보규皇甫規와 함께 강족을 토벌하는 일에 힘써 양주삼명涼州三明으로 불린다.

41 반초班超: 후한의 무장이다. 자는 중승仲升이고 섬서성 함양 사람이다. 역사가인 반표班彪의 아들이자, 『한서』의 저자인 반고班固의 아우로 이 세 사람을 삼반三班이라 한다. 반초(32~102)는 후한 광무제 시기 기마부대를 이끌고 흉노를 격퇴해서 서역(중앙아시아)의 지배권을 확보했

다. 장건의 활약 이후 끊겼던 실크로드를 다시 개척하여 후한과 서역의 교역길을 열었다. 그의 원정대는 파르티아와 카스피해까지 이르렀다고 한다.

42 임상任尙: 후한의 장수로 영원永元 3년(91) 금미산金微山에서 흉노를 공격하여 크게 격파한 후에 무기교위戊己校尉로 진급했다. 임상(?~118)은 영원 14년(102) 반초의 뒤를 이어 서역도호西域都護에 임명되었다. 임무를 교대할 때 반초는 임상에게 다음과 같이 고했다. "새외塞外의 관병은 본래 성품이 순종적이지 못하고 모두 죄를 지어 온 자들인지라 금수와 같아 다루기가 어렵다. 그대는 성품이 엄격하고 급한데, 맑은 물에는 큰 고기가 살지 못하는 것과 같이 정사를 돌볼 때는 화합을 우선시해서 넓은 도량으로 조그만 허물은 관대하게 처리해야 할 것이다." 반초가 돌아간 후 임상은 지인에게 보낸 서신에서 "나는 반초가 무언가 기묘한 책략이라도 있는 줄 알았더니 그의 말은 너무 평범할 뿐이다"라고 언급했다. 결국 반초의 충고를 귀담아듣지 않은 임상은 서역 경영에 실패해 반초의 공으로 재개되었던 실크로드는 다시 단절되었다. 결국 그에 대한 벌로 임상은 거열형車裂刑에 처해졌다.

43 할하족Khalkha: 원문은 '객이객喀爾喀'으로 청대 몽골 부족의 명칭이다.

44 아편 가격: 원문은 '연가烟價'이다. 중국의 흠차대신 임칙서가 영국 상인들로부터 몰수해서 소각한 아편에 대한 손해배상을 요구한 것으로 보인다.

45 종택宗澤: 자는 여림汝霖이고 절강성 의오현義烏縣 사람이다. 종택(1060~1128)은 진사 출신으로, 강직한 성품으로 현과 주의 문관을 역임하며 많은 공적을 남겼고, 군사를 부리는 데에도 뛰어났다고 한다.

46 변경汴京: 개봉開封의 옛 이름이다.

찾아보기

해국도지(一) 인물 색인

해국도지(一) 지리 색인

해국도지(一) 서적 색인

해국도지(一) 개념 색인

저자 소개

위 원 魏源(1794~1857)

청대 정치가, 계몽사상가이다. 호남성湖南省 소양邵陽 사람으로 도광 2년(1822) 향시鄕試에 합격했다. 1830년 임칙서 등과 함께 선남시사宣南詩社를 결성해서 황작자黃爵滋, 공자진龔自珍 등 개혁적 성향을 지닌 인사들과 교류했다. 1840년 임칙서의 추천으로 양절총독 유겸裕謙의 막료로 들어가면서 서양에 관심을 갖게 되었다. 같은 해 임칙서에게서 『사주지』를 비롯해 서양 관련 자료를 전해 받고 『해국도지』를 편찬했다. 주요 저작으로는 『공양고미公羊古微』, 『춘추번로주春秋繁露注』, 『성무기聖武記』 등이 있다.

역주자 소개

정 지 호 鄭址鎬

도쿄대학 대학원 인문사회계 연구과에서 박사학위를 취득하고 현재 경희대학교 사학과 교수로 재직 중이다. 주요 연구로 중국의 전통적 상업 관행인 합과合夥 경영 및 량치차오梁啓超의 국민국가론에 대해 다수의 논문을 발표했으며 현재는 귀주貴州 소수민족 사회에 대한 연구를 진행하고 있다. 저서로는 『키워드로 읽는 중국의 역사』, 『진수의 《삼국지》 나관중의 《삼국연의》 읽기』, 『한중 역사인식의 공유』(공저)가 있으며, 역서로는 『애국주의의 형성』, 『중국근현대사 1: 청조와 근대 세계』, 『동북사강』 등이 있다.

역주자 소개

이민숙 李玟淑

한국외국어대학교에서 중국고전소설로 박사학위를 받았으며, 현재 한국외국어대학교에서 강의하고 있다. 고서적 읽는 것을 좋아해서 틈틈이 중국 전통 시대의 글을 번역해 출간하고 있다. 특히 필기문헌에 실려 있는 중국 전통문화를 이해하고 재구성하는 것에 관심이 많다. 저서로는 『한자 콘서트』(공저), 『중화미각』(공저), 역서로는 『태평광기』(공역), 『우초신지』(공역), 『풍속통의』(공역), 『강남은 어디인가: 청나라 황제의 강남 지식인 길들이기』(공역), 『임진기록』(공역), 『녹색 모자 좀 벗겨줘』(공역), 『열미초당필기』 등이 있다.

역주자 소개

고숙희 高淑姬

성균관대학교 대학원에서 중문학 박사학위를 받았으며, 현재 중앙승가대학교에서 강의하고 있다. 동서양 고전을 즐겨 읽으면서 동서양 소통을 주제로 한 대중적 글쓰기를 시도하고 있다. 특히 18세기 한중 사회의 다양한 문화에 대해 큰 관심을 가지고 소소한 글쓰기를 하고 있다. 최근에는 법의학과 전통 시대 동아시아 재판 서사에 대해 깊은 관심을 가지고 연구를 진행 중이다. 저서로는 『고대 중국의 문명과 역사』와 『중국 고전 산문 읽기』가 있고, 역서로는 『송원화본』(공역), 『중국문화 17: 문학』, 『백가공안』, 『용도공안』, 『열두 누각 이야기十二樓』, 『新 36계』 등이 있다.

역주자 소개

정민경 鄭暋暻

중국사회과학원에서 중국문학 전공으로 박사학위를 받았다. 현재 건국대학교, 가천대학교, 을지대학교에서 강의하고 있다. 중국소설과 필기를 틈틈이 읽고 있으며 중국 지리와 외국과의 문화 교류에도 관심이 많다. 저서로는 『옛이야기와 에듀테인먼트 콘텐츠』(공저), 『중화미각』(공저)이 있고, 역서로는 『태평광기』(공역), 『우초신지』(공역), 『풍속통의』(공역), 『명대여성작가총서』(공역), 『강남은 어디인가: 청나라 황제의 강남 지식인 길들이기』(공역), 『사치의 제국』(공역), 『(청 모종강본) 삼국지』(공역) 등이 있다.